Abriß

der

Glaubens- und Sittenlehre.

Sonderabdruck aus
der vierten Auflage des Hilfsbuchs für den Religionsunterricht.

Von

Professor R. Heidrich,
Geh. Regierungsrat, Königl. Gymnasialdirektor a. D.

Berlin 1915.
J. Guttentag, Verlagsbuchhandlung,
G. m. b. H.

Vorwort.

Der vorliegende Abriß der Glaubens- und Sittenlehre ist ein Sonderabdruck aus der vierten Ausgabe meines Hilfsbuchs für den Religionsunterricht in den oberen Klassen. Eine weitere Ausführung des Stoffes findet der Lehrer in meinem „Handbuch der Glaubens- und Sittenlehre" (3. Aufl. 1915), eine einfachere Behandlung desselben Stoffes in meiner „Christenlehre" (1912). Eine Anweisung für den Unterricht ist gegeben im „Handbuch der Glaubens- und Sittenlehre", in der „Christenlehre" und in meinem Lehrplan (1903, Progr. d. Gymn. zu Nakel-Netze).

Berlin, den 20. März 1915.

R. Heidrich.

Inhaltsverzeichnis.

Dritter Teil.[1]

Glaubens- und Sittenlehre.[2]

Aufgabe und Gliederung der Glaubenslehre[3].

(III, Nr. I, A—E.)[4]

Wenn, wie Luther mit Recht meint, als die Hauptfrage für den Christen die Frage anzusehen ist: „Wie wird der Mensch vor Gott gerecht?" — diejenige Frage, welche vornehmlich im Römerbriefe und auf Grund desselben als die Hauptfrage auch in der Augsburgischen Konfession behandelt wird, so bildet diese Frage auch den Mittelpunkt der Glaubenslehre.

Aber diese Frage hat zur Voraussetzung psychologische und geschichtliche Tatsachen, welche dem Menschen zum Bewußtsein gebracht werden müssen, wenn die Frage, wie der Mensch gerecht werde, an sein Herz dringen soll. Diese Voraussetzungen, welche im Anschluß an die heilige Schrift darzulegen und der Hauptfrage vorauszuschicken sind, lassen sich kurz bezeichnen durch die drei Sätze:

1. „Du hast uns zu dir geschaffen, o Herr, und unser Herz ist unruhig, bis es Ruhe findet in dir!"
2. „Du bist zwar Gottes Sohn,
   Doch ach, nur der verlorne!"
3. „Also hat Gott die Welt geliebt, daß er seinen eingeborenen Sohn gab, auf daß alle, die an ihn glauben, nicht verloren werden, sondern das ewige Leben haben."

Auf die nunmehr (im vierten Abschnitt) darzustellende Lehre von der Rechtfertigung — den Mittelpunkt der evangelischen Glaubenslehre — folgt endlich noch ein fünfter Abschnitt, welcher — vom einzelnen

---

[1]) Der Unterricht in der Glaubens- und Sittenlehre. Lehrplan für den Religionsunterricht (Nakel, 1903): II, 4a und c. Christenlehre (1912): II a, V C. Handbuch II[3]: S. XLVII a. Handbuch III[3], Nr. II: Lehrstoff und Lehrplan für den Religionsunterricht, besonders in der Glaubens- und Sittenlehre.

[2]) Die zur Glaubenslehre gehörenden Abschnitte: Die heilige Schrift, Glaube und Bekenntnisschriften, Der Katechismus, sind — um sie für den Schüler leichter auffindbar zu machen — in den Anhang des Lehrbuchs aufgenommen worden: Nr. 141—143, Nr. 144—148.

[3]) Vgl. die Überschriften der fünf Abschnitte der Glaubenslehre.

[4]) In der Klammer ist der betr. Abschnitt des Handbuchs (3. Aufl.) angegeben.

Menschen zur Gemeinschaft fortschreitend — die Lehre vom Reiche Gottes auf Erden und im Himmel darstellt.

In den genannten fünf Abschnitten ist im folgenden die ganze christliche Glaubenslehre zusammengefaßt und mit der Glaubenslehre die Sittenlehre verbunden.

I. Einleitung zum Römerbrief.

Erster Abschnitt.

„Wo findet die Seele die Heimat der Ruh'?“[1]
„Du hast uns zu dir geschaffen, o Herr, und unser Herz ist unruhig, bis es Ruhe findet in dir!“[2]
„Ich glaube an Gott den Allmächtigen, Schöpfer Himmels und der Erden.“

A. 116–121. Unser Glaube an Gott.

1. (116.)[3] Der Materialismus. (III³, 2.)

a. Daß es eine Welt gibt, glaubt der gewöhnliche Mensch ohne weiteres; aber gibt es einen Gott?

b. Das bestreitet der Materialist; für ihn gibt es keinen Gott als Anfang der Welt, sondern nur von Ewigkeit her sich bewegende Atome, durch deren zufällige Verbindung auch die Ordnung in der Welt entstanden ist, und auf deren zufälliger Verbindung auch das Leben in der Welt beruht, auch das geistige Leben des Menschen. Auch der Mensch hat für den Materialisten neben dem Leibe keinen Geist, und Erkennen, Wollen und Fühlen müssen als materielle Vorgänge betrachtet werden; dann ist das Erkennen von der Bewegung unserer Atome abhängig, also auch das Falsche berechtigt; dann ist das Wollen auch des Bösen, d. h. die Sünde, berechtigt; denn alles Erkennen und Wollen wird ja von den Atomen notwendig hervorgerufen. Dann ist für den Menschen mit dem Tode alles aus.

c. So wird durch den Materialismus der Glaube an Gott, das Streben nach Tugend und Wahrheit, wie auch die Hoffnung auf die Unsterblichkeit beseitigt; aber im Materialismus „findet die Seele nicht die Heimat der Ruh'“, nach der sie begehrt; ja, durch denselben wird nicht einmal der Verstand des Menschen befriedigt.

2. (117.) Die Beweise für das Dasein Gottes. (III³, 3.)

a. Dem Glauben an Gott tritt der angeblich auf dem Verstande beruhende Materialismus mit Unrecht entgegen, da er die Rätsel der be-

[1] Englisches Lied: Große Missionsharfe, Nr. 265.
[2] Fecisti nos ad te, Domine, et inquietum est cor nostrum, donec requiescat in te. Augustinus.
[3] Die zweite Nummer ist die fortlaufende Nummer des Hilfsbuchs.

stehenden Welt nicht zu erklären weiß. Aber kann nicht vielleicht gerade durch Beweise des Verstandes der Glaube an Gott erzeugt und erzwungen werden? Dieses Ziel verfolgen die sogenannten Beweise für das Dasein Gottes, welche im folgenden dargelegt werden. Dieselben gehen aus erstens von dem als vorhanden angenommenen Dasein und von der als vorhanden anerkannten Ordnung der Welt, sodann von dem im Menschen vorhandenen Gewissen, und endlich von dem in der Menschheit vorhandenen Glauben an Gott, und sie schließen von diesen Tatsachen aus auf das Dasein Gottes in folgender Weise.

b. Vom Dasein der Welt und von der Ordnung in der Welt gehen die beiden ersten Beweise aus. Der kosmologische[1]) Beweis schließt aus den einzelnen Dingen in der Welt, als Wirkungen, auf Ursachen dieser Wirkungen, und diese Ursachen erscheinen immer wieder als Wirkungen höherer Ursachen; endlich aber sieht man sich hingewiesen auf eine letzte Ursache, welche nicht mehr die Wirkung einer anderen Ursache ist. Als eine solche letzte Ursache betrachtet der Materialist die Atome, der Glaube dagegen Gott, aus welchem die Welt, namentlich aber das Leben in der Welt, und vollends das geistige Leben in der Welt, allein in Wahrheit zu erklären ist.

Der teleologische[2]) Beweis beruht auf folgendem Schlusse: Die Welt ist ein geordnetes Ganze; alle Ordnung setzt einen Ordner voraus; also muß auch für die Welt ein Ordner angenommen werden. Aber in der Welt ist neben der Ordnung auch Unordnung wahrzunehmen; dann könnte also neben Gott vielleicht eine zweite Macht in der Welt walten. Aber die Wissenschaft erkennt immer mehr die Einheit und Ordnung in der Welt, und jedenfalls setzt die Ordnung, soweit sie anerkannt wird, einen Ordner voraus. Aber könnte nicht die Ordnung ein Werk des Zufalls sein? Das ist allerdings möglich, aber so sehr unwahrscheinlich, daß wir diese Annahme nicht ernstlich in Betracht ziehen können.

Der hier geforderte Ordner wird wohl nun mit der im kosmologischen Beweise geforderten Endursache, dem Schöpfer der Welt, zusammenfallen, da es unwahrscheinlich ist, daß es neben dem Schöpfer noch einen besonderen Ordner der Welt geben sollte.

c. Die beiden folgenden Beweise beruhen auf dem im Menschen vorhandenen Gewissen.

Der moralische Beweis weist darauf hin, daß das in jedem Menschen sich geltend machende und unbedingt gebietende Gewissen (Kants „kategorischer Imperativ") als eine von einer höheren Macht herstammende Stimme angesehen werden müsse, da der Mensch sich diese Stimme weder selber geben noch sie unterdrücken könne; die im Gewissen wirkende Macht offenbart sich als eine heilige Macht. Daher glaubt der Mensch mit Recht an einen heiligen Gott.

Der Beweis aus der moralischen Weltordnung weist darauf hin, daß in der Welt offenbar das Gute die herrschende Macht ist oder doch werden soll; aber den vollkommenen Sieg des Guten kann nur eine

[1]) Von dem griechischen Worte kosmos = die Welt.
[2]) Von dem griechischen Worte telos = Zweck.

gute Macht bewirken, welche die Welt unbedingt beherrscht, da der Mensch diesen Sieg nicht vollkommen herbeizuführen vermag. Also muß es einen Gott geben, der die Welt auf diesen Sieg hin angelegt hat und zu diesem Siege führen will.

Aber freilich gibt es Menschen, welche dem Gewissen nicht folgen oder dasselbe sogar leugnen, und gar oft vermissen wir noch den Sieg des Guten über das Böse, und darum kann auch durch diese Beweise der Glaube an Gott nicht erzwungen werden.

d. Die beiden letzten Beweise gehen aus von dem unter den Menschen vorhandenen Glauben an Gott.

Der historische Beweis schließt von der Allgemeinheit des Glaubens an Gott auf die Richtigkeit dieses Glaubens, da seine Allgemeinheit nur daraus zu erklären ist, daß er auf der Wahrnehmung eines sich offenbarenden Gottes beruht. Aber wenn auch diese Erklärung des Glaubens höchst wahrscheinlich ist, so ist sie doch nicht unzweifelhaft.

Der ontologische Beweis (des Bischofs Anselmus von Canterbury, † 1109) suchte Gottes Dasein nicht bloß als wahrscheinlich, sondern als notwendig zu erweisen durch folgenden Schluß: In unserem Geiste lebt die Idee eines vollkommensten Wesens. — Vollkommen ist aber nur das, was nicht bloß in unserem Geiste, sondern auch in der Wirklichkeit existiert; ein in Wirklichkeit existierendes Wesen wäre ja doch vollkommener als ein bloß gedachtes Wesen, da es ja zu den anderen Eigenschaften und Vollkommenheiten auch noch die Eigenschaft der Existenz besäße. — Also muß Gott, als das vollkommenste Wesen, auch die Eigenschaft der Existenz besitzen.

Aber gegen diesen Beweis ist mit Recht bemerkt worden, daß das Sein keine Eigenschaft ist; Eigenschaften besitzen sowohl die wirklichen als auch die bloß gedachten Dinge. Auch darf man Gedachtes und Wirkliches überhaupt nicht miteinander vergleichen, oder man darf wenigstens das Wirkliche nicht um der bloßen Existenz willen für vollkommener halten als das Gedachte; ein existierendes Tier ist um seiner Existenz willen nicht vollkommener als ein bloß gedachter Engel.

e. Alle diese Beweise erzwingen also nicht den Glauben an Gott, sondern lassen manche Fragen des Verstandes unerledigt, und der Glaube an Gott bleibt eine freie Tat des Menschen; aber dieselben zeigen trotzdem, daß der Glaube an Gott dem Verstande nicht widerspricht, ja ihn mehr befriedigt als der Materialismus.

3—6. (118—121.) Ursprung und Wesen der Religion.

3. (118.) Die Religion in der Welt. (III³, 4.)

Der Materialismus bestreitet das Dasein Gottes; durch die Beweise für das Dasein Gottes kann der Mensch zum Glauben an das Dasein Gottes nicht gezwungen werden. Wie kommt nun der Mensch zur Religion?

Religion hat nur derjenige, welcher auf den von ihm als daseiend betrachteten Gott vertraut. Zu diesem Glauben an Gott gelangt aber der Mensch nicht durch seinen Verstand, sondern durch das Gemüt. Wie geschieht das?

1. (119.) Das Verlangen des Menschen nach Gott. (III³, 5—10.)

Dazu, daß er nicht bloß an die Existenz Gottes glaubt, sondern auch auf Gott vertraut und Religion hat, gelangt der Mensch nur darum, weil er selber ein Verlangen nach Gott hat.

Worauf beruht des Menschen Verlangen nach Gott?

a. Die Religion beruht nicht auf dem Verstande des Menschen.

Wer, von seinem Verstande dazu angetrieben, nach dem Urheber der Welt fragt, der erkennt vielleicht Gott als solchen; aber wer Gott bloß erkennt, der hat noch nicht Religion, sondern Wissenschaft; wer Gott erkennt, braucht ihn darum noch nicht zu verehren.

b. Die Religion beruht auch nicht auf der Phantasie des Menschen, wie diejenigen annehmen, welche sie entstanden sein lassen durch Erdichtung habsüchtiger Priester und kluger Herrscher, welche dieselbe angeblich erfanden, um die anderen Menschen mit ihrer Hilfe sich untertänig zu machen; nur benutzt haben Priester und Herrscher öfters die vorhandene Religion zu diesem Zwecke, aber sie ist nicht dadurch entstanden.

Die Religion beruht auch nicht auf der (von der Phantasie unwillkürlich bewirkten) Vergötterung ursprünglicher Menschen. Woher besaßen denn die Menschen den Begriff der Gottheit, den sie auf andere Menschen übertrugen? Auch sind vielmehr viele spätere Heroen zu Menschen erniedrigte ursprüngliche Götter (Herakles—Siegfried).

c. Die Religion beruht auch nicht auf dem Willen des Menschen. Derjenige hat nicht Religion, welcher die sittlichen Gebote als Gebote Gottes erkennt; das ist Sittlichkeit, nicht Religion. Der sittliche Mensch tut das Gute, das sein Gewissen ihm gebietet, auch ohne nach Gott zu fragen; der religiöse Mensch tut, was der Gottheit wohlgefällt (Beten, Opfern), um von Gott Güter zu erlangen, die er begehrt; ja, der Fromme handelt, um angeblich Gott zu gefallen, in manchen Religionen selbst gegen sein Gewissen.

d. Die Herleitung der Religion aus dem Gemüt.

α. Luk. 12, 19. Liebe Seele, du hast einen großen Vorrat auf viele Jahre; habe nun Ruhe, iß, trink' und habe guten Mut!

1. Kor. 15, 32. Lasset uns essen und trinken, denn morgen sind wir tot!

Luk. 6, 24. Wehe euch Reichen, denn ihr habt euren Trost dahin!

β. Luk. 6, 20. Selig seid ihr Armen, denn das Reich Gottes ist euer!

Luk. 15, 17—19. Ich verderbe im Hunger; ich will mich aufmachen und zu meinem Vater gehen, und zu ihm sagen: mache mich zu einem deiner Tagelöhner!

Unser täglich Brot gib uns heute!

„Not lehrt beten."

γ. Luk. 15, 18—19. Vater, ich habe gesündigt gegen den Himmel und vor dir, und bin hinfort nicht mehr wert, daß ich dein Sohn heiße.

Vergib uns unsere Schuld und führe uns nicht in Versuchung!

Matth. 5, 6. Selig sind, die da hungert und dürstet nach der Gerechtigkeit, denn sie sollen satt werden.

δ. Dein Reich komme!

Matth. 6, 33. Trachtet am ersten nach dem Reiche Gottes und nach seiner Gerechtigkeit, so wird euch solches alles zufallen.

Matth. 5, 3. Selig sind, die da geistlich arm sind, denn das Himmelreich ist ihr.

ε. Ps. 42 u. 43. Was betrübst du dich, meine Seele, und bist so unruhig in mir? Harre auf Gott, denn ich werde ihm noch danken, daß er meines Angesichts Hilfe und mein Gott ist.

Joh. 16, 33. In der Welt habt ihr Angst; aber seid getrost, ich habe die Welt überwunden.

Augustinus, Confessiones I, 1: Fecisti nos ad te, Domine, et inquietum est cor nostrum, donec requiescat in te. Du hast uns zu dir geschaffen, o Herr, und unser Herz ist unruhig, bis es Ruhe findet in dir.

Die Religion beruht vielmehr auf dem Gemüte des Menschen, und zwar entwickelt sie sich aus demselben in folgender Weise.

α. Neben den wenigen theoretischen gibt es viele praktische Atheisten und Materialisten; ein solcher war der reiche Mann, der zu seiner Seele spricht (Luk. 12, 19): „Liebe Seele . . . guten Mut!" Für ihn heißt es: „Laßt uns essen und . . . tot!" (1. Kor. 15, 32; Jes. 22, 13.) Ein solcher Sinn entwickelt sich nun leichter bei Reichen als bei Armen; daher heißt es bei Luk. 6, 24: „Wehe euch Reichen!" Solche Leute haben gar kein Verlangen nach Gott.

β. Dagegen gelangt der Arme leichter zum Verlangen nach Gott, wie es bei Lukas heißt (6, 20): „Selig seid ihr Armen, denn das Reich Gottes ist euer!" Ein solcher Armer war der verlorene Sohn geworden (Luk. 15, 17—19), der in der Not sich zum Vater zurückwendet. So führt zunächst die äußere Not den Menschen zu Gott als einem Helfer in der Not, dessen Wirksamkeit sich ihm zunächst in der Natur offenbart; das sehen wir in vielen niederen Religionen. Aber auch wir beten ja noch: „Unser täglich Brot gib uns heute!"

γ. Aber der verlorene Sohn bittet nicht bloß um leibliches Brot, sondern er erkennt auch seine Sünde als die Ursache seiner Not (Luk. 15, 18—19). Und auch wir beten nach der Bitte um das tägliche Brot um Vergebung unserer Schuld und um Bewahrung vor neuer Sünde; wer aber nach Gerechtigkeit hungert und dürstet, der soll gesättigt werden (Matth. 5, 6).

δ. Aber wenigstens in den höheren Religionen begehrt der Mensch nicht bloß irdische Güter oder Befreiung von Schuld und Sünde, sondern Gemeinschaft mit Gott, indem er betet: „Dein Reich komme!" Ja, wie im Vaterunser diese Bitte den anderen voransteht, so fordert auch Jesus ausdrücklich, daß wir am ersten nach dem Reiche Gottes trachten (Matth. 6, 33), und er verheißt den geistlich Armen als erste Gabe das Himmelreich (Matth. 5, 3).

ε. So beruht also die Religion auf dem Gemüte, auf dem Herzen (Röm. 10, 10), welches nach Gott verlangt, nicht auf dem Verstande, der an Gott glauben und doch vor ihm zittern kann (Jak. 2, 19); auch ein schwacher Glaube des Herzens ist dagegen schon Religion (Mark. 9, 24).

Die Not lehrt also den Menschen beten, die Not führt das Herz des Menschen zu Gott, zunächst als dem Helfer in leiblicher und geistiger Not, sodann aber auch als dem höchsten Gut für unsere Seele.

Auf diesen Ursprung der Religion deutet schon das A. T. hin, wenn der Fromme betet (Ps. 42 und 43): „Was betrübst du dich, meine Seele“, und ebenso Jesus, wenn er zu seinen Jüngern sagt (Joh. 16, 33): „In der Welt habt ihr Angst, aber seid getrost, ich habe die Welt überwunden.“ Und so bezeichnet denn Augustinus das Wesen der Religion ganz im Sinne der Bibel, wenn er sagt: Du hast uns zu dir geschaffen, o Herr, und unser Herz ist unruhig, bis es Ruhe findet in dir. Fecisti nos ad te, Domine, et inquietum est cor nostrum, donec requiescat in te. Nur in Gott findet das durch die Not geängstigte und nach einem höchsten Gute verlangende Herz des Menschen Ruhe und Frieden.

5. (120.) Die Offenbarung Gottes an den Menschen. (III³, 11.)

a. „Ich bin der Herr, dein Gott.“

Röm. 1, 20. Gottes unsichtbares Wesen, das ist seine ewige Kraft und Gottheit, wird ersehen, so man des wahrnimmt, an den Werken, nämlich an der Schöpfung der Welt (richtiger: wird seit der Schöpfung der Welt mittels der Vernunft an den Werken wahrgenommen).

„Wenn ich, o Schöpfer, deine Macht.“

Röm. 2, 14—15. Denn so die Heiden, die das Gesetz nicht haben, doch von Natur tun des Gesetzes Werk, sind dieselben sich selbst ein Gesetz, als die da beweisen, des Gesetzes Werk sei geschrieben in ihrem Herzen, sintemal ihr Gewissen ihnen zeuget.

Apg. 17, 26—28. Gott hat Ziel gesetzt und vorgesehen, wie lange und weit der Menschen Geschlechter wohnen sollen, daß sie den Herrn suchen sollten, ob sie ihn doch fühlen und finden möchten.

Hebr. 1, 1—2. Nachdem vor Zeiten Gott manchmal und mancherlei Weise geredet hat zu den Vätern durch die Propheten, hat er am letzten in diesen Tagen zu uns geredet durch den Sohn.

b. Ps. 14, 1. Die Toren sprechen in ihrem Herzen: Es ist kein Gott.

Hebr. 11, 1. Es ist aber der Glaube eine gewisse Zuversicht des, das man hoffet, und ein Nichtzweifeln an dem, das man nicht siehet.

„Ich glaube an Gott.“

c. „Wir sollen Gott über alle Dinge fürchten, lieben und vertrauen.“

„Vater unser, der du bist im Himmel.“

„In Gott findet die Seele die Heimat der Ruh'.“

a. Aus dem Verlangen des Herzens nach Gott entwickelt sich also im Menschen die Religion. Aber dem Verlangen des Menschen nach Gott entspricht nun auch ein Tun Gottes, nämlich seine Offenbarung an den Menschen. So beruht also die Religion des einzelnen Menschen auf der Überlieferung der in der Welt vorhandenen Religion, auf dem Verlangen des Menschen nach Gott und auf der vom Menschen wahrgenomnenen Offenbarung Gottes. Darauf weist ja schon unser Katechismus hin, wenn er mit dem Worte beginnt: „Ich bin der Herr, dein Gott"

Gott offenbart sich dem Menschen aber zunächst in der Natur (Röm. 1, 20 — „Wenn ich, o Schöpfer, deine Macht"), und die Naturreligionen beruhen ausschließlich auf der Offenbarung Gottes in der Natur; die Götter derselben sind zwar mächtige Wesen, aber nur Naturmächte, nicht sittliche Mächte. Aber Gott offenbart sich auch im Gewissen des einzelnen Menschen und in der Geschichte der Völker und der Menschheit (Röm. 2, 14—15. Apg. 17, 26—28), besonders in der Geschichte des Volkes Israel; im Gewissen und in der Geschichte offenbart sich aber vornehmlich der heilige Gott. Aber erst in Christus hat Gott sich vollkommen geoffenbart, nämlich als der gnädige Gott, als die Liebe, wovon die anderen Religionen wenig wissen; das Volk Israel kennt zwar Gott als den Vater des Volkes, aber noch nicht als den Vater jedes einzelnen Menschen.

b. Trotz dieser vielfachen Offenbarung Gottes gibt es dennoch Menschen, welche von derselben nichts vernehmen (Ps. 14, 1), da sie nur an dem nicht zweifeln wollen, was sie sehen (Hebr. 11, 1); jedoch auch sie glauben an Dinge, die sie nicht sehen, z. B. die Atome, und in Wahrheit vernehmen sie darum nichts von der Offenbarung Gottes, weil sie nach Gott kein Verlangen haben. Darum sagen wir mit Recht mit unserm Katechismus: „Wir glauben an Gott." Wer aber an Gott glaubt, der wird ihn „über alle Dinge fürchten, lieben und vertrauen", und mit dem „Vater im Himmel" in Gemeinschaft treten, und in aller Not in Gott „die Heimat der Ruhe" finden.

c. So bezeichnen also die Anfangsworte der drei ersten Hauptstücke unsers Katechismus den Weg, wie der Mensch zu Gott kommt. Dem nach Gott sich sehnenden Menschen offenbart sich Gott, der ihm zuruft: „Ich bin der Herr, dein Gott." An den sich ihm offenbarenden Gott glaubt der Mensch, der da spricht: „Ich glaube an Gott." Und mit dem Gott, an den er glaubt, tritt der Mensch in Gemeinschaft, wenn er betet: „Vater unser, der du bist im Himmel."

6. (121.) Das Recht des Glaubens. (III^3, 12.)

a. Die Weltanschauung des Materialismus befriedigt weder das Herz des Menschen, welcher nach mehr als materiellen Gütern und Genüssen verlangt, noch den Verstand, da der Materialismus das Dasein und die Ordnung, das Leben in der Welt und besonders das geistige Leben des Menschen gar nicht zu erklären vermag.

b. Der Glaube an Gott vermag zwar nicht, alle Rätsel der Welt zu lösen, aber er befriedigt jedenfalls unser Herz und unsern Verstand in höherem Grade als der Materialismus, indem er dem Herzen geistige Güter bietet und dem Verstande eine Erklärung für die Tatsachen in der Welt darbietet, welche dieselben besser erklärt, als dies der Materialismus vermag.

c. Zwar kann ja der Glaube nicht alle Fragen des Verstandes beantworten, und so bleibt er eine Sache der Freiheit (Joh. 20, 29); aber er beruht, wenn er uns auch zunächst von außen überliefert wird, auf dem

Herzen, welches nach Gott verlangt, und auf der Offenbarung Gottes, welchen der Mensch mit der Vernunft wahrnimmt (Röm. 1, 20), und nur in diesem vom Herzen begehrten und mit der Vernunft wahrgenommenen Gotte (Hebr. 11, 1) „findet die Seele die Heimat der Ruh'".

B. 7—9. (122—124.) Was ist Gott?

7. (122.) Die Einheit Gottes. (III³, 12.)

Ich bin der Herr dein Gott, du sollst nicht andere Götter haben neben mir.

Höre, Israel, der Herr unser Gott ist ein einiger Herr. 5. Mose 6, 4.

Von ihm und durch ihn und zu ihm sind alle Dinge. Ihm sei Ehre in Ewigkeit! Amen. Röm. 11, 36.

Aus dem einen Gott, den auch die heidnischen Völker vielleicht ursprünglich anbeteten, waren allmählich, indem man verschiedene Naturkräfte wahrnahm und verschiedene Güter begehrte, mehrere Götter geworden; aber auch die heidnische Religion und Philosophie strebten mehr oder weniger mit Bewußtsein nach dem einen Gotte zurück. Diesem Glauben kam am nächsten die persische Religion, welche zwar noch zwei Götter lehrt, aber doch schließlich das Böse vom Guten überwunden werden läßt. Aber erst das Volk Israel hat allmählich erkannt, daß es nur einen Gott anbeten dürfe, aber allerdings erst später erkannt, daß der eine Gott des Volkes Israel auch der Gott aller anderen Völker sei.

8. (123.) Gottes Wesen und Eigenschaften. (III³, 14—18.)

1. Ich glaube an Gott den Allmächtigen.

a. Er ist der lebendige Gott, der ewiglich bleibt. Dan. 6, 27.

In ihm leben und weben und sind wir. Apg. 17, 28.

Herr Gott, du bist unsere Zuflucht für und für; ehe denn die Berge wurden und die Erde und die Welt geschaffen wurden, bist du, Gott, von Ewigkeit zu Ewigkeit. Ps. 90, 1—2.

Wo soll ich hingehen vor deinem Geist, und wo soll ich hinfliehen vor deinem Angesicht? Führe ich gen Himmel, so bist du da; bettete ich mir in die Hölle, siehe, so bist du auch da. Nähme ich Flügel der Morgenröte und bliebe am äußersten Meer, so würde mich doch deine Hand daselbst führen und deine Rechte mich halten. Ps. 139, 7—10.

Ich bin der allmächtige Gott; wandle vor mir und sei fromm. 1. Mose 17, 1.

b. Gott ist Geist. Joh. 4, 24.

Herr, du erforschest mich und kennest mich; ich sitze oder stehe auf, so weißt du es; du verstehst meine Gedanken von ferne; ich gehe oder liege, so bist du um mich und siehst alle meine Wege; denn siehe, es ist kein Wort auf meiner Zunge, das du, Herr, nicht alles wissest. Ps. 139, 1—4.

Herr, wie sind deine Werke so groß und viel! Du hast sie alle weislich geordnet, und die Erde ist voll deiner Güter. Ps. 104, 24.

Wenn man danach fragt, was Gott ist, so wird man zunächst mit dem ersten Artikel sagen: „Ich glaube an Gott den Allmächtigen.“ Die ganze Welt ist (wie allerdings der Materialist nicht erkennt) von einem Gott erfüllt, welcher der Urquell alles Lebens in der Welt, also ein lebendiger Gott ist. Als Urquell des Lebens ist Gott aber ewig, allgegenwärtig und allmächtig.

Aber Gott ist nicht eine unbewußte Macht (wie der Pantheist behauptet), sondern eine bewußte und wollende Macht, d. h. Geist, und als solcher ist er allwissend und allweise.

Als allmächtiger und allwissender Gott überragt Gott weit die Götter der Heiden, welche allerdings mächtige, aber nicht allmächtige Götter sind, und er ragt auch empor über die pantheistische Gottheit, welche nur eine unbewußte Macht ist.

2. Ich glaube an Gott den Heiligen.

a. Ihr sollt heilig sein, denn ich bin heilig, der Herr, euer Gott. 3. Mose 19, 2.

b. Du aber bleibest, wie du bist. Ps. 102, 28.
Gott vergilt dem Menschen, danach er verdient hat. Hiob 34, 11.

Das Volk Israel und unser Gewissen kennen aber nicht bloß einen allmächtigen, sondern auch einen heiligen Gott, und aus der Heiligkeit Gottes ergeben sich seine Unveränderlichkeit und seine Gerechtigkeit.

3. Ich glaube an Gott den Vater.

a. Gott ist Liebe. 1. Joh. 4, 16[1]).
Vater unser, der du bist im Himmel.

b. Herr, wie sind deine Werke so groß und viel! Du hast sie alle weislich geordnet, und die Erde ist voll deiner Güter. Ps. 104, 24.
Oder verachtest du den Reichtum seiner Güte, Geduld und Langmütigkeit? Weißt du nicht, daß dich Gottes Güte zur Buße leitet? Röm. 2, 4.
Herr, Herr, Gott, barmherzig und gnädig und geduldig und von großer Gnade und Treue! Der da bewahret Gnade in tausend Glieder und vergibt Missetat, Übertretung und Sünde. 2. Mose 34, 6—7.
Also hat Gott die Welt geliebt, daß er seinen eingeborenen Sohn gab, auf daß alle, die an ihn glauben, nicht verloren werden, sondern das ewige Leben haben. Joh. 3, 16.

Aber erst im Christentum ist Gott deutlich als ein Gott der Liebe erkannt, und dieser Begriff ist erst in dieser Religion der die ganze Religion beherrschende geworden, so daß wir heute bekennen: „Ich glaube an Gott den Vater“ und beten zum „Vater im Himmel“. Aus der Liebe ergeben sich die Eigenschaften der Güte, Geduld und Gnade.

Über die Erkenntnis Gottes als des Gottes der Liebe, als unseres Vaters, ist keine Religion hinausgekommen, und nur in dem Gotte der Liebe „findet die Seele die Heimat der Ruh’“.

---

[1]) Nicht: die Liebe — im Grundtext und in der revidierten Bibel steht der Artikel nicht.

9. (124.) Die Bedeutung der Erkenntnis Gottes für die Gemeinschaft des Menschen mit Gott. (III³, 19.)

Die Furcht des Herrn ist der Weisheit Anfang. Ps. 111, 10.
Ich bin der allmächtige Gott; wandle vor mir und sei fromm. 1. Mose 17, 1.
Ihr sollt heilig sein, denn ich bin heilig, der Herr euer Gott. 3. Mose 19, 2.
Lasset uns ihn lieben, denn er hat uns zuerst geliebt. 1. Joh. 4, 19.
Die Liebe ist des Gesetzes Erfüllung. Röm. 13, 10.

Unsere Erkenntnis Gottes hat nun auch eine große Bedeutung für unsere Gemeinschaft mit Gott. Für den Pantheisten, der Gott nur als das unbewußte Leben in der Welt betrachtet, ergibt sich als Aufgabe der Religion, daß der Mensch mit seinem Leben in dem allgemeinen Weltgeist aufgehe.

Dem Heiden erscheinen seine Götter vornehmlich als Spender irdischer Gaben (wenn sie dieselben dem Menschen nicht aus Neid vorenthalten); aber ein unbedingtes Vertrauen kann der Heide seinen Göttern nicht entgegenbringen, da sie weder allmächtig, noch allwissend, noch heilig sind, und da ein Gott dem anderen oft entgegenwirkt; die heidnische Religion ist hauptsächlich eine Religion der Furcht Gottes; aber die Furcht Gottes wird in der Bibel mit Recht als der Weisheit Anfang bezeichnet.

Viel höher steht die Religion Israels; auf den einen, allmächtigen und allwissenden Gott kann der Israelit ganz anders vertrauen, als der Heide auf seine Götter; aber der heilige Gott fordert auch vom Menschen, daß er heilig werde.

Aber höher als die Furcht vor Gott steht die Liebe zu Gott, und erst der Gott des Christentums, der Gott der Liebe, erweckt auch im Menschen Liebe, und die Liebe zu Gott erweckt auch Liebe zu den Mitmenschen. Über die Liebe zu Gott und den Brüdern kann aber keine Religion den Menschen hinausführen, und so ist das Christentum als die vollkommenste Religion zu betrachten, welche den Menschen auch zur vollkommensten Sittlichkeit führen kann.

C. 10—12. (125—127.) Gott und die Welt.

10. (125.) „Ich glaube an Gott den Schöpfer Himmels und der Erde." (III³, 20—22.)

1. Mose 1, 1—2, 4a. Psalm 104. 1. Mose 2, 4b—25.

Unser Glaube an Gott ist aber nicht bloß ein Wissen von der Existenz eines Gottes, sondern ein Glaube an den sich in der Welt offenbarenden Gott; Gott hat sich aber zunächst geoffenbart in der Schöpfung der Welt. Nicht bloß aus dem schon daseienden Chaos gestaltet, wie die heidnischen Religionen sagen, sondern von Gott geschaffen ist die Welt, wie die Bibel sagt. Aber nicht auf einmal fertig stand die Welt da, sondern sie ist aus dem von Gott zuerst geschaffenen Stoffe allmählich gebildet worden. Die Geschichte der allmählichen Weltgestaltung sucht die

Wissenschaft zu erkennen; die Bibel bietet in ihren beiden Schöpfungsgeschichten (1. Mose 1, 1—2, 4a und 2, 4b—2, 25) nicht wissenschaftliche, sondern religiöse Darstellungen der allmählichen Weltgestaltung. Die erste Schöpfungsgeschichte stellt die Schöpfung der ganzen Welt dar (acht Werke in sechs Tagen)[1]) und als die Krone derselben den Menschen; die zweite spricht vorwiegend nur vom Menschen und läßt, indem sie, ebenso wie die erste, den Menschen als das Ziel der Schöpfung betrachtet, um seinetwillen Pflanzen und Tiere entstanden sein. Beide Erzählungen stehen nun zwar in wissenschaftlicher Hinsicht nicht über dem Standpunkte ihrer Zeit, welcher die Erde als Mittelpunkt der Welt galt, und geben auf viele Fragen der Wissenschaft keine oder wenigstens keine uns befriedigende Antwort. Aber infolge des sie durchdringenden Glaubens an den einen, ewigen und allmächtigen Gott, also nach ihrem religiösen Gehalt, ragen sie über alle anderen Schöpfungsgeschichten der anderen Völker empor[2]). Aus diesem Glauben ergab sich, was die anderen Völker nicht wußten, daß Gott der Schöpfer, nicht bloß der Bildner der Welt ist, daß der Mensch nach dem Bilde Gottes geschaffen ist, und daß alles Erschaffene gut und vollkommen ist. Mit diesem religiösen Gehalte der biblischen Schöpfungsgeschichte stimmt auch die Naturwissenschaft überein; da aber die Bibel kein Lehrbuch der Naturwissenschaft ist, so kommt es nicht darauf an, ob sie mit den einzelnen Ergebnissen dieser Wissenschaft übereinstimmt oder nicht.

11. (126.) Deismus, Pantheismus und Theismus. (III³, 23.

Wie steht nun Gott der von ihm geschaffenen Welt gegenüber?

a. Nach der Anschauung des Deismus hat Gott zwar die Welt geschaffen, aber der von ihm geschaffenen Welt steht er nunmehr fremd und gesondert gegenüber. Die Welt ist eine vollkommene, ewig sich bewegende Maschine, aber Gott ist in ihr nicht zu finden, denn er thront über der Welt und ferne von ihr im Himmel; es gibt auch für den Frommen keine Gemeinschaft mit Gott. Indem der Deismus den richtigen Gedanken vertritt, daß Gott über Welt und Mensch erhaben ist (transzendent) und auch ein besonderes Leben hat, verliert er darüber den Gott in der Welt, von dem doch die Bibel ebenfalls predigt[3]).

b. Dem Deismus gegenüber betont der Pantheismus mit Recht das Bibelwort: „In Gott leben und weben und sind wir" (Apg. 17, 28); alles Leben in der Welt ist in der Tat göttliches Leben; Gott ist der Welt innewohnend (immanent), und der Fromme in der Welt steht in wirklicher

---

[1]) Beachte den Parallelismus der beiden Dreitagewerke:
1. Licht geschaffen. 4. Lichtkörper geschaffen.
2. Scheidung der Wasser und Bildung des Himmels. 5. Wasser- und Lufttiere geschaffen.
3. (Doppelwerk.) Land vom Wasser geschieden und Pflanzen geschaffen. 6. (Doppelwerk.) Landtiere und Mensch geschaffen.

An diese Schöpfungsgeschichte schließt sich Psalm 104 an, aber ohne der Tage zu gedenken und ohne die Werke zu zählen.

[2]) Auch über die der Babylonier, auf der sie zunächst beruhen.

[3]) Vgl. Schiller, Die Götter Griechenlands.

Gemeinschaft mit Gott. Aber der Pantheismus betrachtet nun Gott als bloß in der Welt wohnend, nicht als über die Welt erhaben, und darum betrachtet er Gott nur als Leben, nicht als Geist; Gott ist entweder eine stets unbewußt wirkende Macht, oder er entwickelt sich erst im Menschen zu Bewußtsein und Willen; im ersteren Falle sind die Geschöpfe größer als Gott, im zweiten Falle begreift man nicht, warum sich Gott überhaupt zu Bewußtsein und Willen entwickelt haben soll.

c. Die Transzendenz Gottes, d. h. seine Erhabenheit über die Welt, welche der Deismus lehrt, und die Immanenz Gottes, d. h. sein Innewohnen in der Welt, welches der Pantheismus betont, werden mit Recht im Theismus miteinander vereinigt, welcher Gott als sowohl über der Welt wohnend, als auch in der Welt waltend betrachtet; der Theismus ist die Gottesanschauung der Bibel.

12. (127.) Die Erhaltung und Regierung der Welt.

(III³, 24 und 25.)

Der erste Artikel.

a. „Ich glaube an Gott .... Schöpfer Himmels und der Erde."
„Ich glaube, daß .... gegeben hat."

b. Ps. 104, 27--30. 145, 15—16.
„Und noch erhält, dazu .... versorget."
„Unser täglich Brot gib uns heute!"

c. Ps. 139. 5. Mose 32, 8—12. Apg. 14, 15—16. 17, 22—31.
„Wider alle Fährlichkeit .... bewahret."
„Für deine Ehr' wir danken, daß du, Gott Vater, ewiglich regierst ohn' alles Wanken."

d. „Und das alles .... Würdigkeit."

e. „Des alles .... schuldig bin."

a. Wenn wir Menschen von Gott zunächst, wie die ganze Welt, geschaffen worden sind, so weist uns in Übereinstimmung mit der Bibel der erste Artikel auch noch darauf hin, welche herrlichen Gaben wir mit unserem Leibe („Augen ..... Glieder") und mit unserer Seele („Vernunft und alle Sinne", d. h. Geisteskräfte) von Gott erhalten haben.

b. Aber Gott, der Schöpfer der Welt, ist nun auch der Erhalter der Welt, wie sowohl die Bibel (Ps. 104, 27—30 und Ps. 145, 15—16) als auch der erste Artikel sagt („und noch erhält .... versorget"). Gott erhält aber die Welt durch die in ihr vorhandenen Mittel und in der von ihm geordneten gesetzlichen Weise, worauf (für den einzelnen Menschen) Luther ausführlich hinweist („dazu Kleider .... versorget"). Daß nun Gott uns gebe, was wir zur Erhaltung des Lebens bedürfen, darum bitten wir im Vaterunser in der vierten Bitte: „Unser täglich Brot gib uns heute!". Aber wenn wir auch Gott um das tägliche Brot bitten dürfen und sollen, so wird doch nicht ohne sein eigenes Tun (Arbeit) der Mensch von Gott erhalten.

c. Die Welt im ganzen, wie auch das Leben des einzelnen Menschen, wird aber von Gott nicht bloß erhalten, sondern auch regiert (vgl. Ps. 139). Luther weist zwar in seiner Erklärung des 1. Art. nur darauf hin, daß Gott uns vor dem Übel bewahrt; dazu darf man aber mit

Recht hinzufügen, daß Gott den Menschen auch zum Guten hinführt, sowohl den einzelnen Menschen wie auch die ganze Menschheit, wie die Betrachtung der Weltgeschichte und der Führung der einzelnen Menschen zeigt.

d. Aber ist denn überhaupt eine Tätigkeit Gottes in der Welt noch anzunehmen, wenn doch unverbrüchliche Ordnungen in der Welt walten? Dieser Glaube ist trotzdem festzuhalten; die Ordnung in der Welt stammt ja einerseits von Gott her, und wenn andererseits der Mensch trotz der feststehenden Ordnungen die Natur dennoch nach seinem Willen gestalten kann, so wird das wohl auch für Gott nicht unmöglich sein, und daß Gott dies getan hat, erkennen wir, wenn wir darauf achten, wie er immer wieder in auffallender Weise die Naturmächte den sittlichen Zwecken dienstbar gemacht hat (Pharao, Armada, Napoleon I.).

Aber ist denn ein Eingreifen Gottes noch möglich, wenn der Mensch wirklich frei ist? Auch die Freiheit des Menschen hemmt nicht Gottes Walten in der Welt; die Weltgeschichte zeigt deutlich Gottes Eingreifen in der Sendung der großen Männer, die doch nicht ein Produkt ihrer Zeit sind, und in der Benützung des Bösen zum Guten, und das Einzelleben zeigt Gottes Eingreifen in der Bekehrung der Sünder, ohne daß ihnen ihre Freiheit genommen wird.

e. Dem Gotte nun, der ihn geschaffen hat und der ihn erhält und bewahrt und regiert, und zwar „aus lauter väterlicher .... und Würdigkeit", wird der Christ zunächst danken für die erhaltenen Güter, und Gott loben, auch wenn er zum Danke keinen Anlaß hätte („des alles ich ihm zu danken und zu loben schuldig bin"), und seine Dankbarkeit auch darin bewähren, daß er sich bemüht, Gott zu „dienen und gehorsam zu sein".

In diesem Gotte nun, der ihn geschaffen hat und erhält und bewahrt und regiert, „findet des Menschen Seele die Heimat der Ruh'".

Zweiter Abschnitt.

„Du bist zwar Gottes Sohn,
Doch ach, nur der verlorne."
„Ich glaube an Gott den Heiligen."

13. (128.) Der Mensch und die Sünde. (III³, 26—32.)

a. Ihr sollt heilig sein, denn ich bin heilig, der Herr euer Gott.
3. Mose 19, 2. Vgl. Nr. 122, 2.

b. „Gott schuf den Menschen ihm zum Bilde,
Zum Bilde Gottes schuf er ihn."
1. Mose 2, 7; 1, 26—30. Psalm 8.

Als das letzte und vollkommenste Wesen ist der Mensch von Gott geschaffen worden, ein Bild Gottes und der Herr der Schöpfung. Ein Bild Gottes soll aber der Mensch in geistiger Beziehung werden, und zwar zunächst dadurch, daß er zur Erkenntnis der Welt gelangt und dadurch die Herrschaft über die Schöpfung gewinnt. Aber auch in sittlicher Beziehung muß sich der Mensch entwickeln, indem er zur Erkenntnis des Guten und Bösen gelangt und nur das Gute tut. Diese Erkenntnis aber sollte er erlangen, wie Jesus sie erlangt hat, ohne selber zu sündigen; er hat sie in Wirklichkeit erlangt, indem er sündigte. Wie ist es beim Menschen zur Sünde gekommen?

c. Die Frage nach dem Ursprunge der Sünde

wird von den Völkern und den Forschern sehr verschieden beantwortet; die Bibel weist in der Regel nur darauf hin, daß die Sünde unter den Menschen allgemein verbreitet ist; nur an wenigen Stellen, namentlich in 1. Mose 3 (dem Abschluß der zweiten Schöpfungsgeschichte), wird die Entstehung der Sünde dargestellt; aber auch hier werden uns von der Bibel in Form der Erzählung Glaubenswahrheiten dargeboten, nicht eine Geschichtsdarstellung (ebenso wie in den Schöpfungsgeschichten).

d. Die Erzählung der Bibel vom Sündenfall.

1. Mose 2, 8—9 u. 15—17; 3, 1—24. Röm. 5, 12—19.
Augustinus und Pelagius. (Nr. 77 B.) Augsb. Konf. 2. 19. 18.

In Gemeinschaft mit Gott (Paradies) befand sich der von Gott erschaffene Mensch, aber er war noch ein geistiges Kind, und wenn er zum geistigen Manne werden sollte, so mußte er das Gute und das Böse unterscheiden lernen. Das hat er gelernt, aber in unrechter Weise. Von außen versucht (Schlange), übertritt er ein ihm von Gott (im Gewissen) gegebenes Verbot, indem er daran zweifelt, ob das Sünde sei, was ihm sein Gewissen verbietet, und indem er glaubt, die Sünde werde ihm nichts schaden, wie er bisher, auf sein Gewissen hörend, gemeint hat, und indem er sich von der Sünde sogar großen Nutzen verspricht. Der Mensch gewinnt nun zwar wirklich durch sein Tun etwas Gutes, nämlich Erkenntnis des Guten und Bösen, aber indem er zum Sünder wird. Aber auf die Frage, wie die durch den ersten Menschen in die Welt eingetretene Sünde zu der alle Menschen beherrschenden Macht geworden ist, gibt die Bibel nur selten Auskunft (Röm. 5, 12—19). Daher ist es begreiflich, daß die ältere Kirche darüber eine andere Ansicht hatte als die spätere; jene finden wir bei Pelagius, diese bei Augustinus, deren verschiedene Ansichten über diese Frage oben (Kirchengeschichte Nr. 77) dargelegt worden sind; die Bibel stimmt wesentlich mit der Ansicht des Augustinus überein, und die Augsb. Konfession (Art. 2. 19. 18) bekennt ausdrücklich ihre Übereinstimmung mit der Lehre des Augustinus, nach welcher die durch Adams Tatsünde in ihm entstandene Neigung zur Sünde sich auf alle seine Nachkommen vererbt hat (Erbsünde).

e. Die Sünde in der Welt.

Ps. 90. Ps. 51. Ps. 32. Röm. 7, 7—25.

Daß alle Menschen Sünder sind, darüber klagen schon die Heiden, aber noch mehr die Israeliten, und im Neuen Testament besonders der Apostel Paulus (Röm. 7, 7—25).

Auf die Sünde folgt aber die Strafe, indem der Mensch aus dem Paradiese verstoßen wird, d. h. die ungetrübte Gemeinschaft mit Gott verliert, fortan mit der Sünde unaufhörlich zu kämpfen hat, und im Tode und in den Übeln der Welt Strafen für seine Sünden erfährt. Aber nicht ganz unglücklich wird der gefallene Mensch, da auch der sündige Mensch noch Religion hat, da auch der Sünder noch ein Gewissen besitzt, auch wenn er das Gute nicht recht erkennt und namentlich dasselbe oft nicht tut, und da auch der Sünder noch auf ein besseres Leben im Jenseits hofft.

f. Die Rückkehr des verlorenen Sohnes zum Vater.
Luk. 15, 11—32. Matth. 4, 17. Joh. 3, 1—18.

„Wir sind (als verlorene Söhne) allzumal Sünder und mangeln des Ruhmes, den wir bei Gott haben sollten" (Röm. 3, 23); darum bekennen wir in jedem Gottesdienste und besonders auch vor der Feier des h. Abendmahls unsere Sünde, und beten täglich: „Vergib uns unsere Schuld!" Aber wir sollen die Sünde nicht bloß beklagen, sondern auch überwinden, indem wir „Buße tun", d. h. „von neuem geboren werden", und wie der verlorene Sohn zum Vater zurückkehren.

Wie aber der Mensch von der Herrschaft der Sünde befreit wird, das zeigen die folgenden Abschnitte der Glaubenslehre.

Dritter Abschnitt.

„Also hat Gott die Welt geliebt, daß er seinen eingeborenen Sohn gab, auf daß alle, die an ihn glauben, nicht verloren werden, sondern das ewige Leben haben." Joh. 3, 16.

„Ich glaube an Gott den Vater."

Einleitung. (III, 33.)

a. Gott ist Liebe. 1. Joh. 4, 16.
„Ich glaube an Gott den Vater." — Vgl. Nr. 122, 3.

b. Ein verlorner Sohn ist der nach dem Bilde Gottes geschaffene Mensch infolge seiner Sünde geworden; aber der gnädige Gott will, daß die Menschen nicht verloren werden, sondern das ewige Leben gewinnen. Aber wenn auch alle Heilsveranstaltungen, welche Gott getroffen hat, auf seiner Liebe beruhen (Joh. 3, 16), so mußte doch auch seine Heiligkeit gewahrt werden, indem der Sünder nicht bloß von der Schuld, sondern auch von der Macht der Sünde befreit wird. Wie geschieht das?

c. Das geschieht nicht durch die natürliche Entwickelung des einzelnen Menschen und der ganzen Menschheit (darauf beruht das Heidentum), sondern durch die Offenbarung. Die schon im Volke Israel vorhandene Offenbarung ist aber erst im Christentum zu ihrer Vollendung gekommen.

Was ist das Wesen des Christentums?

14. (129.) Das Christentum. (III, 34—36.)

1. Das Christentum ist zunächst die vollkommenste Religion

a. als eine monotheistische,

b. und als eine universalistische Religion, denn nur beim Glauben an einen Gott und zwar für alle Menschen ist ein unbedingtes Vertrauen auf Gott möglich;

c. als eine sittliche Religion, insofern in derselben die sittlichen Güter als die höchsten von Gott erbeten werden, insofern der christliche Gott selber eine sittliche, heilige Macht ist, und insofern Gott ein sittliches Tun auch von seinen Verehrern fordert.

2. Das Christentum ist sodann eine geoffenbarte Religion.

a. Auch die Heiden haben Religion, und was sie Richtiges in ihrer Religion haben, beruht auf Offenbarung; aber sie haben den rechten Glauben an Gott mehr und mehr verloren, und zur vollkommenen Gemeinschaft mit Gott ist kein einziges heidnisches Volk gelangt.

b. Die wahre Religion beruht nun nicht, wie der Rationalismus behauptete, auf der natürlichen Entwickelung der menschlichen Anlage zur Religion (aus dieser hat sich das Heidentum entwickelt) oder des Gewissens (aus diesem entwickelt sich die Sittlichkeit, nicht die Religion), sondern auf einem besonderen Wirken Gottes in der Menschheit, und zwar im Volke Israel, durch welches das Judentum und das Christentum entstanden sind.

c. Diese im Judentum und im Christentum vorhandene besondere Wirksamkeit Gottes, die Offenbarung, bestand aber in der immer größer werdenden Erleuchtung auserwählter Menschen, welche die Aufgabe hatten und erfüllten, ihre Mitmenschen in die zunächst in ihnen durch Gott hervorgerufene Gottesgemeinschaft hineinzuziehen.

d. Dies besondere Wirken Gottes in der Offenbarung ist allerdings ein Wunder, aber wenn die Schöpfung der Welt ein Wunder ist und dennoch geglaubt wird, so darf auch die durch die Offenbarung bezweckte Vollendung der Schöpfung uns nicht befremden, obwohl sie ebenfalls ein Wunder ist. Ohne eine Offenbarung wäre die Entstehung der biblischen Religion gar nicht zu begreifen.

e. Die Urkunde der durch Moses, die Propheten und Jesus Christus geschehenen Offenbarung ist die Bibel, auf deren Bedeutung anderwärts (Nr. 3c und 147b) hingewiesen worden ist.

3. Das Christentum ist die Vollendung der Offenbarung.

a. Aber nicht auf einmal hat Gott sich den Menschen vollkommen geoffenbart, sondern allmählich hat er sich immer vollkommener geoffenbart. Wie sich nun Gott allmählich den Menschen immer vollkommener geoffenbart hat, zuerst durch Moses, dann durch die Propheten, zuletzt durch Jesus Christus, ist in der heiligen Geschichte gezeigt worden (Hebr. 1, 1—2. Röm. 10, 2. Matth. 28, 19).[1]

b. Auch das Judentum ist eine geoffenbarte Religion, aber erst das Christentum ist die vollendete Offenbarung. Die vollendete Offenbarung ist aber das Christentum gegenüber dem Judentum, insofern es erstens eine Weltreligion (nicht eine Volksreligion) ist; insofern sodann die Gemeinschaft mit Gott nicht mehr an bestimmte Orte gebunden und nicht mehr durch besondere Priester und äußere Opfer vermittelt und nicht mehr durch ein äußeres Gesetz geregelt, sondern die freie Tat des den

[1]) Vgl. Nr. 3.

Menschen von innen treibenden Gottesgeistes ist; insofern endlich das christliche Gottesreich nicht auf das Diesseits beschränkt ist (wie im Judentum), sondern im Jenseits vollendet werden soll. Diese Vollendung verdankt aber das Christentum nicht der von selbst eingetretenen inneren Entwickelung des Judentums [1]), sondern der vollkommenen Offenbarung Gottes in Jesus Christus.

c. Im Christentum wird nun dem Menschen das vollkommene Gottesreich dargeboten zunächst als eine Gabe, indem der Mensch in die Gemeinschaft mit Gott aufgenommen wird; aber das Reich Gottes stellt dem Menschen, der in dasselbe aufgenommen wird, auch eine Aufgabe, nämlich die, daß er ein heiliger Mensch werde. So ist also das Christentum einerseits Religion, indem es den Menschen zu Gott führt, und andrerseits führt es den Menschen zur Sittlichkeit. Da also im Christentum Religion und Sittlichkeit miteinander verbunden sind, so ist es auch in dieser Hinsicht die vollkommenste Religion.

15—17. (130—132.) **Wie durch Jesus Christus das vollkommene Gottesreich gegründet worden ist.** (III, 37.)

Das Christentum, in welchem die Gemeinschaft der sündigen Menschen mit Gott wiederhergestellt und eine vollkommene Gemeinschaft des Menschen mit Gott begründet wird, ist durch Jesus Christus gegründet worden. Wenn nun dargelegt werden soll, wie durch Jesus Christus das Christentum gegründet worden ist, so ist zunächst vom Werke Jesu Christi zu sprechen, durch welches ja zunächst das Christentum begründet worden ist. Sein Werk hat aber Jesus vollbracht in seinem Leben, und darum ist nach seinem Werke sein Leben zu besprechen. Das Werk der Vollendung des Gottesreiches konnte aber von Jesus in seinem Leben nur darum vollbracht werden, weil in der Person Jesu die vollkommene Offenbarung Gottes in der Welt erschienen ist. Von der Person Jesu ist also schließlich noch zu sprechen.

Vom Werke Jesu, vom Leben Jesu, von der Person Jesu — nach diesen drei Beziehungen wird also im folgenden von Jesus Christus gesprochen werden.

15. (130.) **Wie ist durch das Wirken und Leiden Jesu Christi die Gemeinschaft der Menschen mit Gott wiederhergestellt und vollendet worden?** (III, 38—45.)

Einleitung.

Wenn dargelegt werden soll, wie die sündige Menschheit durch Jesus Christus zur vollkommenen Gemeinschaft mit Gott geführt worden ist, so ist zunächst vom Werke Jesu Christi zu sprechen. Die Wirksamkeit Jesu beruhte aber zunächst auf seinem Worte, durch welches er das Himmelreich verkündete und gründete. Indem nun Jesus vom Himmelreich

[1]) Die ohne Offenbarung eingetretene Weiterentwickelung des Judentums hat zum Pharisäismus geführt, auf welchem das heutige Judentum beruht. Eine menschliche Weiterentwickelung des Judentums ist auch der Islam.

predigte, ist er ein Prophet. Der Glaube an das von Jesus gepredigte Wort führte aber die Menschen zum Glauben an seine Person, als den Messias, den König des vollkommenen Gottesreiches. Endlich aber verkündete Jesus auch, daß er sein Leben in den Tod geben müsse, und daß erst durch seinen Tod sein Werk zur Vollendung geführt werde. Indem er sein Leben zum Opfer hingibt, ist er ein Priester.

Der zweite Artikel unseres Katechismus weist zwar, ohne des Prophetenamts zu gedenken, nur auf das Priesteramt und auf das Königsamt Jesu hin; aber die Voraussetzung für diese beiden Ämter Jesu bildet das Prophetenamt. In diesen drei Ämtern vollzieht sich das Werk Jesu, und in dieser Weise soll dasselbe im folgenden dargestellt werden.

1. Jesus als Prophet.

Wenn Jesus zunächst durch die Predigt das vollkommene Gottesreich zu gründen unternommen hat, so ist er ein Prophet gewesen, und als ein Prophet, der des Gottesreiches Nähe verkündet, ist Jesus zunächst seinen Zeitgenossen erschienen. Als Prophet hat aber Jesus gepredigt, geweissagt und Wunder getan, und eine Predigt war auch sein Leben und sein Leiden. Wenn aber Jesus durch die Predigt das Gottesreich gründen wollte, so verzichtete er nicht bloß auf die Anwendung von Gewalt, sondern er verzichtete auch darauf, dasselbe mit einem Schlage zu gründen; dann konnte sich das Gottesreich nur langsam und allmählich entwickeln, wie das Jesus in seinen Gleichnissen dargelegt hat (Matth. 13 u. Mark. 4, 26—29).

Durch die Predigt Jesu ist nun das Gottesreich gegründet worden, und durch die in der Kirche fortdauernde Predigt wird dasselbe noch heute erhalten und weiter ausgebreitet. Bei der in der Predigt seiner Nachfolger weiter ertönenden Predigt Jesu soll auch die Kirche allezeit bleiben (Apg. 2, 42); ein unfehlbares Lehramt besitzt aber die Kirche nicht.

2. Jesus als König.

Durch die Predigt Jesu ist aber das Gottesreich nicht bloß verkündet, sondern auch gegründet worden, und so haben denn seine Jünger (zuerst Petrus: Matth. 16) in ihm mit Recht den Messias, den König des von den Propheten verheißenen Gottesreiches gesehen. Aber das von Jesus zunächst gegründete Gottesreich war allerdings noch nicht das von den Propheten verheißene vollkommene Gottesreich, sondern dieses Reich wird erst am Ende der Tage gegründet werden und ist auch für uns noch ein Gegenstand der Hoffnung. Aber trotzdem ist Jesus doch auch für uns ein König, da er das Gottesreich, auch das noch nicht vollendete, leitet durch seinen Stellvertreter, den heiligen Geist (nicht aber durch den Papst, der sich mit Unrecht als seinen Stellvertreter betrachtet), und dasselbe auch dereinst zur Vollendung führen wird.

3. Der Tod Jesu; Jesus als Priester.

Zum himmlischen Königsthron ist aber Jesus nur durch den Tod gelangt; indem er nun sein Leben hingibt zum Heil der Menschen, ist er ein Priester geworden. Der Tod Jesu ist aber, wie das ganze Erlösungswerk, eine Tat der Liebe Gottes, aber zugleich auch das kräftigste Mittel, um die Heiligkeit Gottes zur Geltung zu bringen; inwiefern beides der Fall ist, wird das Folgende zeigen.

a. Die Weissagung des A. T. Hebr. 9, 12. Jes. 43, 21–25. Jer. 23, 5–6. Vergebung der Sünden gewann der Israelit durch die von den Priestern für ihn dargebrachten Opfer; aber „durch der Böcke und der Kälber Blut konnte nicht eine ewige Erlösung erfunden werden" (Hebr. 9, 12). Dem Messias wird nun zwar im A. T. eine die Sündenvergebung vermittelnde Tätigkeit nicht zugeschrieben, aber dieselbe wird in dem zu gründenden Neuen Bunde von Gott erwartet. Wie das aber geschehen werde, wußten auch die Propheten nicht; höchstens die Weissagung von dem unschuldig leidenden Gottesknechte (Jes. 53) ließ den Israeliten davon etwas ahnen.

b. Der Tod Jesu und der Glaube an den Gekreuzigten. Matth. 16, 21. Luk. 24, 19–21. Apg. 2, 22–24. Während nun die Jünger darauf warteten, daß Jesus das vollkommene Gottesreich aufrichte, verkündete Jesus seit dem Bekenntnis des Petrus ihnen immer aufs neue seinen Tod (Matth. 16, 21); trotzdem waren sie bei seinem Tode überrascht und verzagt (Luk. 24, 19–21); aber von ihren Zweifeln wurden sie befreit durch die Auferstehung Jesu und durch die daran geknüpfte Hoffnung auf seine baldige Wiederkunft zur Aufrichtung seines Reiches.

Als sie nun seit dem Pfingstfeste von Jesus als dem Messias zu predigen anfingen, da wiesen sie vor den Juden zunächst nur darauf hin, daß Jesus trotz seines Todes der Messias sei, da er ja vom Tode auferstanden sei und bald wiederkommen werde, um das vollkommene Gottesreich aufzurichten. Aber eine besondere Heilsbedeutung wird dem Tode Jesu in der ältesten Predigt der Apostel nicht beigelegt.

c. Die Heilsbedeutung des Todes Jesu nach der Predigt Jesu und der Apostel. Aber der Tod Jesu ist, wie die Apostel allmählich erkannt haben, nicht bloß eine göttliche Zulassung oder Fügung, welche bei dem irdischen Sinne der einen anderen Messias erwartenden Juden unvermeidlich war, sondern der Tod Jesu hat auch eine Bedeutung für unser Heil. Welches ist nun die Heilsbedeutung des Todes Jesu?

α. 2. Mose 24, 3–8. (Hebr. 9, 19–22.) Matth. 26, 28. 1. Petr. 1, 2. Hebr. 9, 15–18. Röm. 3, 21–26. Die Apostel haben im Tode Jesu zunächst ein Sühnopfer erkannt, entweder ein solches, wie es für jede Sünde immer aufs neue, oder ein solches, wie es bei der sinaitischen Bundschließung einmal, oder wie es beim großen Versöhnungsopfer alljährlich dargebracht wurde. Die Deutung des Todes Jesu als des Mittels einer neuen Bundschließung beruht auf den Abendmahlsworten (Matth. 26, 28) und ist namentlich Hebr. 9, 15–28 weiter ausgeführt. Die Deutung nach dem Versöhnungsopfer findet sich namentlich bei Paulus (Röm. 3, 21–26): Christus ist der NTliche „Gnadenstuhl", d. h. der am großen Versöhnungstage vom Hohenpriester mit dem Opferblute besprengte Deckel der Bundeslade. Durch das Sühnopfer des Todes Jesu wird, wie Paulus erkennt, der Mensch wirklich von der Sünde befreit, was durch das ATliche Sühnopfer nicht wirklich erreicht wurde.

Aber aus dem A. T. konnte man nicht erkennen, warum der Tod Jesu ein besseres Sühnopfer sei als die Sühnopfer des Alten Bundes.

β. Ps. 49, 8—9. Mark. 8, 36—37; 10, 45. 1. Tim. 2, 5—6. 1. Petr. 1, 18—19. Hebr. 9, 13—14. Phil. 2, 8. Joh. 10, 17—18. Die Apostel haben sodann den Tod Jesu als ein Lösegeld betrachtet (Ps. 49, 8—9. Mark. 8, 36—37. Mark. 10, 45), durch welches der Mensch von den Folgen der Sünde (dem Todesverhängnis) losgekauft wird (wie beim Sühnopfer von der Schuld der Sünde); vgl. 1. Petr. 1, 18—19 und Kat. II, 2: „Nicht mit Gold oder Silber, sondern ... Lammes." Dieser Tod hatte aber in Gottes Augen einen hohen Wert, weil er eine Tat des Gehorsams war (Hebr. 9, 13—14. Phil. 2, 8. Joh. 10, 17—18).

Aber warum durch diese Tat Jesu der Mensch von der Sünde befreit wird, ist damit noch nicht erklärt.

γ. Jes. 52, 13—53, 12. Luk. 22, 37. 1. Petr. 2, 21—25. 2. Kor. 5, 21. Gal. 3, 13. Die Apostel haben endlich in Jesus auch den unsere Sünden stellvertretend tragenden Gottesknecht (nach Jes. 53) gesehen. Aber warum Gott den Tod Jesu als stellvertretend ansieht, ist aus dem A. T. nicht zu erklären.

d. Der Tod Jesu als das Mittel unserer Versöhnung mit Gott. Röm. 8, 32; 5, 10; 5, 5b.

Der Tod Jesu war zunächst eine geschichtliche Notwendigkeit; die damaligen Juden erwarteten einen Messias, welcher ein äußeres Reich aufrichten würde, und so war es begreiflich, daß sie Jesum verkannten und töteten. Gott hat nun aber dieses Schicksal über Jesum kommen lassen, weil durch den Tod Jesu das erreicht werden konnte, was seine Predigt vergeblich erstrebt hatte: die Buße, d. h. die Sinnesänderung des Volkes, wenn es im Tode Jesu seine größte Sünde und Gottes höchste Liebesoffenbarung erkannte; eine solche Liebe zu den Sündern mußte ja auf das Herz des Sünders einen Eindruck machen und ihn anderen Sinnes machen. Wenn Gott „seines eigenen Sohnes nicht verschont hat, sondern hat ihn für uns alle dahingegeben, wie sollte er uns mit ihm nicht alles schenken" (Röm. 8, 32), auch die Vergebung der Sünden! Und wer von Gott Vergebung der Sünden erhält, der erhält doch auch den Trieb ins Herz, fortan nicht mehr zu sündigen, sondern den wiederzulieben, der ihn zuerst geliebt hat. So ist nun der Tod Jesu das rechte Sühnopfer, das ausreichende Lösegeld und ein wirklich stellvertretender Tod geworden, weil wir durch ihn der Sünden vergebenden Liebe Gottes gewiß werden (Röm. 8, 32) und zugleich von der Macht der Sünde befreit werden; wir sind durch den Tod Jesu mit Gott versöhnt, indem sowohl die Schuld der Sünde uns erlassen, als auch die Macht der Sünde über uns gebrochen ist.

Im Tode Jesu hat sich also nicht bloß die Liebe Gottes offenbart, sondern auch seine Heiligkeit ist in dieser Tat seiner Liebe gewahrt worden, da ja der Tod Jesu den Sünder nicht bloß von der Schuld, sondern auch von der Macht der Sünde befreit. Durch den Tod Jesu ist also das wirklich erreicht worden, was im A. T. nur begehrt und gehofft wurde, die wirkliche Vergebung und Überwindung der Sünde.

e. Die Sendung Jesu in die Welt wäre auch schon darum ein großer Beweis der Liebe Gottes zu den verlorenen Menschen, wenn wir in Jesus nur einen großen Propheten zu sehen hätten. Aber Jesus hat ja vom Reiche Gottes nicht bloß als Prophet gepredigt, sondern er hat dasselbe auch als König gegründet, und durch die Gründung eines Gottesreiches ist uns ja der Weg zur Frömmigkeit viel besser geebnet, als wenn wir nur sein Wort besäßen. Endlich aber hat Jesus noch viel mehr für uns getan, indem er als Priester sein Leben für uns dahingegeben und den schmerzlichen Tod am Kreuze erlitten hat; sein Tod ist der größte Beweis seiner Liebe und der Liebe Gottes, der ihn gesandt hat.

Indem wir also zunächst in der Predigt Jesu und in der durch ihn bewirkten Gründung des Gottesreiches einen Beweis seiner Liebe sehen, aber vornehmlich in seinem Tode den größten Beweis seiner Liebe erblicken, fühlen wir uns dazu getrieben, wieder zu lieben den, der uns zuerst geliebt hat, und wir sprechen mit dem Dichter des schönen Liedes:

„Der am Kreuz ist meine Liebe.“

16. (131.) Wie hat Jesus in seinem Leben das Werk der Erlösung vollbracht? (III, 46.)

Phil. 2, 5—11. Kat. II, 2. „Der empfangen ist . . . und die Toten.“

a. Das Werk Jesu ist aber vollbracht worden im Leben Jesu. Aber das Leben Jesu entsprach nicht dem Bilde der Juden von dem von ihnen erwarteten Messias, denn es war ein Leben in Niedrigkeit. Dieses Rätsel löst der Apostel Paulus in seinem Philipperbriefe (K. 2, 5—11) dadurch, daß er darauf hinweist, daß Jesus allerdings zunächst in Niedrigkeit erschienen sei, aber um alsdann zu der ihm gebührenden Hoheit emporzusteigen.

Der Apostel sagt nämlich vom Leben Jesu folgendes:

Jesus ist für uns ein Vorbild der Demut, weil er, obwohl innerlich Gott gleich (in göttlicher Gestalt), doch nicht mit Gewalt danach trachtete, auch äußerlich Gott gleich zu sein. Die Juden erwarteten einen Messias in äußerer göttlicher Herrlichkeit, aber Jesus weist es als eine Versuchung des Teufels zurück (Matth. 4), göttliche Ehre auf Erden durch äußere Wunder und mit der Gewalt des Schwertes zu gewinnen. Er hat sich vielmehr entäußert, d. h. auf die äußere Herrlichkeit und Ehre verzichtet, obwohl sie ihm gebührte; ja, er hat sich erniedrigt und ist gehorsam geworden bis zum Tode, ja zum Tode am Kreuz; er ist gestorben, als wäre er ein Sünder; sein Leib wurde begraben, und seine Seele stieg in die Unterwelt hinab.

Wenn nun so auch das Leben Jesu in der tiefsten Erniedrigung endete und das Werk seines Lebens vereitelt zu sein schien, so hat er doch gerade durch sein Leiden und Sterben das Werk der Erlösung vollbracht. Zum Lohn für seine Erniedrigung wurde aber Jesus von Gott aus dem Tode erweckt, und seitdem kommt der Menschensohn auf den Wolken des Himmels, d. h. in göttlicher Herrlichkeit, fortwährend herab auf die Erde, um das vollkommene Gottesreich aufzurichten (Matth. 26, 64), und seine Jünger sahen in dem Auferstandenen den verheißenen Gründer des vollkommenen Gottesreiches.

b. Diesen Entwickelungsgang des Lebens Jesu von dem Stande der Erniedrigung zum Stande der Erhöhung stellt auch der Katechismus dar („Der empfangen ist ... niedergefahren zur Hölle", und „Am dritten Tage ... und die Toten").

c. „Der am Kreuz ist meine Liebe" — so sprachen wir mit dem frommen Dichter, indem wir, das ganze Werk Jesu betrachtend, in seinem Tode den höchsten Beweis seiner Liebe zu den Menschen erkannten. Aber daß wir nun in seinem Tode nicht das Ende seiner Wirksamkeit, sondern den Grund unseres Heils sehen, das verdanken wir der Auferstehung Jesu, „welcher ist um unserer Sünde willen dahingegeben und um unserer Gerechtigkeit willen auferwecket" (Röm. 4, 25). Indem wir zu dem Glauben gelangen, daß er nicht im Tode geblieben ist, erkennen wir in ihm den Quell des neuen Lebens der Menschheit und den Grund des Heils auch für die nach ihm lebenden Menschen, und sprechen mit dem frommen Dichter:

„Jesus lebt, sein Heil ist mein."

17. (132.) Wie hat sich in der Person Jesu seine Gemeinschaft mit Gott dargestellt? (III, 47—51.)

Psalm 8, 5. Dan. 2, 27—45; 7, 1—18 u. V. 27. Matth. 26, 62—64. Matth. 16, 13—17.
Ps. 110. Matth. 22, 41—46. Joh. 8, 46. Matth. 11, 25—30. Joh. 10, 22—39. Joh. 1, 1—18.
Arius und Athanasius (Nr. 76c). Augsb. Konf. Art. 3. Kat. II, 2.
„Ich glaube an Jesum ... Herrn."
„Ich glaube, daß Jesus Christus ... sei mein Herr."

Das Werk der Zurückführung der verlorenen Menschheit zum Vater konnte aber im Leben Jesu darum vollbracht werden, und das Leben Jesu konnte von der Niedrigkeit des Gekreuzigten zur Hoheit des Auferstandenen darum emporsteigen, weil in der Person Jesu Christi die vollkommene Offenbarung Gottes in der Menschheit erschienen ist. Wie hat sich in der Person Jesu seine vollkommene Gemeinschaft mit Gott dargestellt?

a. Jesus hat sich, als er öffentlich auftrat, zunächst „den Menschensohn" genannt. Aus Ps. 8, 5 ergibt sich, daß „Menschensohn" zunächst so viel ist als „Mensch": aber in diesem Ausdruck ist ausdrücklich darauf hingewiesen, daß der Mensch nicht von Gott herstammt, und so weist dieser Ausdruck auf die Niedrigkeit des Menschen im Gegensatz zu Gott hin. Jesus ist ja nun auch zunächst in Niedrigkeit unter den Menschen erschienen an Leib und Seele den anderen Menschen gleichend.

Aber Jesus hat sich nicht einen Menschensohn, sondern den Menschensohn genannt, und diese Bezeichnung erklärt sich nicht aus Ps. 8, 5, sondern aus Dan. 7, 13, wo im Gegensatz zu den mit Tieren verglichenen Weltreichen das wahre Gottesreich als das Reich eines Menschensohnes bezeichnet wird. Als diesen Menschensohn, der das vollkommene Gottesreich auf Erden gründen soll, bezeichnet sich Jesus besonders deutlich vor dem Hohenpriester kurz vor seinem Tode (Matth. 26, 62—64).

b. Der Name „Menschensohn" ist aber nur wenig verschieden von dem anderen Namen, welcher im A. T. und daher auch im N. T. dem Gründer des vollkommenen Gottesreiches beigelegt wird, nämlich Gottessohn, mit welchem zunächst das Volk Israel, sodann der König des Volkes, endlich aber besonders der verheißene Messias bezeichnet wird, als der erwählte Gegenstand der göttlichen Liebe. Zwar die Zeitgenossen Jesu haben nun in dem „Menschensohn" nicht sofort den „Gottessohn", den Messias, erkannt, aber wohl hat Petrus diesen Glauben ausgesprochen (Mark. 8, 27—30; Matth. 16, 13—17), obwohl Jesus das nicht tat, was die Juden von dem Gottessohn, d. h. dem Messias, erwarteten, da er ja, wie es schien, das Gottesreich nicht aufrichtete.

c. Der Messias ist nun nach der Weissagung ein Nachkomme Davids, aber als solcher ist er doch auch nur ein Mensch. Wenn nun in Ps. 110 der Messias als Davids Herr bezeichnet wird, wie kann er das sein als Davids Sohn? Diese Frage legte Jesus einst den Schriftgelehrten vor (Matth. 22, 41—46), und sie konnten dieselbe nicht beantworten, da das, was Jesus meinte, über das A. T. hinausreichte.

Der Messias wird ja allerdings im A. T. Gottes Sohn genannt, aber auch der Gottessohn des A. T. kann noch sündigen (2. Sam. 7, 14—15); Jesus aber sagt im N. T. (Joh. 8, 46) von sich: „Niemand unter euch kann mich einer Sünde zeihen". Er steht also über dem Davidssohn und dem Gottessohn des A. T. schon dadurch, daß er ein sündloser Mensch ist.

Über den ATlichen Messias stellt sich Jesus aber auch dadurch, daß er sagt (Matth. 11, 25—30; Luk. 10, 17—22), daß ihm alles, d. h. die Aufrichtung des Gottesreiches, vom Vater übertragen sei, und daß nur er, der Sohn, die Menschen zum Vater führen könne, da er allein mit dem Vater in vollkommener Gemeinschaft stehe, was bei dem ATlichen Gottessohn nicht der Fall ist.

Und ebenso stellt sich Jesus über den ATlichen Messias, wenn er von sich sagt (Joh. 10, 30): „Ich und der Vater sind eins".

d. So ist also der Gottessohn des N. T. größer als der des A. T. (der Messias), und diesen Gedanken Jesu finden wir nun besonders entwickelt, aber in eigentümlicher Weise, im Prolog des Evang. Joh. (1, 1—18).

Im Anschluß nämlich an das A. T., in welchem die Weisheit und das Wort Gottes allmählich eine gewisse Selbständigkeit Gott gegenüber gewonnen hatten, und in Anknüpfung an die Philosophie seiner Zeit unter den Heiden, welche von dem Worte oder der Vernunft (beides bedeutet das griechische Wort Logos) sprachen als der Mittelursache der Schöpfung, aber ohne daß Jesus in dieser Weise von seiner Person gesprochen hatte, hat Johannes Jesum für das menschgewordene Wort erklärt. Durch das Wort ist die Welt geschaffen worden; das Wort Gottes haben die Propheten verkündet; in Jesus hat sich Gott, nachdem er vor Zeiten zu den Israeliten durch die Propheten geredet hat, den Menschen aufs vollkommenste geoffenbart.

Der in drei Abschnitte zerfallende Prolog des Evang. Joh. (1, 1—18) verkündet aber zunächst im allgemeinen (V. 1—5), daß Gott sich in der Welt offenbart, aber keine Aufnahme gefunden habe; sodann (V. 6—13), wie, nachdem Johannes die Offenbarung Gottes in Jesu vorbereitet habe, Gott sich in Jesus geoffenbart, aber diese Offenbarung nur bei einigen Menschen Glauben gefunden habe; endlich aber (V. 14—18), wie das fleischgewordene Wort die Gläubigen zur vollen Gemeinschaft mit dem Vater geführt habe.

e. Jesus ist also zunächst ein Menschensohn, d. h. ein Mensch, sodann der Menschensohn und der Gottessohn, beides im Sinne des A. T., d. h. der zur Aufrichtung des Himmelreichs auf Erden erschienene Messias. Aber Jesus ist auch der Sohn Gottes in einem noch höheren Sinne, nämlich als der persönliche Gottessohn ohne Sünde, der mit Gott in der vollkommensten Lebens- und Liebesgemeinschaft steht; die Person Jesu ist die vollkommenste Offenbarung Gottes in der Welt.

f. Mit dieser Erkenntnis von der Person Jesu, welche wir aus der Bibel gewonnen haben, stimmt auch die Lehre des Athanasius überein. Im arianischen Streite handelte es sich nämlich um die Frage, ob in Christus sich wirklich der wahre Gott vollkommen geoffenbart habe; nur die Lehre des Athanasius entspricht der Bibel und wird dem wahren Wesen der Religion gerecht, welche in der Gemeinschaft mit Gott besteht; nur derjenige, der selber in vollkommener Gemeinschaft mit Gott stand, konnte auch die Menschen zur wahren Gemeinschaft mit Gott führen. Diese Lehre des Athanasius ist nun im 3. Art. der Augsb. Konfession und in unserem Katechismus (Art. 2) als die Lehre der evangelischen Kirche dargestellt, und so befindet sich die evangelische Kirche auch in der Lehre von Jesus Christus in Übereinstimmung mit der h. Schrift.

g. Den Glauben an Jesum als den Sohn Gottes im höheren Sinne (wie auch die tiefere Erkenntnis des Wertes seines Lebens und Wirkens) verdankten aber die Apostel vornehmlich der Auferstehung Jesu, durch welche die Jünger nicht bloß beim Glauben an Jesus erhalten, sondern auch in ihrer Erkenntnis von der Bedeutung der Person und des Werkes Jesu wesentlich gefördert worden sind. Namentlich seit der Auferstehung war ihnen Jesus nicht mehr bloß ein Gesandter Gottes, sondern der Sohn Gottes, und sein Tod nicht mehr bloß der Tod eines Märtyrers, sondern ein von Gott verordnetes Mittel zur Vergebung und Überwindung der Sünde, und sein Fortleben im Himmel die Bürgschaft eines vollkommenen ewigen Lebens auch der Gläubigen.

h. Daß nun auch wir mit den Aposteln und der ganzen Christenheit in dem von Gott in die Welt gesandten Jesus Christus, dem Propheten, dem König, dem Priester, unser Heil finden und mit dem frommen Dichter sprechen: „Der am Kreuz ist meine Liebe" — dazu hat uns die Betrachtung des Werkes Jesu geführt. Aber daß wir den Wert seines Wirkens und Sterbens besser und tiefer erkennen, das verdanken wir der Betrachtung seines Lebens, welches zwar in Niedrigkeit begann, aber durch die Auferstehung zur Erhöhung führte, so daß wir mit dem Dichter sprechen: „Jesus lebt, sein Heil ist mein." Und noch weiter hat uns die Betrachtung der Person Jesu geführt. Einen Menschen haben wir zunächst in Jesus erkannt, und als Mensch hat ja Jesus auf Erden sein Werk vollbracht und den Tod erlitten. Aber dieser Mensch ist doch ein anderer Mensch gewesen als wir — das hat den Jüngern besonders seine Auferstehung von den Toten gezeigt, und in dem Auferstandenen haben sie immer vollkommener die Offenbarung Gottes wahrgenommen, so daß der Apostel gläubig bekannte (2. Kor. 5, 19): „Gott war in Christo und versöhnte die Welt mit ihm selber." Und auch wir erkennen, wenn die Person Jesu uns nahetritt, in dem Gekreuzigten und Auferstandenen die vollkommenste Offenbarung Gottes und sprechen mit unserem frommen Dichter:

„Wo Gott und die Menschheit in einem vereinet,
Wo alle vollkommene Fülle erscheinet,
Da, da ist das beste, notwendigste Teil,
Mein Ein und mein Alles, mein seligstes Heil" [1].

18. (133.) Der heilige Geist und die Dreieinigkeit. (III, 52 und 53.)

a. Der heilige Geist.

Joh. 14, 16—17 u. V. 26; 16, 13—15.
„Ich glaube, daß ich nicht aus eigener Vernunft noch Kraft an Jesum Christum, meinen Herrn, glauben oder zu ihm kommen kann."
„Ich glaube an den heiligen Geist."

α. Als Jesus seinen Tod herannahen sah, da verhieß er seinen Jüngern, als seinen Stellvertreter, den heiligen Geist, der aber nicht eine neue Offenbarung bringen (wie wir sie Christus verdanken), sondern nur die Aneignung der Offenbarung Gottes in Christus bewirken werde. Und das Wort Christi hat sich erfüllt: seit dem ersten Pfingstfeste fühlten sich die Jünger ergriffen und erfüllt vom Geiste Gottes, und zu allen Zeiten und an allen Orten ist seitdem in der christlichen Kirche die Wirksamkeit des heiligen Geistes zu spüren.

Auch wir haben nicht aus eigener Kraft an Christus geglaubt und sind nicht aus eigener Kraft zu Christus gekommen, sondern auch wir sind zu Christus geführt worden durch die in der Predigt von Christus uns erfassende Kraft des heiligen Geistes, welcher in allen Kirchen sich wirksam erweist.

β. Wenn nun zunächst alle Christen in gleicher Weise vom Geiste Gottes erleuchtet werden, so war doch an den Aposteln, da sie mit Christus in persönlichem Verkehr gestanden hatten, eine höhere Erleuchtung wahrzunehmen, als an den anderen Christen; aber unfehlbar waren weder die Apostel, noch die Päpste, noch die Reformatoren; der heilige Geist wird aber dereinst die Christenheit in alle Wahrheit leiten und zur vollkommenen Frömmigkeit führen.

γ. So erfährt also der Christ an seinem Herzen und in seinem ganzen Leben die Kraft des heiligen Geistes, und die ganze christliche Kirche ist getragen und erfüllt vom heiligen Geiste. Aber wenn auch der Christ die Kraft des heiligen Geistes an sich erfährt, so bleibt ihm doch das Wesen des heiligen Geistes, wie das Wesen der Gottheit überhaupt, verborgen. Aber es kommt ja auch nicht darauf an, das Wesen des heiligen Geistes zu erkennen, sondern seine Kraft an sich zu erfahren; wer dieselbe an sich erfährt, der wird von Herzen einstimmen in das Bekenntnis unseres Glaubens: „Ich glaube an den heiligen Geist."

---

[1]) Was von dem Werke, dem Leben und der Person Jesu Christi im Vorhergehenden (Nr. 130—132) gesagt worden ist, das finden wir kurz zusammengefaßt im zweiten Artikel mit Luthers Erklärung und auch im dritten Artikel der Augsb. Konfession. (Vgl. Handbuch III³, Nr. 51 [50].)

b. Unser Glaube an den dreieinigen Gott.

5. Mose 6, 4. Der Herr unser Gott ist ein einiger Herr.
Matth. 28, 19. Gehet hin und lehret alle Völker und taufet sie in den [1]) Namen des Vaters und des Sohnes und des heiligen Geistes.
2. Kor. 13, 13. Die Gnade unseres Herrn Jesu Christi und die Liebe Gottes und die Gemeinschaft des heiligen Geistes sei mit uns allen!
Augsb. Konf. Art. 1.

Das Christentum hält natürlich fest an der Predigt des A. T. von dem einen Gotte; aber das Christentum lehrt uns in dem einen Gotte einen dreieinigen Gott erkennen. Gott hat sich nämlich geoffenbart als Vater, der uns geschaffen, als Sohn, der uns erlöst hat, und als heiligen Geist, der uns zu Christus führt. Indem nun die alte Kirche glaubte, daß sich in Christus der wahre Gott geoffenbart habe, hat sie im arianischen Streite mit Recht daran festgehalten, daß in Christus nicht ein von Gott verschiedenes Wesen, sondern der höchste Gott selber sich geoffenbart habe, und ebenso mit Recht gelehrt, daß im heiligen Geiste der höchste Gott selber in den Gläubigen wohne; mit Recht hat der 1. Art. der Augsb. Konfession diesen Glauben auch als den Glauben der evangelischen Kirche bekannt. Wenn sich nun aber Gott als dreieiniger Gott offenbart, so darf man mit Recht annehmen, daß er auch nach seinem Wesen ein dreieiniger Gott sein müsse. Aber das Geheimnis der Dreieinigkeit zu erkennen, das ist dem Christen auf Erden nicht beschieden, und darauf kommt es auch nicht an, denn unsere Seligkeit beruht nicht auf der Erkenntnis des dreieinigen Gottes, sondern auf der Gemeinschaft mit dem dreieinigen Gott.

19. (134.) Wie der heilige Geist durch die Gnadenmittel, die Predigt und die Sakramente, die Menschen zu Christus führt und bei Christus erhält. (III, 54—61.)

Katech. IV und V und Anhang zum Katech. Nr. 154 B.
Augsb. Konf. Art. 5. 9. 10. (22. 24.) 12. 11. (25.) 13 [2]).

A. Einleitung.

a. „Solchen Glauben [an die Gnade Gottes in Christus] zu erlangen, hat Gott das Predigtamt eingesetzt, Evangelium und Sakramente gegeben, dadurch er, als durch Mittel, den heiligen Geist gibt, welcher den Glauben wirket, wo und wenn er will, in denen, so das Evangelium hören" [und die Sakramente empfangen]; denn „nicht ohne das leibliche Wort des Evangelii können wir [wie die Wiedertäufer glaubten] [3]) den heiligen Geist erlangen" — so heißt es mit Recht in der Augsb. Konf. (Art. 5). Aber die Kraft und der Segen der Predigt und der Sakramente sind nicht gebunden an ein Priesteramt, wie in der katholischen Kirche gelehrt wird.

b. Der Glaube kommt also zunächst aus der Predigt (Röm. 10, 11); der Gegenstand der Predigt ist aber „das Evangelium, welches lehret, daß

[1]) So lautet dies Wort nach dem Grundtext.
[2]) Eine Ergänzung zu diesem Abschnitt bieten Nr. 147 b und c und 109 B a.
[3]) Aber nur die früheren Wiedertäufer, nicht mehr die heutigen; aber noch heute die Quäker.

wir durch Christus' Verdienst, nicht durch unser Verdienst, einen gnädigen Gott haben, so wir solches glauben" (Art. 5). Aber der Glaube wird auch erweckt und gefördert durch die Sakramente, welche ebenfalls, wie die Augsb. Konf. sagt (Art. 13), „eingesetzt sind, unsern Glauben zu erwecken und zu stärken; derhalben sie auch Glauben fordern und dann recht gebraucht werden, so man sie im Glauben empfähet und den Glauben dadurch stärket".

c. Als Sakramente betrachtet aber die Augsb. Konfession, ebenso wie Luthers Katechismus, nur die Taufe und das heilige Abendmahl; von diesen beiden heiligen Handlungen und von der Predigt, den Gnadenmitteln, wird genauer gesprochen in den oben angeführten Artikeln der Augsb. Konf. und in Luthers Katechismus; an den letzteren soll sich die folgende Darlegung im einzelnen anschließen[1]).

B. Die Predigt und die Sakramente.

1. Die Einsetzung der Predigt und der Sakramente.

a. „Ich glaube, daß ich nicht aus eigener Vernunft (noch Kraft) an Jesum Christum meinen Herrn glauben (oder zu ihm kommen) kann, sondern der heilige Geist hat mich durch das (mir gepredigte) Evangelium berufen" — so heißt es in unserem Katechismus (Kat. II, 3); der Glaube kommt ja, wie der Apostel Paulus mit Recht sagt (Röm. 10, 17), aus der Predigt. Die Predigt ist nun von Christus eingesetzt worden, indem er kurz vor seiner Himmelfahrt zu seinen Jüngern sagte: „Gehet hin in alle Welt und prediget das Evangelium aller Kreatur" (Mark. 16, 15). Die Aufgabe der Predigt ist also die Verkündigung des Wortes Gottes (Röm. 10, 17). Das Wort Gottes wird nun zunächst mündlich in der Kirche gepredigt; es ist aber auch schriftlich aufgezeichnet in der Heiligen Schrift, und die mündliche Predigt ist nur dann eine rechte Predigt, wenn sie übereinstimmt mit der Predigt des Wortes Gottes in der Heiligen Schrift. (Vgl. Nr. 146 b.)

Außer der Predigt hat aber Jesus auch die Taufe (kurz vor der Himmelfahrt) und das heilige Abendmahl (in der Nacht, da er verraten ward) eingesetzt als Mittel zur Begründung und Erhaltung seines Reiches. Die Einsetzung der Taufe durch Jesum ist ausgesprochen Matth. 28, 18—20[2]):

Gehet hin[3]) und machet zu meinen Jüngern alle Völker, indem ihr sie taufet in den Namen[4]) des Vaters und des Sohnes und des heiligen Geistes, und indem ihr sie lehret halten alles, was ich euch befohlen habe.

Die Einsetzung des heiligen Abendmahls ist berichtet in den drei ersten

---

[1]) Warum Luther kein Lehrstück von der Predigt in seinem Katechismus hat, ist unten (145 C b) dargelegt.

[2]) Der Wortlaut des Spruches ist wichtig wegen der Wiedertäufer, welche auf Grund dieses Spruches mit Unrecht die Kindertaufe geradezu verbieten.

[3]) Die Worte des Katechismus „in alle Welt" sind hier aufgenommen aus Mark. 16, 15.

[4]) So nach dem Grundtext, d. h. die Getauften sollen eintreten in die Gemeinschaft mit dem dreieinigen Gott. — „In dem Namen" (was nicht dasteht) d. h. „im Auftrage".

Evangelien und im 1. Korintherbriefe des Apostels Paulus (Matth. 26, 26—28; Mark. 14, 22—24; Luk. 22, 19—20; 1. Kor. 11, 23—26). Die Abendmahlsworte sind in kürzerer Form überliefert bei Matthäus und Markus, etwas erweitert bei Lukas und Paulus, namentlich durch den Zusatz: „Solches tut zu meinem Gedächtnis!" Die Worte Jesu lauten nach dem Grundtext der vier Berichte also[1]: Nehmet, esset, das ist mein Leib für euch (der für euch gegeben wird); das tut zu meinem Gedächtnis. Trinket alle daraus; denn das ist mein Blut des Bundes (dieser Kelch ist der neue Bund in meinem Blut), das für viele (für euch) vergossen wird (zur Vergebung der Sünden). Dies tut, so oft ihr trinket, zu meinem Gedächtnis.

b. Daß nun Predigt, Taufe und Abendmahl als die von Christus selbst eingesetzten Gnadenmittel dem Christen darzubieten seien — die Taufe nur einmal, Predigt und Abendmahl immer aufs neue — wird (in Übereinstimmung mit der Augsburger Konfession: Art. 5, 9 und 10) von allen christlichen Parteien anerkannt (mit Ausnahme der Quäker, welche, wie die alten — aber nicht mehr die heutigen — Wiedertäufer, den heiligen Geist auch ohne Gnadenmittel wirken lassen). Allerdings wird ja in manchen der kleineren Kirchen die Predigt sehr vernachlässigt und dadurch die Kenntnis des wahren Christentums verringert. Besonders aber weist die Augsburger Konfession darauf hin (Art. 22), daß bei der katholischen Abendmahlsfeier dem Feiernden (auch dem das Abendmahl nur genießenden Priester) gegen das Wort Christi („Trinket alle daraus") der Kelch vorenthalten wird. Gegen diese erst im Mittelalter aufgekommene katholische Sitte[2]) richtete sich zunächst die Opposition der Hussiten („Utraquisten" — „sub utraque forma", unter beiderlei Gestalt, feierten sie wieder — nach alter Sitte — das heilige Abendmahl), und die evangelische Kirche reicht — in Übereinstimmung mit der alten und mit der morgenländischen Kirche — mit Recht auch dem Laien den Kelch beim Abendmahl.

2. Was nützen denn die Predigt, die Taufe und das heilige Abendmahl?

Durch diese von Gott verordneten Gnadenmittel treten wir zunächst, indem wir durch sie Vergebung der Sünden erlangen, in das Reich Gottes ein; wo aber Vergebung der Sünden ist, da ist auch, wie Luther mit Recht sagt, Leben und Seligkeit. Wenn zunächst die Predigt auf die Gnade Gottes gegen die Sünder hinweist, so weist die Taufe, als eine sinnbildliche Reinigung, ebenfalls darauf hin, daß wir durch Christus von der Sünde frei werden, und dasselbe predigt das heilige Abendmahl durch die in ihm dargereichten Sinnbilder des Leibes und Blutes des für uns gestorbenen Heilands.

Wer aber Vergebung der Sünden erhalten hat, der erhält auch Leben und Seligkeit, wie Luther mit Recht sagt. Wer nämlich von der Schuld der Sünde befreit ist, der wird auch von der Macht der Sünde frei und gelangt dadurch zu wahrem Leben; der wird, wie Luther sagt, erlöst vom

[1]) Nur die gesperrt gedruckten Worte sind in allen oder wenigstens in den beiden älteren Berichten (Matthäus und Markus) vorhanden.

[2]) Dieselbe ist aber nicht, wie die Augsb. Konfession sagt, durch die Priester aufgebracht worden, sondern durch die Laien; vgl. die Anm. zu Art. 22 der Augsb. Konfession.

Tode und Teufel, die ihn beherrschen. Wer aber von der Schuld und von der Macht der Sünde befreit ist, der besitzt die Seligkeit, welche hier auf Erden beginnt und durch den Tod nicht gestört, sondern vollendet wird.

So bieten also Predigt und Taufe und Abendmahl dem Menschen dasselbe dar, nämlich Vergebung der Sünden, Leben und Seligkeit; aber Predigt und Taufe und Abendmahl nützen dem Menschen nur dann, wenn er glaubt an das, was ihm verkündigt wird.

3. Wie können Predigt und Sakramente solche große Dinge tun?

a. Wenn schon des Menschen Wort mächtig wirkt, so ist noch viel mehr das Wort Gottes (als Träger des Geistes Gottes, der aus dem Verkündiger des Wortes Gottes spricht) „lebendig und kräftig und schärfer, denn kein zweischneidig Schwert" (Hebr. 4, 12), aber es wirkt nur auf denjenigen Menschen, welcher dafür empfänglich ist und daran glaubt.

Und von der Taufe sagt Luther mit Recht (Kat. IV, 2): „Wasser tut's freilich nicht", sondern der Geist[1]) Gottes, der mit und bei dem Wasser ist (und der durch das Wort der Erwachsenen auf das heranwachsende Kind einwirkt), macht den Menschen gerecht und selig, zu einem neuen Menschen.

Und vom heiligen Abendmahl sagt ebenso der Katechismus (V, 2): „Essen und Trinken tut's freilich nicht", sondern der Glaube an Jesum, der für ihn seinen Leib und sein Blut hingegeben hat, gewährt dem Menschen Vergebung der Sünden und damit natürlich auch Leben und Seligkeit.

b. Wenn nun nach unserem Glauben durch die Gnadenmittel zwar Großes gewirkt wird, aber die Elemente bei den Sakramenten bleiben, was sie sind, so lehrt dagegen die katholische Kirche, allerdings nur beim heiligen Abendmahl (nicht bei der Taufe), daß durch das Wort des Priesters die Elemente, Brot und Wein, in Leib und Blut Christi verwandelt werden (Transsubstantiation). Aber diese Lehre stimmt nicht überein mit dem, was Paulus sagt (1. Kor. 10, 16): „Der gesegnete Kelch, welchen wir segnen, ist der nicht die Gemeinschaft des Blutes Christi? Das Brot, das wir brechen, ist das nicht die Gemeinschaft des Leibes Christi?" Wo nämlich Gemeinschaft ist, da müssen zwei Dinge vorhanden sein, also hier das Element und Christus, nicht aber, wie die katholische Kirche lehrt, nicht mehr die Elemente, sondern nur Leib und Blut Christi.

c. Aber die katholische Kirche hat außerdem im Anschluß an diese Lehre noch eine andere, ebenso irrige Lehre aufgestellt, indem sie behauptet, daß in der Abendmahlsfeier das Opfer Christi beständig aufs neue dargebracht werde zur Vergebung der Sünden der Menschen. Dieses Opfer wird nun nach ihrer Lehre täglich vom Priester wiederholt in der sogen. Messe, in welcher derselbe durch Hersagung der Abendmahlsworte Brot und Wein in Leib und Blut Christi verwandelt und dieselben Gott immer aufs neue zum Opfer darbringt. Wir halten ein solches stets erneuertes Opfer weder für nötig, noch halten wir ein solches Opfer für möglich, und der Katholik vermag auch nicht klar zu machen, wie ein solches Opfer in der Messe dargebracht werde. Der Evangelische fordert, daß der Christ das für die

---

[1]) So dürfte wohl deutlicher zu sagen sein.

Menschheit dargebrachte Opfer Christi sich immer aufs neue durch den Glauben aneigne, aber eine Wiederholung dieses Opfers hält er weder für möglich, noch für notwendig.

d. Wenn nun in der Augsb. Konfession der Gegensatz gegen die katholische Lehre vom Abendmahl weniger hervortritt (nicht in Art. 10, sondern nur in Art. 24), so wird dagegen ein anderer Gegensatz scharf betont, nämlich der gegen die reformierte Kirche, der sich darin kundgibt, daß nach lutherischer Lehre jeder Abendmahlsgast Leib und Blut Christi empfängt, nach reformierter Lehre nur der gläubige. Als Melanchthon diesen Gegensatz in einer späteren Ausgabe der Augsb. Konfession zurücktreten ließ (1540, in der später sogenannten Variata), da wurde er von den strengen Lutheranern heftig angegriffen. Wir sind heute der Meinung, daß beide Auffassungen des heiligen Abendmahls in der evangelischen Kirche berechtigt sind.

4. Wodurch ist der Segen der uns dargebotenen Gnadenmittel bedingt?

a. Von den ihm dargebotenen Gnadenmitteln empfängt der Mensch aber nur dann einen Segen, wenn er durch dieselben zur Reue und zum Glauben und zur Frömmigkeit geführt wird; sonst heißt es: „Brot und Wein und Wasser und Wort ist kein nütze" (Joh. 6, 63).

b. Aber der Segen der uns dargebotenen Gnadenmittel ist nicht davon abhängig, daß man im Momente ihres Empfanges für denselben empfänglich ist; dann dürften allerdings, wie die Wiedertäufer lehren, die Kinder nicht getauft werden; es ist bei der Taufe stets so, wie es bei der Predigt und beim heiligen Abendmahl oft der Fall ist, daß man den Segen der Gnadenmittel erst später empfängt; da aber niemand zu sagen vermag, wann ein Kind oder ein Erwachsener wirklich für den Segen der Gnadenmittel empfänglich sei, so dürfen wir bei der Kindertaufe bleiben, um so mehr, als wir die Konfirmation haben, in welcher die getauften Kinder selber versprechen, bei dem dreieinigen Gott zu bleiben, dem sie in der Taufe anvertraut worden sind [1]). Dagegen wird das heilige Abendmahl nur in der morgenländischen Kirche schon dem Kinde bei der Taufe gegeben, bei uns erst dem konfirmierten Kinde, in der katholischen Kirche nach der neuen Bestimmung von Papst Pius X. schon vom siebenten Jahre an.

c. Wenn es sodann auch bei uns üblich ist, vor dem Genuß des heiligen Abendmahls, um des Segens dieses Gnadenmittels teilhaftig zu werden, zu beichten [2]), d. h. seine Sünden zu bekennen, so ist das eine „feine, äußerliche" Zucht, wie das auch bei uns dabei noch übliche Fasten, aber geboten ist weder Fasten noch Beichten, und namentlich ist es nicht nötig, wie die Augsb. Konfession (Art. 11) sagt, in der Ohrenbeichte dem Priester „alle Missetaten und Sünden zu erzählen", wie die katholische Kirche fordert, und völlig unrichtig ist es, wenn bei der Ohrenbeichte dem Sünder vom Priester allerlei gute Werke als Strafe der Sünde auferlegt werden, durch deren Vollbringung der Mensch sich die Vergebung der Sünden verdient; Vergebung der Sünden erlangen wir „durch Glauben, nicht durch unser Genugtun" mit guten Werken (Augsb. Konf. Art. 12).

---

[1]) Vgl. Nr. 148, Anhang. [2]) Vgl. Nr. 148, Anhang.

C. Die Predigt, die Sakramente und die heiligen Handlungen.

a. Predigt, Taufe und Abendmahl sind Gnadenmittel, und sie wirken sämtlich dasselbe, nämlich Vergebung der Sünden, Leben und Seligkeit. Aber die Predigt wirkt auf das Ohr mittels der gewöhnlichen Sprache, Taufe und Abendmahl auf das Auge mittels sinnbildlicher Darstellung; die Predigt ist sodann zunächst für die ganze Gemeinde, Taufe und Abendmahl sind für jeden einzelnen Christen bestimmt.

b. Wenn nun Predigt, Taufe und Abendmahl sämtlich Gnadenmittel sind, so sind Taufe und Abendmahl doch eine besondere Art der Gnadenmittel, nämlich Sakramente, wie man seit längerer Zeit in der Kirche sagt, d. h. heilige Handlungen, welche von Christus selbst eingesetzt sind und bei welchen dem Menschen unter sichtbaren Zeichen (Elementen) unsichtbare Gnadengüter dargereicht werden.

c. Diese Definition, welche auch die Katholiken billigen, paßt aber nur für Taufe und Abendmahl, nicht für die fünf anderen katholischen Sakramente (Absolution, Firmelung, Ehe, Priesterweihe, letzte Ölung); dieselben werden zwar zum Teil auch von uns als heilige Handlungen festgehalten (Absolution, Konfirmation, Ehe — es gibt jedoch auch noch andere heilige Handlungen), aber sie sind keine Sakramente; nur die Predigt darf den beiden Sakramenten zur Seite gestellt werden, aber ein Sakrament ist sie nicht, sondern nur ein Gnadenmittel; ja, die Predigt ist sogar das hauptsächlichste Gnadenmittel, da ohne dieselbe der Glaube überhaupt nicht entstehen kann. Daher können im Notfall die Sakramente entbehrt werden, aber die Predigt ist für den Menschen unentbehrlich, um zum Glauben an die Gnade Gottes in Christus zu gelangen[1]).

II. Der Römerbrief.

Vierter Abschnitt.

Wie wird der Mensch vor Gott gerecht?

A. Der Römerbrief.

20. (135.) Die Christengemeinde in Rom; der Römerbrief; Einleitung und Schluß des Briefes; Übersicht des Römerbriefes.

(III, 62 u. 63.)

a. In der seit der Makkabäerzeit entstandenen Judengemeinde von Rom hatte sich schon früh eine Christengemeinde gebildet (aber von Petrus weder gegründet, noch von ihm als Bischof geleitet); ursprünglich eine judenchristliche Gemeinde, ist dieselbe durch den Zutritt vieler Heidenchristen bald eine vorwiegend heidenchristliche Gemeinde geworden. Daher hat Paulus, der Heidenapostel, auch an diese Gemeinde einen Brief geschrieben.

[1]) Vgl. Nr. 146 b und c.

Nachdem er nämlich im Osten überall das Evangelium verkündet hatte, wollte er dasselbe auch im Westen des Römerreichs predigen. Damit ihm nun nicht von der römischen Gemeinde bei seiner Wirksamkeit im Westen Schwierigkeiten bereitet würden, wie sie ihm im Osten durch die judenchristlichen Irrlehrer bereitet worden waren, schrieb er einen Brief an die römische Gemeinde, und indem er ihr seine Predigt vorlegte, hoffte er, daß dieselbe ihre Billigung finden werde. Von Rom wollte er dann sofort nach Spanien gehen.

Aber Paulus ist wohl nicht nach Spanien gekommen; denn als er diesen Brief in Korinth (oder schon in Kenchreä, dem östlichen Hafen von Korinth) schrieb, begab er sich (am Ende seiner dritten Missionsreise) nach Jerusalem, und daselbst wurde er gefangen genommen. Als Gefangener ist er dann allerdings noch nach Rom gekommen. Über den Ausgang seines Lebens ist schon oben (Nr. 68) gesprochen worden.

An der Echtheit des Römerbriefes wird von keinem Forscher gezweifelt.

b. Dieser Brief kommt nun für uns hier in Betracht, weil er besonders deutlich die Frage beantwortet, die wir in diesem Abschnitt der Glaubenslehre betrachten wollen: Wie wird der Mensch vor Gott gerecht?

c. Inhaltsübersicht des Römerbriefes[1]).

1. Einleitung und Schluß des Briefes: 1, 1—7 und 8—17; 15, 14—33; 16, 1—20 und 21—27.

Mit dem Worte „Paulus" beginnt (wie alle Paulinischen Briefe — vgl. dagegen den Hebräerbrief) der Gruß des Briefes, auf welchen dann die Einleitung folgt. Dieselbe beginnt (wie in allen Paulinischen Briefen, außer dem Galaterbrief) mit einer Danksagung für das Gute, welches an der Gemeinde zu rühmen ist. Darauf erklärt Paulus, daß er trotz seines sehnlichsten Wunsches zu ihnen noch nicht habe kommen können, obwohl er als Heidenapostel auch ihnen zu predigen sich verpflichtet fühle. Nunmehr ist er beim Thema des Briefes angelangt (1, 16—17): „Der Gerechte wird seines Glaubens leben."

Der Schluß des Briefes enthält eine Rechtfertigung dafür, daß er überhaupt an sie schreibt, und eine Mitteilung über seinen Reiseplan, sodann Grüße und Mahnungen (aber keinen Gruß an Petrus) und endlich das eigentliche Schlußwort.

Der Römerbrief handelt also von der Glaubensgerechtigkeit; er zerfällt aber (wie die meisten Briefe des Apostels) in einen belehrenden (1, 18—11, 36) und einen praktischen Teil (12, 1—15, 13). In der folgenden Inhaltsangabe ist der praktische Teil mit dem entsprechenden Abschnitt des belehrenden Teils verbunden.

2. Das Thema des Briefes: Die Glaubensgerechtigkeit: 1, 18—15, 13.

a. Die Notwendigkeit der Glaubensgerechtigkeit: 1, 18—3, 20.

α. Die Heiden sind Sünder: 1, 18—32.

β. Die Juden sind Sünder: 2, 1—3, 20.

---

[1]) Zusammenfassung nach der Lektüre des Briefes.

b. Das Wesen der Glaubensgerechtigkeit: 3, 21—5, 21.
α. Das Wesen der Glaubensgerechtigkeit: 3, 21—31.
β. Die Gerechtigkeit der Frommen vor Christus: K. 4.
γ. Die Heilsgewißheit des Gerechtfertigten: 5, 1—11.
δ. Jakobus und Paulus: Jak. 2, 14—26.
ε. Adam, Moses und Christus: 5, 12—21.

c. Das neue Leben des Christen, die Folge der Glaubensgerechtigkeit: Röm. 6—8; 12, 1—15, 13.
α. Das neue Leben des Christen in Freiheit vom Gesetz: Röm. 6, 1—2 u. 12—14; 7, 7—25. Gal. 3, 10—14 und 19—29. Röm. 10, 4.
β. Das neue Leben des Christen im Geiste: Röm. 8.
γ. Mahnungen
αα. an die allgemeinen christlichen Pflichten in Gemeinde und Haus: Röm. 12 u. 13, 7—14; vgl. Matth. 22, 34—40; 1. Kor. 13; Luk. 10, 25—37; Philemonbrief;
ββ. an die Pflichten gegen den Staat: Röm. 13, 1—7; vgl. 1. Petri 2, 13—17; Matth. 22, 15—22; Off. Joh. 13; Apg. 4, 19—20 u. 5, 28—29;
γγ. zum Frieden im Streite der Parteien innerhalb der christlichen Kirche: Röm. 14, 1—15, 13.

d. Die Glaubensgerechtigkeit in ihrer geschichtlichen Verwirklichung: K. 9—11.

21. (136.) Das Thema des Römerbriefes: Die Gerechtigkeit aus dem Glauben. (III, 64—67.)

„Wie wird der Mensch vor Gott gerecht?"
Röm. 1, 18—15, 13.

Auf den Gruß und die Einleitung, womit der Römerbrief beginnt (K. 1, 1—15), folgt das Thema des Briefes (1, 16—17): „Ich schäme mich des Evangeliums von Christo nicht, denn es ist eine Kraft Gottes, die da selig macht alle, die daran glauben, die Juden vornehmlich und auch die Griechen, sintemal darinnen offenbaret wird die Gerechtigkeit, die vor Gott gilt, welche kommt aus Glauben in Glauben, wie denn geschrieben steht: Der Gerechte wird seines Glaubens leben." In vier Teilen wird nun dies Thema ausgeführt: Notwendigkeit, Wesen, Folge und geschichtliche Verwirklichung der Glaubensgerechtigkeit.

1. Der erste Teil des Römerbriefes legt die Notwendigkeit der Glaubensgerechtigkeit dar, und zwar zunächst für die Heiden, aber auch für die Juden: Röm. 1, 18—3, 20 („Nicht durch des Gesetzes Werke").

a. Die Heiden sind Sünder: K. 1, 18—32. Auch die Heiden haben von Natur eine gewisse Gotteserkenntnis und Sittlichkeit besessen, aber sie haben dieselbe durch ihre Schuld verloren, und durch den Götzendienst sind sie in die schrecklichste Unsittlichkeit geraten, so daß sie das Böse nicht nur selber tun, sondern dasselbe auch an anderen billigen, als wenn sie gar kein Gewissen mehr hätten; die Heiden sind also nicht vor Gott gerecht.

b. Die Juden sind Sünder: K. 2, 1—3, 20. Aber auch die Juden sind dem Gerichte Gottes verfallen, denn sie tun selber, was sie an den Heiden verdammen. Zwar haben sie vor den Heiden voraus, daß sie ein Gesetz Gottes haben; aber auch die Juden sind Sünder, trotz ihres Gesetzes, und nur das haben sie vor den Heiden voraus, daß sie Erkenntnis der Sünde haben; aber „durch das Gesetz kommt [nur] Erkenntnis der Sünde“ (Röm. 3, 20).

2. Der zweite Teil des Römerbriefes legt das Wesen der Glaubensgerechtigkeit dar: K. 3, 21—5, 21 („Sondern allein durch den Glauben“).

a. Das Wesen der Glaubensgerechtigkeit: K. 3, 21—31 (Gal. 2, 11—21). Was Heiden und Juden nicht erlangt haben, die Gerechtigkeit vor Gott, das ist durch Christus den Menschen zuteil geworden, aber nicht durch die Erfüllung des Gesetzes, sondern durch den Glauben an die in Christus geoffenbarte Gnade Gottes, welcher unsere Sünden nicht mehr bloß ungestraft läßt, wie in der früheren Zeit, sondern sie uns vergibt, so daß wir von der Schuld der Sünde befreit werden. „So halten wir nun dafür, daß der Mensch gerecht werde (d. h. Vergebung der Sünden erlange) ohne des Gesetzes Werke allein (richtiger Zusatz Luthers) durch den Glauben“ (Röm. 3, 28)[1].

b. Die Gerechtigkeit der Frommen vor Christus: K. 4 (bes. V. 1—13 u. 23—25); vgl. Gal. 3, 7—14 (—29) und Hebr. 11. Wenn im A. T. das Gesetz als das Mittel galt, zur Gerechtigkeit vor Gott zu gelangen, so hat doch auch schon das A. T. in seinen Geschichten und Einrichtungen, wie auch in der Weissagung, auf die neue Ordnung der Dinge hingewiesen, in welcher die vollkommene Gerechtigkeit auf einem anderen Wege, nämlich durch den Glauben, erreicht werden solle; das findet Paulus namentlich ausgesprochen in der Geschichte Abrahams, der von Gott um seines Glaubens willen für gerecht erklärt wird, und der Hebräerbrief zeigt (Kap. 11), daß das Leben der ATlichen Frommen überhaupt ein Leben im Glauben gewesen ist.

c. Die Heilsgewißheit des Gerechtfertigten: K. 5, 1—11. Mit der Rechtfertigung ist nun dem Menschen auch die Gewißheit des Friedens mit Gott für die Gegenwart, und zugleich die Gewißheit der Bewahrung vor dem Zorne Gottes in der Zukunft gegeben; da wir jetzt mit Gott versöhnt sind, so haben wir seinen Zorn auch für später nicht mehr zu fürchten[2].

d. Jak. 2, 14—26. Mit der Lehre des Paulus von der Rechtfertigung allein aus dem Glauben steht scheinbar im Widerspruch die Lehre des Jakobus, welcher bekanntlich sagt: „So sehet ihr nun, daß der Mensch durch die Werke gerecht wird, nicht durch den Glauben

[1]) *Λογιζόμεθα γὰρ* (oder *οὖν*) *δικαιοῦσθαι πίστει ἄνθρωπον χωρὶς ἔργων νόμου.* Luther: So halten wir es nun (Rev. Bibel: So halten wir nun dafür), daß der Mensch gerecht werde ohne des Gesetzes Werke, allein durch den Glauben (lateinisch: sola fide). — Eine Rechtfertigung seiner Übersetzung dieses Bibelwortes hat Luther gegeben in seinem „Sendschreiben vom Dolmetschen“; vgl. Quellenb. II, 4 und Handb. III, 69.

[2]) Vgl. die Lieder von Luther: „Nun freut euch lieben Christen g'mein“, von Speratus: „Es ist das Heil uns kommen her“ und von Paul Gerhardt: „Ist Gott für mich, so trete“.

allein" (2, 24). Aber Jakobus bekämpft nicht (wie Luther von der „strohernen Epistel" glaubte) die Lehre des Paulus, sondern nur das tote Christentum mancher Anhänger des Paulus, deren Glaube nur in Gefühlen oder Worten bestand, aber nicht, wie auch Paulus fordert, „in der Liebe tätig" war. Allerdings zeigt Jakobus nicht, wie der Mensch durch den Glauben Vergebung der Sünden erlangt, sondern wie sein Glaube sich im Leben betätigen soll (was Paulus in Kap. 6—8 des Römerbriefes zeigt); er zeigt nur, wie der Mensch von der Macht der Sünde, nicht aber, wie er von der Schuld der Sünde befreit wird; man darf aber nicht verlangen, daß jede Schrift des N. T. jede Lehre darstelle.

e. Adam, Moses und Christus: K. 5, 12—21. Nachdem Paulus dargelegt hatte, daß alle Menschen Sünder geworden, aber auch, daß sie alle durch Christus gerecht geworden sind (K. 1, 18—5, 11), vergleicht er nun noch Christus mit Adam und Moses. Durch Adam sind Sünde und Tod in die Welt gekommen, durch Christus Gerechtigkeit und Leben; Moses hat keine neue Epoche in der Entwickelung der Menschheit begründet, denn durch das Gesetz wird die Sünde nur gesteigert, nicht aber überwunden; das ist erst durch Christus geschehen.

3. Der dritte Teil des Römerbriefes stellt das neue Leben des Christen, die Folge der Glaubensgerechtigkeit, dar: K. 6—8; 12, 1—15, 13.

Durch die Gnade Gottes wird zunächst der Mensch für gerecht erklärt, d. h. von der Schuld der Sünde befreit; aber der Gerechtfertigte wird auch tatsächlich gerecht, d. h. von der Macht der Sünde befreit; wie das geschieht, zeigt Paulus in K. 6—8 des Römerbriefes.

a. Das neue Leben des Christen in Freiheit vom Gesetz: Röm. 6, 1—2 u. 12—14; 7, 7—25. Gal. 3, 10—14 u. 19—29. Röm. 10, 4. Daß der Gerechtfertigte auch geheiligt wird, beruht, wie Paulus mit Recht lehrt, zunächst darauf, daß derselbe nicht mehr unter dem Gesetz steht; denn das Gesetz vermag nur im Menschen die vorher schlummernde Sünde zu erwecken und dadurch die Sehnsucht nach Erlösung hervorzurufen; aber den Menschen von der Sünde zu befreien vermag das Gesetz nicht[1]).

Zwar sollte ja eigentlich das Gesetz (sowohl das mosaische Gesetz der Juden, als auch das Gewissensgesetz der Heiden) ein Riegel sein, um der Sünde zu wehren; aber es hat als solcher wenig ausgerichtet; es hat vielmehr gerade die Sünde gemehrt. Aber gerade dadurch ist es ein Spiegel für den Menschen geworden, in welchem er seine Sünde (Röm. 3, 20) und den um der Sünde willen auf ihm lastenden Fluch erkennt (Gal. 3, 10—14). Deshalb hat das Gesetz nicht eine bleibende Bedeutung für den Menschen, sondern es war nur unser Zuchtmeister, der uns in Schranken hielt; Christus ist des Gesetzes Ende (Gal. 3, 19—29. Röm. 10, 4). Daß das Gesetz aber doch noch vom Christen erfüllt wird und insofern eine

---

[1]) Als ein Seitenstück zu Röm. 7, 7—25 darf Luthers Selbstbekenntnis in V. 2 u. 3 seines Liedes „Nun freut euch lieben Christen g'mein" (vgl. unten Lied 34) angesehen werden.

Regel für den Christen bleibt, ist bei der Auslegung der Bergpredigt gezeigt worden (Nr. 54).

b. Das neue Leben des Christen im Geiste: K. 8. Nachdem der Mensch Vergebung der Sünden erlangt hat, wirkt nun der ihm geschenkte Geist Gottes in ihm auch ein neues Leben in Gerechtigkeit und macht ihn des vollkommenen Heils gewiß, dessen fester Grund auf der Vorherbestimmung des Gerechtfertigten zur ewigen Seligkeit beruht.

c. Ermahnung zu christlichem Wandel.

Wie nun der Wandel des Christen im einzelnen sich gestaltet, zeigt der zweite, praktische Teil des Römerbriefes (K. 12, 1—15, 13), welcher an den theoretischen Teil (K. 1, 18—11, 36) sich anschließt. Derselbe zerfällt in drei Abschnitte: K. 12 u. 13, 7—14; K. 13, 1—7; K. 14, 1—15, 13.

Der erste Abschnitt (K. 12 u. 13, 7—14) handelt von den Pflichten des Christen überhaupt, sowohl im Verhältnis zur Gemeinde, als auch im Bereich des Hauses, und stellt, wie Christus (Matth. 22, 34—40) und wie der erste Korintherbrief (K. 13), als die Hauptpflicht des Christen die Liebe hin, welche ja von Jesus und von Paulus auch gegenüber dem Samariter und dem Sklaven (Luk. 10, 25—37; Philemonbrief) gefordert wird.

Der zweite Abschnitt (K. 13, 1—7) stellt die Pflichten des Christen gegenüber dem Staate hin, und fordert Gehorsam gegen die Obrigkeit, welche als eine göttliche Ordnung zu betrachten ist, auch wenn sie von Menschen eingesetzt ist (1. Petri 2, 13—17), und wenn sie auch, wie damals in Rom, ein Kaiser Nero ist. Anderwärts wird aber auch auf die Schranke des Gehorsams gegen die Obrigkeit hingewiesen: Matth. 22, 15—22; Off. Joh. 13; Apg. 4, 19—20 u. 5, 28—29.

Der dritte Abschnitt (K. 14, 1—15, 13) ermahnt zum Frieden im Streite der Parteien innerhalb der christlichen Kirche. Die ängstlichen Christen, welche Fleisch und Wein sich versagten und die jüdischen Festtage noch beobachteten, sollen ihre freier denkenden Mitchristen nicht verdammen; aber die freier denkenden Christen sollen auch ihre ängstlichen Mitchristen nicht verachten, sondern bereit sein, um ihnen keinen Anstoß zu geben, auch auf manchen erlaubten Genuß zu verzichten.

Der Abschnitt schließt mit einem Segenswunsche: 15, 13.

4. Die Glaubensgerechtigkeit in ihrer geschichtlichen Verwirklichung: K. 9—11; die Lehre von der Prädestination.

a. Die Glaubensgerechtigkeit in ihrer geschichtlichen Verwirklichung: K. 9, 1—5 u. 30—33. K. 10. 11, 1—2a u. 25—36. Als das Thema seines Evangeliums hatte Paulus bezeichnet (1, 16), daß das Evangelium eine Gotteskraft sei zur Rettung für jeden Glaubenden, den Juden vornehmlich und auch den Heiden. Aber wenn doch nun, wie es sich schon damals zeigte, die Juden als Volk nicht glaubten, so konnte es ja scheinen, daß das Evangelium sein Ziel nicht erreiche. Deshalb legt nun Paulus noch dar, daß die jetzige Verwerfung der Juden wegen ihres Unglaubens der Verheißung Gottes nicht widerspreche, sondern durch das eigene Verhalten der Juden verschuldet sei (K. 9 u. 10), und wie Gott dennoch Mittel und Wege finden werde, um seine Verheißung zur vollen Erfüllung zu bringen, wenn auch die Juden erst nach den Heiden sich bekehren würden (K. 11).

b. Die Lehre von der Prädestination. Auf Röm. 9—11 haben sich vornehmlich diejenigen Kirchenlehrer berufen (aber mit Unrecht), welche glauben, daß Gott die einen zur Seligkeit vorherbestimmt habe (Prädestination), während er die anderen in der Sünde zugrunde gehen lasse (Augustinus), in welche er ja sogar schon die ersten Menschen hineingestoßen habe (Calvin), so daß also des Menschen Bekehrung und Seligkeit allein ein Werk Gottes sei, ohne alle Mitwirkung des Menschen. Aber Paulus redet erstens hier überhaupt nicht von der ewigen Seligkeit, sondern von der auf Erden wahrnehmbaren Bevorzugung der Heiden vor den Juden; sodann wird zwar in der Bibel öfters unsere Bekehrung und Seligkeit allein auf Gott zurückgeführt (Phil. 2, 13), aber ebenso oft wird dieselbe als ein Werk der Menschen betrachtet, und sie werden ermahnt, selber zu schaffen, daß sie selig werden (Phil. 2, 12). So wird es also richtig sein, unsere Bekehrung und Seligkeit als ein Werk sowohl Gottes als auch des Menschen zu betrachten, auch wenn es uns nicht gelingt, dies Zusammenwirken Gottes und des Menschen uns ganz deutlich zu machen; Gottes Wille kann es, auch wenn auf Erden die einen vor den anderen etwas voraushaben, nimmermehr sein, daß ein Teil der von ihm geschaffenen Menschen ohne ihre Schuld der ewigen Verdammnis anheimfalle.

22. (137.) Luthers Vorrede zum Römerbrief. 1522. (III, 69.)[1]

Diese Epistel ist das rechte Hauptstück des Neuen Testaments und das allerlauterste Evangelium, welche wohl würdig und wert ist, daß sie ein Christenmensch nicht allein von Wort zu Wort auswendig wisse, sondern täglich damit umgehe, als mit täglichem Brot der Seele; denn sie nimmer kann zu viel und zu wohl gelesen oder betrachtet werden, und je mehr sie gehandelt wird, je köstlicher sie wird und baß [besser] schmecket.

Darum ich auch meinen Dienst dazu tun will, und durch diese Vorrede einen Eingang dazu bereiten, so viel mir Gott verliehen hat, damit sie desto besser von jedermann verstanden werde; denn sie bisher mit Glossen [Deutungen] und mancherlei Geschwätz übel verfinstert ist, die doch an ihr selbst ein helles Licht ist, fast genugsam, die ganze Schrift zu erleuchten.

Aufs erste müssen wir der Sprache kundig werden, und wissen, was St. Paulus meinet durch diese Worte: Gesetz [Sünde, Gnade], Glaube, Gerechtigkeit [Fleisch, Geist und dergleichen]; sonst ist kein Lesen nütz daran[2].

Das Wörtlein Gesetz mußt du hie nicht verstehen menschlicherweise, daß es eine Lehre sei, was für Werke zu tun oder zu lassen sind, wie es mit Menschengesetzen zugeht, da man dem Gesetz mit Werken genugtut, ob's Herz schon nicht da ist; Gott richtet nach des Herzens Grund. Darum

[1]) Verkürzt. — „Das poetische Gegenbild der Vorrede Luthers zum Römerbriefe" ist das im Jahre 1523 gedichtete Lied von Paul Speratus: „Es ist das Heil uns kommen her". (Vgl. unten Lied 35.)

[2]) Der folgende Abschnitt ist verkürzt.

fordert auch sein Gesetz des Herzens Grund, und läßt ihm [sich] an Werken nicht genügen, sondern strafet vielmehr die Werke, ohne Herzens Grund getan, als Heuchelei und Lügen. Aber ein solches Herz gibt niemand, denn Gottes Geist; der macht den Menschen dem Gesetz gleich, daß er Lust zum Gesetz gewinnt von Herzen, und hinfort nicht aus Furcht noch Zwang, sondern aus freiem Herzen alles tut.

So gewöhne dich nun der Rede, daß viel ein ander Ding ist, des Gesetzes Werke tun und das Gesetz erfüllen.

Des Gesetzes Werk ist alles, das der Mensch tut oder tun kann am Gesetz aus seinem freien Willen und eigenen Kräften. Weil aber unter und neben solchen Werken bleibet im Herzen Unlust und Zwang zum Gesetz, sind solche Werke alle verloren und kein nütze; so meinet St. Paulus am 3. Kap., da er spricht: Durch Gesetzes Werke wird vor Gott kein Mensch gerecht.

Das Gesetz erfüllen ist, mit Lust und Liebe seine Werke tun, und frei ohne des Gesetzes Zwang göttlich und wohl leben, als wäre kein Gesetz oder Strafe. Solche Lust aber freier Liebe gibt der heilige Geist ins Herz, wie er spricht im 5. Kap. [Die Liebe Gottes ist ausgegossen in unser Herz durch den heiligen Geist, welcher uns gegeben ist.] Der Geist aber wird nicht, denn allein in, mit und durch den Glauben an Jesum Christ gegeben. Daher kommt's, daß allein der Glaube gerecht macht und das Gesetz erfüllt, denn er bringt den Geist aus Christi Verdienst. Der Geist aber macht ein lustig und frei Herz, wie das Gesetz fordert; so gehen denn die guten Werke aus dem Glauben von selbst. Das meinet St. Paulus 3, 31, wo er spricht: Wir richten das Gesetz auf durch den Glauben, das ist, wir erfüllen's durch den Glauben.

Glaube ist nicht der menschliche Wahn und Traum, den etliche für Glauben halten; und wenn sie sehen, daß keine Besserung des Lebens noch gute Werke folgen, und doch vom Glauben viel hören und reden können, fallen sie in den Irrtum und sprechen, der Glaube sei nicht genug, man müsse Werke tun, solle man fromm und selig werden. Das macht, wenn sie das Evangelium hören, so fallen sie daher, und machen ihnen aus eigenen Kräften einen Gedanken im Herzen, der spricht: Ich glaube. Das halten sie denn für einen rechten Glauben. Aber wie es ein menschlich Gedicht und Gedanke ist, den des Herzens Grund nimmer erfährt, also tut er auch nichts, und folgt keine Besserung hernach.

Aber Glaube ist ein göttlich Werk in uns, das uns wandelt und neu gebiert aus Gott (Joh. 1, 13), und tötet den alten Adam, macht uns ganz andere Menschen von Herzen, Mut, Sinn und allen Kräften, und bringt den heiligen Geist mit sich. O, es ist ein lebendig, geschäftig, tätig, mächtig Ding um den Glauben, daß es unmöglich ist, daß er nicht ohne Unterlaß sollte Gutes wirken. Er fragt auch nicht, ob gute Werke zu tun sind, sondern ehe man fragt, hat er sie getan, und ist immer im Tun. Wer aber nicht solche Werke tut, der ist ein glaubloser Mensch, tappt und sieht um sich nach dem Glauben und guten Werken, und weiß weder, was Glaube oder gute Werke sind, wäschet und schwatzt doch viel Worte vom Glauben und guten Werken.

Glaube ist eine lebendige, erwegene [völlige] Zuversicht auf Gottes Gnade, so gewiß, daß er tausendmal darüber stürbe. Und solche Zuversicht und Erkenntnis göttlicher Gnade macht fröhlich, trotzig [zuversichtlich] und lustig gegen Gott und alle Kreaturen, welches der heilige Geist tut im Glauben. Daher der Mensch ohne Zwang willig und lustig wird, jedermann Gutes zu tun, jedermann zu dienen, allerlei zu leiden, Gott zu Liebe und zu Lob, der ihm solche Gnade erzeigt hat, also daß unmöglich ist, Werke vom Glauben [zu] scheiden, ja so unmöglich, als Brennen und Leuchten vom Feuer mag geschieden werden.

Darum siehe dich für vor deinen eigenen falschen Gedanken, und [vor] unnützen Schwätzern, die vom Glauben und guten Werken klug sein wollen zu urteilen, und sind die größten Narren. Bitte Gott, daß er den Glauben in dir wirke; sonst bleibst du wohl ewiglich ohne Glauben, du dichtest und tust, was du willst oder kannst.

Gerechtigkeit ist nun solcher Glaube, und heißt Gottes Gerechtigkeit, oder Gerechtigkeit, die vor Gott gilt, darum, daß sie Gott gibt, und rechnet für Gerechtigkeit um Christi willen, unseres Mittlers, und macht den Menschen, daß er jedermann gibt, was er schuldig ist. Denn durch den Glauben wird der Mensch ohne Sünde und gewinnt Lust zu Gottes Geboten; damit gibt er Gott seine Ehre, und bezahlt ihm, was er ihm schuldig ist; aber den Menschen dient er williglich, womit er kann, und bezahlt damit auch jedermann. Solche Gerechtigkeit kann Natur, freier Wille und unsere Kräfte nicht zuwegebringen; denn wie niemand ihm selber kann den Glauben geben, so kann er auch den Unglauben nicht wegnehmen; wie will er denn eine einige kleinste Sünde wegnehmen? Darum ist's alles falsch, Heuchelei und Sünde, was außer dem Glauben oder im Unglauben geschieht, es gleiße, wie gut es mag (Röm. 14, 23: Was nicht aus dem Glauben gehet, das ist Sünde).

Ohne solchen Verstand dieser Wörter wirst du diese Epistel St. Pauli, noch kein Buch der Heiligen Schrift nimmermehr verstehen. Darum hüte dich vor allen Lehrern, die anders diese Worte brauchen [1]).

Also finden wir in dieser Epistel aufs allerreichlichste, was ein Christ wissen soll, nämlich, was Gesetz, Evangelium, Sünde, Strafe, Gnade, Glaube, Gerechtigkeit, Christus, Gott, gute Werke, Liebe, Hoffnung, Kreuz sei, und wie wir uns gegen jedermann, er sei fromm oder Sünder, stark oder schwach, Freund oder Feind, und gegen uns selber halten sollen. Dazu das alles mit Schriften trefflich gegründet, mit Exempeln sein selbst und der Propheten beweiset, daß nichts mehr hie zu wünschen ist. Darum es auch scheint, als habe St. Paulus in dieser Epistel wollen einmal in die Kürze verfassen die ganze christliche und evangelische Lehre, und einen Eingang bereiten in das ganze Alte Testament. Denn ohne Zweifel, wer diese Epistel wohl im Herzen hat, der hat des Alten Testaments Licht und Kraft bei sich; darum lasse sie ein jeglicher Christ ihm [sich] gemein [vertraut] und stetig in Übung sein. Da gebe Gott seine Gnade zu! Amen! [2])

---

[1]) Die nun folgende Inhaltsangabe des Römerbriefes ist aus Mangel an Raum weggelassen; sie ist für den Schüler entbehrlich.

[2]) Luthers Schrift vom Dolmetschen, in welcher Luther namentlich auch seine Übersetzung von Röm. 3, 28 („allein") rechtfertigt, findet der Schüler in meinem Quellenbuch für den Religionsunterricht, Teil II, Nr. 4. (Leipzig, Teubner.)

23. (138.) B. Die Heilsordnung. (III, 68—71.)

Röm. 8, 30. Welche Gott verordnet hat, die hat er auch berufen: welche er aber berufen hat, die hat er auch gerecht gemacht; welche er aber hat gerecht gemacht, die hat er auch herrlich gemacht.

Kat. II, 3: Der heilige Geist hat mich durch das Evangelium berufen, mit seinen Gaben erleuchtet, im rechten Glauben (an die Vergebung der Sünden oder die Rechtfertigung) geheiligt und erhalten.

Augsb. Konf. Art. 4. 6. 20, bzw. 15 und 16. 26 und 27. (Vgl. Nr. 141.)

a. Die Rechtfertigung, von welcher der Römerbrief vornehmlich handelt, wird von der evangelischen Kirche mit Recht als die Hauptlehre[1]) des ganzen Christentums betrachtet, und sie ist nun auch ausführlich dargestellt in der Augsb. Konf. (Art. 4, 6, 20, bzw. 15 und 16, 26 und 27); Luther sagt aber von dieser Lehre mit Recht in den Schmalkaldischen Artikeln (II, 1): Von diesem Artikel kann man nichts weichen oder nachgeben, es falle Himmel und Erden oder was nicht bleiben will.

b. Die Rechtfertigung ist aber der Mittelpunkt der Heilsordnung, in welcher alles zusammengefaßt ist, was Gott am Menschen tut, um ihn zum Heil zu führen; die einzelnen Stufen derselben soll uns der Katechismus zeigen.

Die erste Stufe der Heilsordnung, wie sie in der Erklärung des dritten Artikels dargestellt ist, ist die Berufung, durch welche die Völker und die einzelnen Menschen immer aufs neue, bis sie dem Rufe Gottes folgen, von Gott durch die Predigt aufgefordert werden zum Eintritt in das Reich Gottes.

Die zweite Stufe ist die Erleuchtung, durch welche die Berufenen zuerst zur Erkenntnis ihrer Sünde und zur Reue über dieselbe und sodann zur Erkenntnis der den Sündern angebotenen Gnade Gottes geführt werden.

Die dritte Stufe, der Mittelpunkt der Heilsordnung, ist die Rechtfertigung, durch welche dem Menschen, der seine Sünde bereut, auf Grund des Glaubens an die in Christus geoffenbarte Gnade Gottes Vergebung der Sünden geschenkt wird. Hier tritt besonders der Gegensatz gegen die katholische Kirche hervor, welche dem Glauben die guten Werke als gleich notwendig für den Empfang der Rechtfertigung zur Seite stellt, wodurch der Mensch schließlich zu größerem Vertrauen auf seine oder der Heiligen (im Ablaß ihm zugute kommenden) guten Werke verleitet wird, als auf die Gnade Gottes.

Auf die Rechtfertigung folgt als vierte Stufe der Heilsordnung die Heiligung, das neue Leben, aber nicht als Mittel, um die Gnade Gottes zu erlangen, sondern von selbst entspringend aus der Dankbarkeit gegen Gott, und allerdings nötig, um im Gnadenstande zu bleiben.

Die fünfte Stufe ist die Erhaltung im Glauben und in der Frömmigkeit, deren auch der Fromme bedarf, um nicht wieder von Gott abzukommen.

c. Berufung, Erleuchtung, Rechtfertigung, Heiligung und Erhaltung — das sind also die fünf Stufen der Heilsordnung[2]).

---

[1]) Als das Materialprinzip unserer Kirchenlehre; das Formalprinzip ist die Lehre von der alleinigen Autorität der Heiligen Schrift.
[2]) Vgl. hierzu Nr. 147 a.

24. (139.) C. Die Frömmigkeit und Sittlichkeit des Christen.

(III, 72—84.)

I. Die Frömmigkeit des Christen.

Wer durch Christus mit Gott in Gemeinschaft getreten ist, der wird zunächst das rechte Verhältnis zu Gott gewinnen; er wird Gott nicht mehr bloß als den Allmächtigen fürchten, wie die Heiden, und auch in ihm nicht mehr bloß, wie die Juden, nur den heiligen und gerechten Gott sehen, sondern er wird Gott lieben als seinen Vater.

Dies rechte Verhältnis des Christen zu Gott, welches zunächst ein inneres ist, wird sich aber auch äußerlich kundgeben, einerseits im Gebet[1]) und im rechten Gebrauch des Namens Gottes, wie ihn Luther im zweiten Gebote angibt, und andrerseits in der Teilnahme an dem kirchlichen Leben seiner Glaubensgenossen. Jeder Christ ist ja ein Glied seiner Gemeinde, seiner besonderen Kirche, ja, der ganzen Kirche, und gegen diese Gemeinschaften hat er ebenfalls Pflichten zu erfüllen. Der Christ wird sich also am Gottesdienste seiner Gemeinde (vgl. das dritte Gebot), wie auch an den Liebeswerken derselben und an der Verwaltung der äußeren Angelegenheiten derselben in angemessener Weise beteiligen. Er wird sodann nach Kräften mitwirken an den Werken der größeren Gemeinschaft, zu welcher seine Gemeinde gehört, und der ganzen evangelischen Kirche (Mission, Bibelverbreitung usw.). Ja, er wird auch ein Zusammenwirken mit anderen Christen (auch mit Nichtchristen) zu gemeinsamen Werken der Liebe nicht für unberechtigt halten, wie ja die Neuzeit in solchen Liebeswerken vielfach die Genossen der verschiedenen Religionen zu gemeinsamem Streben vereinigt.

II. Die Sittlichkeit des Christen.

Daß der Christ, nachdem er durch die ihm zuteil gewordene Vergebung der Sünden von der Schuld der Sünde befreit worden ist, auch von der Macht der Sünde befreit und ein heiliger, sittlicher Mensch werden soll, darauf haben uns der Römerbrief und die im dritten Artikel zusammengefaßte Heilsordnung hingewiesen. Wie nun der Christ ein heiliger, sittlicher Mensch werde, das soll im folgenden dargelegt werden[2]).

a. Das Gewissen.

Der Mensch kann ein sittlicher Mensch nur darum werden, weil er ein freies Wesen ist; wo keine Freiheit ist, da ist auch keine Sittlichkeit.

Aber der freie Mensch ist nicht ohne weiteres ein sittlicher Mensch, denn es kommt darauf an, wie der Mensch seine Freiheit gebraucht; er kann sie gebrauchen, um Böses zu tun — das geschieht ja oft genug; er kann sie aber auch dazu gebrauchen, um Gutes zu tun, und dazu soll er seine Freiheit gebrauchen — das sagt dem Menschen sein Gewissen, und nur wer der Stimme seines Gewissens folgt, der fühlt sich glücklich.

---

[1]) Vom Vaterunser ist oben in der Heil. Gesch. (Nr. 54 d und e) genauer gesprochen.

[2]) Diese Aufgabe wird gelöst von der Sittenlehre (Ethik, Moral), während die bisherigen Darlegungen der Glaubenslehre angehören.

Aber zunächst folgt der Mensch bei seinem Tun nicht seinem Gewissen, sondern seinen Trieben und den seinen Willen bestimmenden Autoritäten, welche ihm in der menschlichen Gemeinschaft entgegentreten. Aber der Mensch soll allmählich dahin gelangen, daß sein Wollen nicht mehr bloß durch seine Triebe und durch die Autorität seiner Mitmenschen, sondern durch ihn selber, nämlich durch sein Gewissen, bestimmt wird; nur dann ist er in Wahrheit ein freier Mensch.

Aber wenn der Mensch der Stimme seines Gewissens folgt, so ist er zwar ein sittlicher Mensch, aber er tut doch nicht immer, was Gott wohlgefällt, denn das Gewissen sagt nicht immer und nicht überall dem Menschen das Rechte, sondern nur allmählich wird das Gewissen so entwickelt und verfeinert, daß es dem Menschen wirklich stets das Gute zeigt.

b. Das sittliche Ideal des Christentums.

Daß nun der Mensch allmählich immer besser erkennt, was wahrhaft gut und böse ist, das verdankt er dem ihm entgegentretenden sittlichen Ideal, namentlich dem sittlichen Ideal des Christentums. Wenn sich nämlich jeder Stand und jedes Lebensalter zunächst sein eigenes Ideal schafft, und auch jedes Volk und jede Zeit ihre besonderen Ideale hat, so sind doch alle diese Ideale noch mehr oder weniger unvollkommen; das vollkommenste Ideal hat die Menschheit erst durch das Christentum erhalten, und zwar für das persönliche Leben des einzelnen Menschen in der Person Jesu Christi, für das Leben der Menschheit in dem von Jesus gegründeten Reiche Gottes[1]).

c. Das sittliche Leben des Christen.

Auf dem Gewissen des Menschen, welcher ein sittliches Ideal kennt und zu verwirklichen sucht, beruht nun das sittliche Leben des Christen.

α. Die Grundlage des sittlichen Lebens ist die Freiheit des Menschen; aber die Freiheit gewährt dem Menschen doch nur die Möglichkeit eines sittlichen Lebens; in Wirklichkeit aber sehen wir den einzelnen Menschen und die ganze Menschheit die ihnen verliehene Freiheit mißbrauchen, um Böses zu tun, und weder das in allen Menschen vorhandene Gewissen noch das dem Volke Israel von Gott gegebene Gesetz haben den Menschen wirklich zur vollkommenen Sittlichkeit geführt; dem Worte des Philosophen gegenüber: „Du kannst, denn du sollst", zeigt die Wirklichkeit, daß es für den natürlichen Menschen richtig ist, zu sagen: „Du sollst, aber du kannst nicht". Dazu nun, daß der Mensch „kann, was er soll", gelangt er nur durch den Glauben an die Gnade Gottes, in welchem er frei wird zunächst von der ihn drückenden Schuld der Sünde, aber sodann auch von der ihn beherrschenden Macht der Sünde; nur der Gläubige „kann, was er soll", und auch er bleibt noch oft hinter diesem Ziele der christlichen Sittlichkeit zurück, und auch er muß täglich beten: „Vergib uns unsere Schuld!"

β. Wenn nun der Christ ein sittlicher Mensch werden will, so zeigt sich das in seinem persönlichen Leben, und es führt ihn zur rechten Stellung

---

[1]) Wie verschieden aber das christliche Ideal in den verschiedenen Kirchen aufgefaßt wird, zeigen Nr. 89c und 146a.

gegenüber seinen Mitmenschen. Von diesen beiden Aufgaben des sittlichen Menschen soll im folgenden genauer gesprochen werden.

Die Sittlichkeit des Menschen zeigt sich zunächst in seinem persönlichen Leben: in seinem Beruf, in welchem er tut, was er soll, also fleißig arbeitet; in der Erholung von der Arbeit, wenn er sich Ruhe und seiner würdige Vergnügungen gönnt; aber auch im Leiden, indem er dasselbe geduldig erträgt und es sich zum Segen gereichen läßt.

δ. Wenn also der Mensch zunächst für sich selber ein sittlicher Mensch sein will, so hat er doch auch Pflichten gegen seine Mitmenschen zu erfüllen, und zwar zunächst gegen seine einzelnen Mitmenschen, sodann auch gegenüber den Gemeinschaften, denen er angehört.

αα. Die Pflichten, welche der Mensch gegen seine einzelnen Mitmenschen zu erfüllen hat, sind die Pflichten der Achtung des Nächsten, der Gerechtigkeit und der Liebe (vgl. Gebot 5—8 und die Bergpredigt). Zu achten hat der Mensch seiner Mitmenschen Leben, Menschenwürde, Eigentum, Ehre, wie ihr Recht auf Wahrheit. Aber nicht bloß achten soll der Mensch seinen Mitmenschen und ihm nichts Böses antun, sondern er soll ihm auch Gutes erweisen, indem er ihm zunächst Gerechtigkeit erweist, was ja schon die Heiden verlangt haben, sodann aber auch Liebe, wie das Christentum fordert, und zwar sogar dem Feinde; erst die Liebe ist des Gesetzes Erfüllung.

ββ. Aber der Mensch steht nicht bloß einzelnen Menschen gegenüber, sondern er gehört auch als religiöser wie als sittlicher Mensch Gemeinschaften an, und diesen gegenüber hat er ebenfalls Pflichten zu erfüllen (vgl. das vierte Gebot)[1].

Die nächste Gemeinschaft, welcher jeder Mensch angehört, ist das Haus, und so hat denn jeder Pflichten zu erfüllen gegen seine Eltern und deren Stellvertreter (Gehorsam, Ehrfurcht und Dankbarkeit), gegen Geschwister und Freunde, gegen Genossen des Berufs und der Geselligkeit.

Sodann hat der Christ auch dem Staate gegenüber Pflichten zu erfüllen, welchem er Schutz nach außen und nach innen, eine Rechtsordnung und die Pflege der Kultur zu verdanken hat. Dafür ist nun der Christ dem Staate zum Gehorsam verpflichtet, ja, zur Opferwilligkeit, die mehr als das Gebotene leistet. Aber allerdings gilt auch noch heute das Wort, welches Jesus den Pharisäern zugerufen hat: „Gebet dem Kaiser, was des Kaisers ist, und Gotte, was Gottes ist"; aber in der Neuzeit geschieht es viel weniger, als früher, daß der Christ der Obrigkeit den Gehorsam verweigern muß um Gottes willen, natürlich auf seine Gefahr und zu seinem Schaden.

Aber wir haben endlich auch Pflichten gegen die Gesellschaft und gegen die Menschheit zu erfüllen. So gilt es, das Schöne, das die Menschheit geschaffen hat, nicht unbeachtet zu lassen, gegen das Wahre, welches für die edelsten Menschen der Gegenstand des eifrigsten Strebens ist, nicht gleichgültig zu sein, aber vor allem das Gute in der Menschheit zu fördern. Das Gute fördert aber nur derjenige, welcher allen

[1]) Von den Pflichten gegen die Religionsgemeinschaft ist schon oben (I) gesprochen worden.

Menschen Liebe entgegenbringt; die Liebe wird sich bewähren zunächst in der Hilfe, die den einzelnen Leidenden gebracht wird, aber auch in dem Interesse an der sozialen Frage, d. h. an der Frage, wie den Armen überhaupt das Leben erträglich und menschenwürdig gemacht werden könne; das kann aber nicht bloß durch äußere Unterstützung erreicht werden, sondern es bedarf auch der sittlichen Veredelung der Armen; an beiden Aufgaben soll der Christ nach Kräften mitarbeiten.

ε. Aber die sittliche Vollendung des einzelnen Menschen wie auch der Menschheit wird hier auf Erden niemals erreicht; der Christ aber hofft auf ein vollkommenes Gottesreich im Himmel, wo sowohl der einzelne Mensch als auch die Menschheit sittlich vollkommen sein werden.

ζ. So führt nun das Streben und Hoffen auf eine vollkommene Sittlichkeit den Menschen zum Glauben an ein ewiges Leben; aber der Glaube an ein ewiges Leben setzt den Glauben an Gott voraus. So führt also die Sittlichkeit zur Religion. Andererseits aber führt auch die Religion zur Sittlichkeit, indem sie den Menschen zum Guten antreibt und beim Guten festhält, auch wenn er trotz seiner Sittlichkeit nicht glücklich, sondern vielleicht sogar unglücklich wird.

So sind Religion und Sittlichkeit aufs engste miteinander verbunden.

Fünfter Abschnitt.

Das Reich Gottes auf Erden und im Himmel.

25. (140.) (III, 85—90.)

a. Das israelitische Gottesreich.

Nicht bloß der einzelne Mensch soll vor Gott gerecht werden, sondern alle Menschen, indem sie in das Reich Gottes eingehen. Ein Reich Gottes war nun schon im Volke Israel gegründet worden; aber das israelitische Gottesreich war noch nicht das vollkommene Gottesreich, da zunächst nicht alle Israeliten wirklich fromm waren, sodann nicht alle Menschen diesem Reiche angehörten, und endlich auch die israelitische Religion selber noch nicht vollkommen war. Wenn nun auch schon die Propheten von einem vollkommenen Gottesreiche gepredigt haben, so ist dasselbe doch erst im Christentum recht verkündet und wirklich gegründet worden.

b. Das christliche Gottesreich.

„Ich glaube eine heilige, allgemeine christliche Kirche, die Gemeinde der Heiligen.“ Augsb. Konf. Art. 7. 8. 14. (28.) 15. (26. 27.) 16.

Wenn nun der Christ im dritten Artikel bekennt, daß er glaube eine heilige, allgemeine christliche Kirche, die Gemeinde der Heiligen, so bekennt er damit, daß er glaube, daß das vollkommene

Gottesreich durch Jesus Christus gegründet worden ist. Welches ist der Inhalt dieses Glaubens?

α. Das N. T., welchem das Wort „Kirche" (kyriakón, später kyriaké) noch nicht bekannt ist, versteht unter dem von ihm gebrauchten Worte ekklesia (Gemeinde) entweder die Einzelgemeinde oder die Christenheit, aber nicht das, was wir unter Kirche verstehen, nämlich eine rechtlich organisierte Verbindung aller oder einiger Gemeinden; eine solche hat es nämlich zur Zeit der Apostel noch nicht gegeben; der dritte Artikel erklärt also das Wort „Kirche" richtig durch das Wort „Christenheit".

β. Die Kirche ist nun, wie die Augsb. Konf. (Art. 7 u. 8) mit Recht sagt, die Versammlung aller Gläubigen und Heiligen, welche durch das Wort Gottes und die Sakramente begründet, erhalten und verbreitet wird. Aber wenn auch die Gnadenmittel für die Kirche unentbehrlich sind, so bedarf es doch nicht „allenthalben gleichförmiger Zeremonien", und man darf vollends nicht glauben, daß bestimmte Zeremonien „zur Seligkeit nötig" seien. Die Verwaltung der Gnadenmittel und die Regierung der Kirche ist auch nicht, wie der Katholik glaubt, einem bestimmten Amte oder Stande von Christus übertragen worden, sondern beides zu ordnen ist die Sache der Gemeinde; aber weder die Gemeinde noch ihre Leiter sind unfehlbar, wie der Katholik von seiner Kirche und vom Papste lehrt.

γ. Die Christenheit oder die Kirche soll nun zuvörderst eine allgemeine (catholica — vgl. das Apostolikum!) christliche Kirche sein, nicht bloß eine Volksreligion, wie das Judentum, und dieser Aufgabe sucht sie gerecht zu werden durch die Mission. Die katholische Kirche ist also nicht die allgemeine Kirche, sondern, wie jede besondere Kirche, nur ein Teil derselben.

δ. Die Christenheit soll ferner eine einige Kirche sein, und trotz aller Spaltungen gibt es noch heute eine gewisse Einheit im Glauben, ja sogar in den Gebräuchen, indem doch wenigstens alle Christen das Vaterunser als Gebet gebrauchen und die meisten Christen auch die Gnadenmittel für nötig halten. Nach Einigung ihrer getrennten Parteien strebt die evangelische Kirche in der Union, in der Einigung der deutschen evangelischen Landeskirchen und in der evangelischen Allianz, aber eine Vereinigung aller Kirchen ist zunächst nicht zu erwarten.

ε. Endlich soll die Christenheit auch eine heilige Kirche werden; aber auch dies Ziel wird zwar von ihr erstrebt, ist aber noch nirgends erreicht; diesem Ziel nachzustreben ist zunächst die Aufgabe jedes einzelnen Christen; dies Ziel für das Volk zu erstreben, ist die Aufgabe der inneren Mission und auch des christlichen Staates. (Vgl. Augsb. Konf. 16.)

ζ. Das Ziel der Kirche ist also noch nirgends und in keiner Beziehung erreicht, und keine sichtbare Kirche ist die wahre Kirche; die katholische Kirche hat sich von dem Ideal der Kirche sogar immer weiter entfernt, die evangelische Kirche ist demselben wieder nähergekommen; aber eine ganz vollkommene Kirche ist keine der vorhandenen Kirchen; die wahre Kirche ist die unsichtbare Gemeinde der in allen sichtbaren Kirchen vorhandenen rechten Christen.

η. Wenn also keine sichtbare Kirche die wahre Kirche ist, so ist es auch nicht nötig, zu einer bestimmten sichtbaren Kirche zu gehören, um des Heils teilhaftig zu werden; das Heil findet der Christ zwar nur in Christus, aber nicht ausschließlich in einer einzelnen sichtbaren Kirche.

c. Das vollkommene Gottesreich.

α. Die Vollendung des Gottesreiches.

Dan. 2, 44—45; 7, 17—18 und 27. Matth. 23, 37—25, 46. Off. Joh. 17—19 und 20 und 21—22. 1. Kor. 15, 20—28. Röm. 11, 36. Augsb. Konf. Art. 17.

Das Christentum ist die Vollendung des Judentums, aber auch die christliche Kirche ist noch nicht das vollkommene Gottesreich; dasselbe ist auch für den Christen noch ein Gegenstand der Hoffnung. Die Predigt Jesu von der Vollendung des von ihm gegründeten Gottesreiches hat sich aber zunächst an die Weissagung des Propheten Daniel angeschlossen, und auf derselben beruht die Predigt von seiner Wiederkunft. Aber wenn auch Jesus in Übereinstimmung mit den früheren Propheten von seiner baldigen Wiederkunft zur Aufrichtung seines Reiches gesprochen hat, so hat er es doch abgelehnt, Tag und Stunde derselben bestimmen zu wollen, und indem er darauf hingewiesen hat, daß die Welt erst für das über sie zu haltende Gericht reif werden müsse, hat er darauf hingedeutet, daß seine Wiederkunft nicht als einmaliges Ereignis, sondern als ein historischer Prozeß, als der Prozeß der Umgestaltung der Welt durch das Christentum, anzusehen ist. Das von ihm verheißene vollkommene Gottesreich ist aber nicht ein irdisches Gottesreich, wie es die Propheten des A. T. verkündeten, und wie es nach der Off. Joh. als ein „tausendjähriges Reich" dem ewigen Gottesreiche vorangehen soll, sondern ein himmlisches, ewiges Gottesreich, an welchem auch die Verstorbenen teilhaben sollen; die Augsb. Konfession verwirft darum die Lehre von einem vollkommenen Gottesreiche auf Erden und verweist den Christen auf das vollkommene Gottesreich im Himmel (Art. 17).

β. Die Unsterblichkeit der Seele. Aber ist denn die Hoffnung der Christen auf ein ewiges Leben nicht ein eitler Wahn? Gibt es denn auch wirklich eine Unsterblichkeit?

Der Materialist kennt nur eine Unvergänglichkeit der Materie, und der Pantheist nur ein Weiterleben des Einzelgeistes in dem allgemeinen Weltgeist, der Christ aber glaubt an eine persönliche Fortdauer jeder einzelnen Seele.

Dieser Glaube ist zunächst, wie der Glaube an Gott, allgemein verbreitet, und ein allgemein verbreiteter Glaube wird wohl kein leerer Wahn sein. Aber für die Richtigkeit dieses Glaubens lassen sich auch noch andere Beweise anführen.

Die geistigen Tätigkeiten der Seele sind nicht materieller Art; darum ist für dieselben auch eine immaterielle Ursache anzunehmen, nämlich die Seele; was aber nicht materiell ist, braucht auch nicht zugrunde zu gehen.

Das ist auch darum nicht nötig, weil die Seele ein einfaches Wesen ist, welches sich zu allen Zeiten und in allen seinen Tätigkeiten als dasselbe Wesen betrachtet; ein einfaches Wesen kann sich aber nicht auflösen.

Auch liegen in jeder Seele so viele Keime zu einer höheren Entwickelung, welche hier nicht zur Entfaltung kommen, daß man zu der Annahme geführt wird, eine solche Entfaltung werde einst in einem anderen Leben eintreten.

Endlich aber lebt in jeder Seele sowohl das Verlangen nach Glück als auch ein Trieb zum Guten. Wenn nun im irdischen Leben Glück und Tugend oft nicht miteinander verbunden sind, so wird man zu der Annahme veranlaßt, daß dieselben einst im Jenseits miteinander verbunden sein werden.

So meint denn der Mensch aus guten Gründen an die Unsterblichkeit der Seele glauben zu dürfen, obgleich auch dieser Glaube, wie der Glaube an Gott, durch Beweise nicht erzwungen werden kann.

γ. Die Auferstehung und die ewige Seligkeit. 1. Kor. 15. Das Christentum predigt nun aber nicht bloß von einer Unsterblichkeit der Seele, sondern auch von einer Auferstehung des Leibes, auf welche zwar noch nicht das ältere, aber doch bereits das spätere Judentum hoffte. Dieser Glaube beruht aber für den Christen nicht auf einem Verstandesbeweise, sondern auf der Tatsache der Auferstehung Jesu. Die Bedeutung dieser Tatsache für den christlichen Glauben hat besonders der Apostel Paulus (1. Kor. 15) entwickelt. Durch die Auferstehung erhält der Christ nicht etwa wieder einen irdischen, sondern einen unvergänglichen Leib. Aber nicht bloß auf eine Erneuerung und Vollendung des einzelnen Menschen hofft der Christ, sondern auch auf eine Erneuerung des Himmels und der Erde, indem das vollkommene und ewige himmlische Gottesreich erscheint, in welchem alle Verheißungen Gottes erfüllt sind, das Reich der vollkommenen Gemeinschaft mit Gott und der ewigen Seligkeit [1]).

Die Augsb. Konfession: Nr. 147. Luthers Katechismus: Nr. 148 [2]).

[1]) Eine Zusammenfassung der Abschnitte 135—140 enthält der dritte Artikel: Heilsordnung, Kirche, Vollendung des Heils.

[2]) Zur Glaubens- und Sittenlehre gehören noch die Abschnitte: Die heilige Schrift: Nr. 141—143. Der Glaube der evangelischen Kirche und die Bekenntnisschriften: Nr. 144—148.

II. Kirchenbuch.

A. Die heilige Schrift [1]).

1. (141.) Einteilung und Entstehung der heiligen Schrift.

(I, 71 A. II, 13 u. 14.) [2])

1. Einteilung der heiligen Schrift.

a. Unsere Religion verdanken wir nicht unseren Vorfahren, auch nicht einem anderen Volksstamme der Indogermanen, sondern dem zum Volksstamme der Semiten gehörenden Volke Israel, welchem Gott sich in besonderer Weise geoffenbart hat. Die Kunde davon, wie Gott vor Zeiten manchmal und mancherlei Weise zu den Israeliten geredet hat durch Moses und die Propheten, und wie er am letzten zu ihnen geredet hat durch seinen Sohn Jesus Christus, liegt uns vor in der Bibel oder der heiligen Schrift. Ja, die Bibel reicht einerseits noch weiter zurück, indem sie die Offenbarung im Volke Israel zurückführt bis auf die erste Offenbarung Gottes, die Schöpfung der Welt, und indem sie andererseits die Offenbarung Gottes in Christus enden läßt mit dem neuen Himmel und der neuen Erde, auf welche die Christen hoffen. Vom Anfang bis zum Ende dieser Welt reicht also der Gesichtskreis der heiligen Schrift.

b. Dies große Buch zerfällt nun, wie schon das Titelblatt angibt, in zwei Hauptteile, das Alte und das Neue Testament. Das Alte Testament wird aber in der ältesten Stelle der Bibel, wo von einer (natürlich noch nicht abgeschlossenen) Sammlung heiliger Schriften (der Grundlage unseres Alten Testaments) die Rede ist (Dan. 9, 2) „die Bücher" genannt; von der griechischen Übersetzung dieses Wortes (biblia) stammt unser Wort „Bibel", d. h. die Bücher. Später nannte man dieses Buch auch „die Bücher des Alten Bundes". Indem aber die lateinische Bibel das griechische Wort für „Bund" fälschlich mit „testamentum" übersetzte (was das Wort allerdings ebenfalls heißen kann, aber nicht hier), entstand die unrichtige Bezeichnung „Altes Testament". Danach haben dann die Bücher des Neuen Bundes den Namen „Neues Testament" erhalten.

---

[1]) Dieser Abschnitt schließt sich an an Nr. 1—3 des Hilfsbuchs, namentlich an 3c, und er findet eine Ergänzung in Nr. 147 b.

[2]) In der Klammer ist der betr. Abschnitt des Handbuchs angegeben.

c. Das Alte und das Neue Testament enthalten nun aber dreierlei Bücher: Geschichtsbücher, Lehrbücher und Weissagungsbücher (prophetische Schriften). Die Geschichtsbücher erzählen, wie Gott sich im Volke Israel geoffenbart und ein Reich Gottes gegründet hat, zunächst nur für dies eine Volk, aber bestimmt für alle Völker. Die Lehrbücher lassen uns erkennen, was die Frommen des Alten und des Neuen Bundes auf Grund der Offenbarung Gottes glauben und wie sie leben. Die Weissagungsbücher enthalten die Predigten der Propheten im Volke Israel und in der Christenheit von der Vollendung des Reiches Gottes.

d. Nachdem in der letzten Zeit vor Christi Geburt das Alte Testament, und um das Jahr 400 nach Christus das Neue Testament zusammengestellt und abgeschlossen worden war, besaß nunmehr die christliche Kirche die ganze heilige Schrift, wie sie uns heute als ein Buch vorliegt, und über den Umfang der Bibel ist die christliche Kirche im ganzen einig. Wenn allerdings die katholische (sowohl die römische, wie auch die griechische) Kirche zur Bibel auch die Apokryphen rechnet (d. h. Schriften frommer Juden, welche nach dem Abschluß des Alten Testaments geschrieben worden waren, aber unter die heiligen Bücher nicht mehr aufgenommen wurden), so dulden zwar die Lutheraner dieselben in ihrer Bibel als „nützlich und gut zu lesen", aber sie stellen sie den anderen Büchern nicht gleich; strengere Reformierte dagegen weisen dieselben aus der Bibel hinaus, weshalb die Bibeln der englischen Bibelgesellschaft dieselben nicht enthalten. Abgesehen von diesen Büchern, stimmen die drei großen Kirchen über den Umfang der Bibel überein, und sie betrachten die Bibel als die Richtschnur (griechisch: Kanon) für ihr Glauben und Leben; die kleineren Kirchen haben in ihrem N. T. zum Teil auch noch andere alte Schriften.

2. Entstehung der heiligen Schrift.

e. In unserer Bibel, die wir zunächst als Ganzes vor uns haben, sind also eine große Anzahl von heiligen Schriften verschiedener Männer und verschiedener Zeiten vereinigt; wie ist nun diese Sammlung heiliger Schriften entstanden?

a. Das Alte Testament (ohne die Apokryphen), wie es sich seit etwa 2000 Jahren in den Händen der Juden und auch der Christen befindet, besteht aus 39 Büchern, welche uns die äußere Geschichte und die innere Entwickelung des Reiches Gottes im Alten Bunde bis zur Zeit nach dem Exil vorführen, und in einem Zeitraum von etwa tausend Jahren von verschiedenen Männern geschrieben worden sind. Wie ist diese Sammlung entstanden?

Der erste Teil des Alten Testaments sind die fünf Bücher Mosis, welche in der hebräischen Bibel unter dem Namen „das Gesetz" den ersten Teil des A. T. bilden; lange Zeit hat das Volk Gottes nichts weiter von heiligen Schriften besessen als dies „Gesetz", und der gemeine Mann besaß auch diese kleine heilige Schrift nicht, denn Bücher waren ja in der alten Zeit wenig verbreitet, und die wenigsten Menschen konnten früher lesen und schreiben.

Den zweiten Teil ihrer Bibel nennen die Israeliten „Propheten", und sie bezeichnen damit die von prophetischen Männern verfaßten Geschichtsbücher Josua, Richter, Samuels und der Könige nebst den Büchern der eigentlichen Propheten (außer Daniel); dieser zweite Teil des A. T., der bis in die Zeit nach dem Exil hinabreicht, ist natürlich erst in dieser Zeit dem „Gesetz" beigefügt worden.

Noch später ist der dritte und letzte Teil des A. T., „Schriften" von den Israeliten genannt (wie wir die ganze Bibel nennen), den beiden älteren Teilen angefügt worden; derselbe umfaßt geschichtliche (Ruth, Chronik, Esra, Nehemia und Esther), prophetische (Daniel) und namentlich Lehrbücher und dichterische Bücher (Psalmen, Sprüche, Prediger, Hohes Lied, Hiob, Klagelieder).

Mit dieser Sammlung war für die Israeliten ihre heilige Schrift („Gesetz, Propheten und Schriften") abgeschlossen, und seit den Tagen der Makkabäer hat bei ihnen kein Buch mehr ein gleiches Ansehen erlangt, wie diese Bücher der älteren Zeit.

β. Als die hebräische Bibel ins Griechische übersetzt wurde, entstanden unter den Juden außerhalb Palästinas noch mehrere mehr oder weniger wertvolle Schriften, welche in der griechischen Bibel Aufnahme fanden, während sie den Juden in Palästina unbekannt waren und von ihnen auch nicht in ihre Bibel aufgenommen wurden, obgleich sie zum Teil ursprünglich in hebräischer Sprache verfaßt waren und erst später ins Griechische übersetzt wurden. Da die alten Christen meist nicht Hebräisch verstanden, sondern nur Griechisch und Lateinisch, so hielten sie sich an die griechische und an die lateinische Bibel, und da die griechische Bibel diese Bücher enthielt, so waren dieselben auch in die lateinische übergegangen, und das ganze Mittelalter hat dieselben ebensogut als heilige Bücher angesehen, wie die alten Schriften der hebräischen Bibel. Erst in der Reformationszeit und durch die evangelischen Kirchen wurden sie von der ursprünglichen Bibel wieder gesondert, und der Name „Apokryphen", der sonst nur die von der Kirche gänzlich verworfenen Bücher bezeichnete, auch auf diese Bücher übertragen, so daß bei Luther ihre Überschrift bekanntlich lautet: „Apokrypha. Das sind Bücher, welche der heiligen Schrift nicht gleichgehalten und doch nützlich und gut zu lesen sind." Und bei dieser Ansicht Luthers ist die evangelische Kirche im ganzen geblieben; strengere Reformierte aber haben dieselben aus der Bibel hinausgewiesen, und die britische Bibelgesellschaft verbreitet seit dem Jahre 1825 nur Bibeln ohne Apokryphen.

Während nun die Apokryphen des Alten Testaments in unseren Bibeln meist zu finden sind, haben dagegen die zahlreich vorhandenen Apokryphen des Neuen Testaments mit Recht keine Aufnahme in die Volksbibel gefunden; dieselben sind zwar für den Gelehrten interessant und wertvoll, enthalten aber neben wenigem Schönen und Anziehenden allzuviel gänzlich Verkehrtes, als daß es sich empfehlen könnte, ihnen auch nur einen bescheidenen Platz in unserer Bibel zu gönnen.

γ. Für die Christen war nun zunächst das A. T. die heilige Schrift; für die Lauterkeit der eigentlich christlichen Predigt beriefen sie sich zuerst nur auf die mündliche Predigt der Apostel und der Jünger derselben. Als nun aber allerlei Irrlehrer auftraten, welche sich gleichfalls auf die Lehre der Apostel beriefen, bildete sich allmählich (vom 2.—4. Jahrhundert) ein Kanon des Neuen Testaments, in welchen die von den Aposteln oder ihren nächsten Schülern herrührenden Schriften aufgenommen wurden. Von den vielen Schriften nun, welche bis dahin entstanden waren und von denen in den verschiedenen Gemeinden verschiedene zu Ansehen gelangt waren, fanden zunächst nur die vier Evangelien, die Apostelgeschichte, die Paulinischen Briefe (nicht der Hebräerbrief), der erste Brief des Petrus und der des Johannes allgemeine Anerkennung, während dieselbe dem Hebräerbriefe, dem zweiten Briefe Petri, dem zweiten und dritten Briefe Johannis, den Briefen des Jakobus und des Judas und der Offenbarung Johannis meist noch versagt wurde; dagegen wurden damals noch manche Schriften in den Gemeinden anerkannt und vorgelesen, welche später allgemein verworfen worden sind. Seinen Abschluß hat der Kanon des N. T. im Morgenlande durch die Synode von Laodicea im Jahre 360 erhalten, welche jedoch die Offenbarung Johannis vom N. T. noch ausschloß; dagegen ist dieselbe im Abendlande, wo die Sammlung des N. T. auf den Synoden zu Rom (382), zu Hippo (383) und zu Carthago (397) abgeschlossen wurde, in das N. T. aufgenommen und auch von der griechischen Kirche seitdem als kanonische Schrift anerkannt worden. Seitdem besteht das N. T. aus 27 Büchern: den 4 Evangelien, der Apostelgeschichte, den 13 Paulinischen Briefen, dem Hebräerbriefe, den 7 sogenannten katholischen Briefen (d. h. Briefen ohne spezielle Adresse, also für die ganze Kirche bestimmt) und der Offenbarung Johannis. Diese Sammlung heiliger Schriften ist seitdem von den Christen dem Alten Testament als das Neue Testament zur Seite gestellt worden, und in diesen beiden Sammlungen, welche die christliche Bibel bilden, erblickt die Kirche[1]) seitdem ihre kanonischen Schriften, ihre Richtschnur (Kanon = Richtschnur) für christliches Glauben und Leben.

3. Grundsprachen und Text der Bibel: Heil. Gesch.[3] Nr. 14.

2. (142.) Die Übersetzung der Bibel. (I, 71 C.)

1. Die griechische und die lateinische Bibel.

a. Als die Juden aus dem Exil zurückgekehrt waren und ihre frühere Muttersprache, das Hebräische, mehr und mehr verlernten, und sich dafür in ihrem Heimatlande der aramäischen, in den anderen Ländern, wo sie wohnten, der damals allgemein verbreiteten griechischen Sprache bedienten, da wurden ihnen auch ihre heiligen Schriften, die ja in hebräischer Sprache verfaßt sind (nur Esra und Daniel zum Teil in aramäischer), unverständlich, und der Vorleser in der Synagoge mußte, je nach der Gegend, das, was er vorlas, in das Aramäische oder in das Griechische übersetzen, damit es von den Zuhörern verstanden würde. Das war aber eine Aufgabe, der nur wenige Vorleser gewachsen waren, namentlich wenn es sich um die Übersetzung ins Griechische handelte, und so machte sich das Bedürfnis einer griechischen Übersetzung der Bibel geltend. Dieselbe ist jedenfalls allmählich entstanden und war um das Jahr 150 vor Chr. vollendet, und sie ist natürlich von gelehrten Juden angefertigt worden. Nach der Sage ist dagegen die hebräische Bibel auf den Wunsch eines Heiden für die Heiden

---

[1]) Aber nur die drei großen Kirchen; die kleineren Kirchen haben in ihrem N. T. zum Teil auch noch andere alte Schriften.

ins Griechische übersetzt worden, nämlich auf den Wunsch des ägyptischen Königs Ptolemäus II. (285—247) für die Bibliothek in Alexandria, und zwar von 72 Juden (daher der Name Septuaginta = 70), von jedem ganz übersetzt, wobei die 72 Übersetzungen buchstäblich übereinstimmten, also offenbar von Gott eingegeben waren.

Dieser griechischen, nicht mehr der hebräischen Bibel, bedienten sich fortan Juden und Christen; diese fügten allmählich auch noch die Bücher des Neuen Testaments hinzu, die sämtlich in derjenigen Sprache geschrieben waren, in die das Alte Testament zuerst übersetzt worden ist. So besaß denn das christliche Morgenland die heiligen Bücher in der allen verständlichen griechischen Sprache, und die morgenländische Kirche bedient sich für die griechischen Gemeinden noch heute dieser griechischen Bibel, und sogar in den Schulen des heutigen Griechenlands wird das N. T. im Grundtext gelesen, obwohl doch die heutige griechische Sprache von der der alten Griechen sehr verschieden ist.

b. Im Abendlande war aber das Griechische viel weniger verbreitet, hier verstanden alle das Lateinische; darum begehrte man hier frühzeitig eine lateinische Übersetzung der Bibel. Und schon gegen Ende des 2. Jahrhunderts hat es eine solche gegeben; da sie aber sehr mangelhaft war, so übersetzte ein gelehrter Theologe der lateinischen Kirche, Hieronymus, der im Jahre 420 gestorben ist[1]), das A. T. aus dem Hebräischen, das er von einem Juden erlernt hatte, und revidierte die Übersetzung des N. T., und seine Übersetzung wurde im Abendlande allmählich allgemein angenommen. Noch heute wird sie in der katholischen Kirche gebraucht; von ihrem allgemeinen Gebrauch heißt sie seit dem Tridentiner Konzil die Vulgata.

2. Die deutsche Bibel vor Luther.

a. Auch das deutsche Volk hat schon in alter Zeit eine Bibel in seiner Muttersprache erhalten. Als nämlich im 4. Jahrhundert das Christentum auch zu den Westgoten gekommen war, hat unter diesem Volke Wulfila (d. h. Wölflein — die Griechen nannten ihn Ulfila) vierzig Jahre lang als hoch angesehener Bischof gewirkt († 383), und um sein Volk im Christentum zu erhalten und zu befestigen, hat er die Bibel aus dem Griechischen ins Gotische übersetzt. In Wulfila hat Luther schon einen Vorgänger gehabt, von dem er freilich nichts gewußt hat, denn erst nach Luthers Tode wurde die kostbare Handschrift (codex argenteus) in der Abtei Werden an der Ruhr gefunden, von wo sie nach Prag und später nach Upsala gekommen ist, und erst in noch späterer Zeit hat man entdeckt, welchen kostbaren Schatz sie birgt.

b. Die gotische Sprache aber, die älteste uns bekannte deutsche Sprache, ist mit dem Volke, das sie sprach, untergegangen; von den anderen deutschen Sprachen, welche noch heute weiterleben, ist für uns das Hochdeutsche vornehmlich wichtig. Es vergingen viele Jahrhunderte, ehe es zu einer vollständigen hochdeutschen Bibelübersetzung kam, nach der ja auch die Kirche des Mittelalters nicht so sehr verlangte; auch war ein großes Buch im

---

[1]) Der Traum des Hieronymus: Ciceronianus es, non Christianus; ubi enim thesaurus tuus, ibi et cor tuum.

Mittelalter gar zu teuer. Doch hat es im späteren Mittelalter an deutschen Bibeln nicht ganz gefehlt.

c. Als die Buchdruckerkunst erfunden war, wurden auch alsbald deutsche Bibeln gedruckt, und es sind von den vor Luthers Zeit gedruckten vielen Bibeln 14 hochdeutsche und 4 plattdeutsche Ausgaben einer Übersetzung der heiligen Schrift erhalten, welche freilich nur aus der lateinischen Bibel ziemlich ungeschickt und fehlerhaft übersetzt waren. Alle diese Übersetzungen sind vor Luthers Bibel verschwunden, wie die Sterne vor der aufgehenden Sonne.

3. Luthers Bibel.

(Nr. 153 C, 1. Quell. II, 4—6, vgl. auch oben Nr. 100.)

a. Auf die Bibel hatte sich Luther berufen, um seine Predigt zu rechtfertigen; da war es natürlich, daß er daran dachte, die Bibel dem Volke in die Hand zu geben, damit jeder selbst erkenne, daß seine Predigt der Bibel entspreche. Schon in den früheren Jahren hatte er einige kleine Stücke der Bibel übersetzt und ausgelegt; aber an die Übersetzung der ganzen Bibel konnte er erst während seiner unfreiwilligen Muße auf der Wartburg (im Jahre 1521) denken, und das N. T. hat er hier wirklich zustande gebracht. Als er wieder in Wittenberg war, arbeitete er dasselbe mit Melanchthon noch einmal durch und zog auch andere Freunde vielfach zu Rate. Neben der Revision ging der Druck des Buches her, und Ende September 1522 konnte dasselbe erscheinen. Inzwischen hatte Luther auch das A. T. zu übersetzen angefangen, wobei ihm neben Melanchthon namentlich auch Aurogallus, der Lehrer des Hebräischen in Wittenberg, zur Seite stand, und dasselbe erschien in einzelnen Teilen in den Jahren 1523—1534.

b. Als endlich alle Teile der heiligen Schrift übersetzt und wiederholt einzeln herausgegeben worden waren, da ließ Luther im Jahre 1534 seine Bibel als Ganzes neu erscheinen. Auch hier wieder war vieles gebessert, und bei jeder neuen Auflage des Gesamtwerkes, die immer wieder erschienen, hat Luther an seinem Werke gefeilt und gebessert. Leider haben nach seinem Tode seine Anhänger diese fortgehende Besserung des großen Werkes fast ganz unterlassen. In unseren Tagen aber hat die Hallesche Bibelgesellschaft die Berichtigung der Lutherbibel im Jahre 1857 in die Hand genommen, und, nachdem zunächst im Jahre 1870 das revidierte Neue Testament und im Jahre 1883 eine ganze revidierte Bibel erschienen war, besitzen wir nunmehr (seit dem Jahre 1892) eine „durchgesehene" (revidierte) Lutherbibel, von welcher im Jahre 1913 eine sprachlich revidierte neue Ausgabe erschienen ist.

c. Luther hat seine Arbeit ernst und schwer genommen, aber er hat nun auch seinem Volke eine Bibelübersetzung geschenkt, wie sie wohl kein anderes Volk besitzt; daher hat sein Werk auch für das deutsche Volk eine Bedeutung gewonnen, wie nur wenige Bücher sie gewonnen haben.

3. (143.) Die Verbreitung der Bibel. (I, 71 E.)

a. Luther hatte dem deutschen Volke die Bibel trefflich übersetzt, und sie war seitdem immer aufs neue an vielen Orten gedruckt worden. Aber noch war die heilige Schrift zu teuer, als daß jeder Arme und jedes Schulkind sie sich hätte anschaffen können; diesem Übelstande hat zuerst der Freiherr Hildebrand von Canstein durch die Gründung der noch heute bestehenden Bibelanstalt in Halle abgeholfen (1710), welche noch immer das deutsche Volk mit „guten und wohlfeilen Ausgaben" der heiligen Schrift versorgt.

b. Eine noch größere Bibelgesellschaft ist hundert Jahre später in England gegründet worden (1804), die „britische und ausländische Bibelgesellschaft", die das Wort Gottes in allen Sprachen und in allen Ländern zu verbreiten beschloß. Überall haben sich seitdem noch andere Bibelgesellschaften gebildet, eine in Amerika und noch 24 in Deutschland außer der Cansteinschen, und in regem Eifer verbreiten dieselben in allen Ländern und Sprachen (heute in mehr als 600 von vielleicht 1000 Sprachen) die heilige Schrift [1].

c. So ist denn auch auf diesem Gebiete zwar Großes in der letzten Zeit getan worden, aber noch viel Größeres bleibt zu tun übrig; denn die Bibel zu verbreiten hält ja die evangelische Kirche, in Übereinstimmung mit der alten Kirche (aber in höherem Grade als die katholische Kirche), für ihre Pflicht [2].

B. Der Glaube der evangelischen Kirche und die Bekenntnisschriften.

4. (144.) Die Bekenntnisschriften der verschiedenen Kirchen.

(I, 64—68.)

a. Aus der Bibel kann der Christ erkennen, wie Gott sich den Menschen geoffenbart hat, und wie das Christentum entstanden ist; aber da es unmöglich war, daß jeder erst die ganze Bibel durchstudierte, um ein Christ werden zu können, und da es ja zunächst noch kein Neues Testament gab, so waren schon in der alten Zeit die Hauptstücke des christlichen Glaubens kurz und einfach zusammengestellt worden. So war das sogenannte apostolische Glaubensbekenntnis entstanden, welches später in den Glaubensstreitigkeiten der alten Kirche im Nicänischen und im Athanasianischen Bekenntnis erweitert und ausgelegt worden ist. Diese Glaubensbekenntnisse der alten Kirche haben sowohl die Katholiken als auch die Evangelischen anerkannt als übereinstimmend mit der Predigt der Apostel in der heiligen Schrift [3]. Aber als sich nun aus der alten Kirche die katholische und aus dieser die evangelische Kirche entwickelte, da genügten dieselben (die ja auch weder den eigentlich katholischen noch den evan-

---

[1]) Die Bibel in der Weltliteratur: Festschrift der britischen Bibelgesellschaft zum 7. März 1904 (Joh. 3, 16) in 403 Sprachen oder Formen — 2. Aufl.: 498 Sprachen oder Formen, 20 Pfg. Vgl. KG³ Nr. 71 E, 2. Eine Ergänzung zu dieser Schrift ist im Jahre 1909 erschienen (und wird umsonst geliefert): „Proben von denjenigen (26) Sprachen, welche in den deutschen Kolonieen gesprochen werden".

[2]) Hierher gehören noch der Abschnitt Nr. 146 b: Die Bedeutung der heiligen Schrift, und die am Ende des Buches befindlichen Abschnitte Nr. 155, 1: Die Bücher der heiligen Schrift, und Nr. 155, 2: Zahlen der heiligen Geschichte.

[3]) Die morgenländische Kirche erkennt aber das Athanasianum nicht an; das Apostolikum erkennt sie zwar als richtig an, aber sie gebraucht im Unterricht wie im Gottesdienst nur das Bekenntnis von Nicäa-Konstantinopel.

gelischen Glauben enthalten) weder für die katholische noch für die evangelische Kirche, da beide Kirchen sich mit Recht auf diese Bekenntnisse beriefen. So sind denn im 16. Jahrhundert (und zwar für beide Kirchen) neue Bekenntnisse entstanden, die uns die Entwickelung der Kirche und den Unterschied der verschiedenen Kirchen erkennen lassen.

b. Zunächst entstanden Luthers Katechismen, der große und der kleine, im Jahre 1529, welche die Hauptsache im Christentum kindlich und einfach darstellen, ohne der Glaubensstreitigkeiten zu gedenken.

Demnächst verfaßte Melanchthon im Jahre 1530 die Augsburgische Konfession, und zu ihrer Verteidigung gegen die Angriffe der Katholiken die Apologie der Konfession, jene eine kurze und einfache Darstellung des evangelischen Glaubens, diese eine gelehrte und ausführliche Rechtfertigung der von den Katholiken angefochtenen Lehren der Augsburgischen Konfession.

Als ein Konzil die Glaubensstreitigkeiten entscheiden sollte, verfaßte Luther im Jahre 1537 die Schmalkaldischen Artikel, in denen er, schärfer als Melanchthon in der Konfession, den Gegensatz gegen die katholischen Lehren und Bräuche hervorhob.

Als allmählich in der evangelischen Kirche allerlei Streitigkeiten um den rechten Glauben ausbrachen, sollten dieselben durch eine neue Bekenntnisschrift, die sogenannte Konkordienformel, die im Jahre 1580 mit den anderen alten und neuen Bekenntnissen zusammen in dem Konkordienbuche herausgegeben wurde, beigelegt werden; das ist ihr aber nicht gelungen; die lutherische Kirche hat diese Schrift schon damals nur zum Teil anerkannt und sich später noch mehr von ihr abgewandt.

Die schweizerische Reformation hat ihren Glauben vornehmlich in dem von Ursinus und Olevianus im Jahre 1563 verfaßten Heidelberger Katechismus ausgesprochen, die evangelische Kirche Englands in den im Jahre 1562 verfaßten und im Jahre 1571 als Glaubensbekenntnis anerkannten 39 Artikeln.

Auch die kleineren evangelischen Kirchenparteien haben ihren Glauben in besonderen Bekenntnissen dargestellt.

c. Gegenüber der Reformation hat die katholische Kirche ihren Glauben in den Dekreten des Tridentiner Konzils (1545—1563), in einem eigenen, dem Römischen Katechismus und in dem Tridentinischen Glaubensbekenntnis, einem Auszug aus den Dekreten des Konzils, dargelegt. Dazu sind im Jahre 1870 die Beschlüsse des Vatikanischen Konzils gekommen, durch welches namentlich erst die Unfehlbarkeit des Papstes als Kirchenlehre hingestellt worden ist, so daß nunmehr neben den Glaubensbestimmungen der von dieser Kirche anerkannten zwanzig allgemeinen Konzilien (325—1869/70) auch alle Erklärungen der Päpste in Glaubenssachen als Norm des Glaubens anzusehen sind.

Die morgenländische Kirche, welche bei dem von ihr allein gebrauchten nicänischen Bekenntnis geblieben ist (unter Anerkennung des apostolischen, aber Verwerfung des Athanasianischen), erkennt nur die Beschlüsse von sieben allgemeinen Konzilien (325—787) als für den Glauben bindend an, und ein eigentliches Glaubensbekenntnis ist von ihr seit der alten

Zeit nicht mehr aufgestellt worden; aber sie hat ihren Gegensatz gegen die evangelischen Kirchen im Jahre 1643 ausgesprochen, indem sie ein Bekenntnis des Metropoliten von Kiew, Petrus Mogilas, allgemein als dem rechten Glauben entsprechend anerkannt hat.

d. Alle Kirchen aber, große wie kleine, bekennen, daß ihr Glaube mit der heiligen Schrift sich in Übereinstimmung befinden müsse, und sie sind alle der Meinung, daß ihre Bekenntnisse der heiligen Schrift nicht widersprechen[1]); wir sind der Meinung, daß unsere Kirche das Christentum am richtigsten und am tiefsten erfaßt hat, richtiger und tiefer, als die morgenländische und die römische Kirche; aber auch unser Wissen ist Stückwerk, und auch wir wollen und sollen immer noch tiefer und gründlicher in die Geheimnisse der göttlichen Offenbarung einzudringen suchen.

e. Die Glaubensbekenntnisse der christlichen Kirche.

1. Das apostolische Glaubensbekenntnis. Siehe Nr. 75 B.
2. Das nicänische Glaubensbekenntnis. Siehe Nr. 76 c.
3. Das sogen. Athanasianische Glaubensbekenntnis. Siehe Nr. 76 d.
4. Die Augsburgische Konfession. Siehe Nr. 147.
5. Dr. Martin Luthers kleiner Katechismus. Siehe Nr. 145 und 148.

5. (145.) Der Katechismus. (Nr. 153 C, 2. I, 69.)[2])

A. Die Entstehung des Katechismus.

Unter den Bekenntnisschriften der christlichen Kirchen nimmt aber die erste Stelle ein der Katechismus. Ein solches Buch, wie es jetzt im Katechismus dem Kinde in die Hand gegeben wird, hat es vor Luther nicht gegeben; aber die Grundlage zu diesem Buche, die Aufstellung und Ausbildung der Hauptstücke des Christentums, verdankte Luther der alten Kirche. Wenn nämlich in der alten Zeit Heiden, natürlich Erwachsene, wie noch heute in den Missionsländern, zum christlichen Glauben übertreten wollten, so wurden sie natürlich zuerst über den christlichen Glauben eingehend unterrichtet und auch ihr Wandel beobachtet, damit sie nicht unvorbereitet und unwürdig die heilige Taufe empfingen. Den christlichen Glauben lernten sie aber kennen, indem ihnen die großen Taten Gottes, von der Weltschöpfung an bis zur Begründung der Kirche unter Juden und Heiden, verkündet wurden, wie dieselben auch jetzt in unserem Schulbuche, der „biblischen Geschichte", der Jugend zuerst erzählt werden, und wie sie allmählich in dem sogenannten apostolischen Glaubensbekenntnis kurz zusammengefaßt worden sind; diesen Glauben sollten ja die Täuflinge bei der Taufe als den ihrigen bekennen. Ebenso erhielten sie, da ja der Christ, und zwar besser als der Heide, beten soll, bei dieser Unterweisung eine Anleitung zum Beten, und welche bessere Anweisung dazu hätte ihnen gegeben werden können, als die im Vaterunser den Christen gegebene Form und Weise des rechten Gebetes! Endlich gab man den Täuflingen auch

---

[1]) „Die heilige Schrift ist allein die einige wahrhaftige Richtschnur, nach der alle Lehrer und Lehren zu richten und zu urteilen sind." Konkordienformel I, 1.

[2]) Der Text von Luthers Katechismus ist unten abgedruckt: Nr. 148.

Ermahnungen zu christlichem Leben und Wandel; aber da man in der alten Zeit ein besonderes Gewicht darauf legte, daß die Christen vom Joche des mosaischen Gesetzes frei seien und nicht mehr aus Furcht vor den Drohungen des Gesetzes, sondern vom Geiste Gottes getrieben Gutes täten, so benutzte die Kirche bei der Anleitung zum christlichen Leben nicht die zehn Gebote, die man als nur für die Juden gültig ansah, sondern legte den Täuflingen das Wort Jesu (oder ein ähnliches) ans Herz: „Du sollst lieben Gott deinen Herrn von ganzem Herzen, von ganzer Seele und von ganzem Gemüte, und deinen Nächsten als dich selbst.“ Hatten so die Täuflinge eine dreifache Unterweisung über der Christen Glauben, Beten und Leben empfangen, so wurden sie, vornehmlich am Ostersonnabend, wo des Nachts die Auferstehung gefeiert wurde, getauft, und am Sonntag nach Ostern empfingen sie zum ersten Male das heilige Abendmahl; die Zwischenzeit aber wurde dazu benutzt, um sie über die Lehre von den Sakramenten genauer zu unterweisen, von der sie bis dahin noch wenig oder nichts vernommen hatten. So war auch das Hauptstück von den Sakramenten der alten Kirche nicht fremd. Das letzte Jahrhundert vor der Reformation hat auch noch den letzten Baustein herbeigetragen zu dem Gebäude, welches Luther aufführen sollte, indem die zehn Gebote, nunmehr als Norm der Sittlichkeit anerkannt, immer aufs neue erklärt und ausgelegt wurden.

Wenn so Luther die Hauptstücke des Christentums auch bereits aufgestellt vorfand, ja, wenn auch schon die alte Kirche und die Kirche des Mittelalters Schriften hervorgebracht hatten, welche als Anfänge unseres Katechismus angesehen werden können, so bleibt doch Luther derjenige, welcher erst in unserem Sinne den Katechismus der Kirche gegeben hat, denn erst Luther hat die allmählich aufgestellten Hauptstücke des Christentums in einem Buche zusammengestellt und diesem Buche auch erst den sonst in anderem Sinne gebrauchten Namen „Katechismus“ gegeben, und erst nach Luthers Zeit, und von ihm dazu angeregt, haben auch die anderen Kirchen für ihre Angehörigen einen „Katechismus“ zusammengestellt.

B. Die Katechismen der anderen Kirchen, besonders der Heidelberger Katechismus.

a. Von Luthers Beispiel angeregt, haben die anderen Kirchen ebenfalls Katechismen geschaffen. So gibt es denn jetzt einen griechischen Katechismus; derselbe hat die Hauptstücke in der Ordnung hintereinander, wie sie in der Geschichte nacheinander aufgestellt worden sind: Glaube[1]), Gebet, Gesetz; ebenso einen auf Anregung des Tridentiner Konzils verfaßten römischen Katechismus, der sie anders geordnet hat: Glaube[2]), Gesetz, Gebet, so daß ihre Folge der Zusammenstellung von Glaube, Liebe (im Gesetz gefordert und aus dem Glauben herkommend) und Hoffnung (auf die ja das Vaterunser wenigstens in zwei Bitten hindeutet) entspricht; vom reformierten Katechismus wird alsbald Ausführlicheres gesagt werden.

---

[1]) Daß aber in der griechischen Kirche nicht das apostolische, sondern das nicänische Glaubensbekenntnis gebraucht wird, ist schon oben bemerkt worden.

[2]) Im Katechismus wird das apostolische Glaubensbekenntnis zugrunde gelegt, während in der Messe das nicänische Bekenntnis gebraucht wird.

Diesen Hauptkatechismen stehen in allen Kirchen (auch in der lutherischen) noch andere mehr oder weniger verbreitete zur Seite, und auch von den kleineren Religionsparteien hat jede ihren besonderen Katechismus.

b. Der bedeutendste Katechismus neben dem Lutherschen ist unstreitig der Heidelberger Katechismus, der in der ganzen reformierten Kirche als ein rechtes Bekenntnis ihres Glaubens anerkannt worden ist. Derselbe ist zu Heidelberg im Jahre 1563 erschienen, in der Hauptstadt der Kurpfalz, auf Veranlassung und unter Mitwirkung des Kurfürsten Friedrich III. und der bedeutendsten Theologen der pfälzischen Kirche von zwei frommen Männern, dem Professor Ursinus und dem Hofprediger Olevianus, ausgearbeitet. Wie Luthers Katechismus, so beruht auch der Heidelberger Katechismus vornehmlich auf dem Römerbriefe; ja, seine Einteilung ist wohl diesem Briefe entnommen. Wenn der Apostel Paulus am Ende des 7. Kapitels seines Römerbriefes ausruft: „Ich elender Mensch, wer wird mich erlösen von dem Leibe dieses Todes? Ich danke Gott durch Jesum Christum unserm Herrn" — so haben die Verfasser des Heidelberger Katechismus wohl nach diesem Worte des Paulus ihren Katechismus in drei Teile geteilt: „Von des Menschen Elend" — „Von des Menschen Erlösung" — „Von der Dankbarkeit". In diesen drei Teilen (mit ihren 129 Fragen) sind die fünf Hauptstücke des Lutherschen Katechismus enthalten. Der erste Teil, die Einleitung, weist auf die Sünde des Menschen hin, aber die zehn Gebote sind nicht an dieser Stelle ausgelegt (wie das Luther getan hat). Der zweite Teil enthält den christlichen Glauben und die Sakramente. Der dritte Teil enthält die zehn Gebote und das Vaterunser, denn ein frommer Wandel und das Gebet sind die vornehmsten Stücke der Dankbarkeit des von der Sünde erlösten Menschen. Die Hauptstücke folgen also aufeinander so, wie im katholischen Katechismus: Glaube, Gesetz, Gebet; daß aber trotzdem beide Katechismen grundverschieden sind, versteht sich von selbst[1]).

C. Luthers Katechismus. (Nr. 153 C, 2. Quell. II, 7—9. KG[3] 69.)

a. Vor allen diesen Katechismen sind die beiden Katechismen Luthers entstanden. Als nämlich Luther, durch die Erfahrungen bei der Kirchenvisitation dazu bestimmt, wo er bei Geistlichen und Laien die gröbste Unwissenheit fand, daran ging, einen Katechismus zu schaffen, entstanden nach mancherlei früheren Schriften, welche denselben Zweck verfolgten, am An-

[1]) Bekannt und mit Recht berühmt ist die erste Frage und Antwort des Heidelberger Katechismus:

Was ist dein einiger Trost im Leben und im Sterben?

Daß ich mit Leib und Seele, beides im Leben und im Sterben, nicht mein, sondern meines getreuen Heilandes Jesu Christi eigen bin, der mit seinem teuren Blut für alle meine Sünden vollkömmlich bezahlet und mich aus aller Gewalt des Teufels erlöset hat, und also bewahret, daß ohne den Willen meines Vaters im Himmel kein Haar von meinem Haupte fallen kann, ja, auch mir alles zu meiner Seligkeit dienen muß. Darum er mich auch durch seinen heiligen Geist des ewigen Lebens versichert, und ihm forthin zu leben von Herzen willig und bereit macht.

fange des Jahres 1529 ungefähr gleichzeitig der Große und der Kleine Katechismus, und zwar erst der letztere in der Form von Frage und Antwort (die seitdem für die eigentliche Form eines Katechismus gilt) und in so einfacher und dabei so trefflicher Form, daß dies Buch bis auf den heutigen Tag noch von keiner derartigen Schrift übertroffen worden ist.

b. Luther stellte aber in seinem Katechismus (und dadurch unterscheidet sich derselbe von allen anderen) die zehn Gebote dem Glauben voran und ließ erst auf das Vaterunser die in den anderen Katechismen dem Glauben nachfolgenden Sakramente folgen. Aus welchem Grunde er das aber getan hat, und was für ein Zusammenhang der Hauptstücke in Luthers Katechismus anzunehmen ist, ist fraglich.

Nach der Meinung einiger Forscher gliedert sich Luthers Katechismus in zwei Teile (I—III und IV—V), von denen der erste die Frage beantwortet: „Wie wird der Mensch vor Gott gerecht?" Die Antwort lautet: „Nicht durch des Gesetzes Werke (Hauptstück I), denn durch das Gesetz kommt [nur] Erkenntnis der Sünde (Röm. 3, 20), — sondern durch den Glauben (Hauptstück II), — denn so halten wir nun dafür, daß der Mensch gerecht werde ohne des Gesetzes Werke allein durch den Glauben (Röm. 3, 28); — als Gerechtfertigte können wir nunmehr (Röm. 8, 15; Gal. 4, 6) beten zu Gott als unserem Vater (Hauptstück III). Der zweite Teil beantwortet die sich hieran anknüpfende Frage: „Wie kommt der Mensch zum Glauben?" Die Antwort lautet: Durch die Sakramente (Hauptstück IV und V). Diese Antwort wäre aber nur dann vollständig, wenn dem Lehrstücke von den Sakramenten ein Lehrstück vom Worte Gottes voranginge, denn der Glaube kommt ja doch zunächst aus der Predigt des Wortes Gottes; ein solches Hauptstück hat Luther aber nicht vorgefunden, und der Katechismus enthält ja eben nur, was er vorgefunden hat; der später (im Jahre 1531) von ihm selber dem Katechismus beigegebene Abschnitt von der Beichte enthält, aber freilich auf die Beichte beschränkt, eine kurze Belehrung über die Bedeutung der Predigt oder des Wortes Gottes; dagegen stammt das Hauptstück „Vom Amt der Schlüssel" nicht von Luther her, sondern aus den im Jahre 1533 von Brenz (dem Reformator von Würltemberg) oder von Osiander (dem Reformator von Nürnberg) verfaßten Nürnberger Kinderpredigten und ist schon vor Luthers Tod in manche Katechismen aufgenommen worden. Diese Lücke des Katechismus ist ausgefüllt in der Augsb. Konfession (Art. 5), welche mit Recht sagt: „Solchen Glauben zu erlangen hat Gott das Predigtamt eingesetzt, Evangelium und Sakramente gegeben, dadurch er als durch Mittel den heiligen Geist gibt, welcher den Glauben wirket in denen, so das Evangelium hören [und die Sakramente empfangen]." Unter den anderen Anhängen, die dem Katechismus später noch beigegeben worden sind, ist namentlich die sogenannte Haustafel zu beachten; hinter dem Vaterunser kann man nämlich ein Hauptstück von dem neuen Leben des Gläubigen vermissen, wie ja auch in der alten Kirche an dieser Stelle das Wort von der Liebe zu Gott und den Menschen seine Stelle fand, weshalb auch in den anderen Katechismen die zehn Gebote hinter dem Glauben stehen; dasselbe wird einigermaßen in der Haustafel dargestellt.

Dagegen sind andere Forscher der Meinung, daß Luther bei seiner Anordnung der Hauptstücke einen anderen Gedankengang im Sinne gehabt habe. Danach wird uns zunächst in den zehn Geboten gezeigt, was Gott von uns getan und gelassen haben wolle; das ist das erste, was der Mensch wissen muß, und darum ist es ganz angemessen, daß der Katechismus mit dem Gesetz beginnt. Darauf wird dem Menschen im christlichen Glauben gezeigt, was Gott für uns getan habe, damit wir seinen Willen tun können. Damit wir nun aber Gottes Gebote wirklich halten, dazu bedarf es von unserer Seite des Gebets. Auf diese drei Hauptstücke des Christentums folgen dann noch die Lehrstücke von den Sakramenten, durch welche dem Menschen, wie auch durch das Wort Gottes, Vergebung der Sünden zuteil wird, und wo Vergebung der Sünden ist, da ist auch ein frommer Wandel zu finden. Bei dieser Fassung des Zusammenhanges der Hauptstücke zielt schließlich alles im Katechismus hin auf die Frömmigkeit und Sittlichkeit, von der das Gesetz Gottes handelt, dem darum auch mit Recht die erste Stelle im Katechismus zukommt [1]).

c. Wenn man in Luthers Katechismus auch wohl dieses oder jenes vermissen kann, so ist dennoch dies kleine Büchlein eins der trefflichsten Bücher, die von Luther und von anderen großen Männern jemals geschrieben worden sind, und noch heute bildet es mit Recht in einem großen Teile der evangelischen Kirche die Grundlage für den Unterricht im christlichen Glauben. Wenn Luther gesagt hat, er müsse immer ein Kind und Schüler des Katechismus bleiben und er bleibe es auch gerne, so wollen auch wir gerne Schüler des Katechismus bleiben.

D. Luthers Vorrede zum Kleinen Katechismus: Nr. 153 D, 2.

E. Der Wert des Katechismus: Nr. 153 D, 2.

F. Luthers Katechismus mit Anmerkungen und Bibelsprüchen: Nr. 148.

6. (146.) Der Glaube der evangelischen Kirche im Unterschiede vom katholischen Glauben. (I, 60—63.)[2])

Aus den Bekenntnisschriften der verschiedenen Kirchen erkennen wir nun die Verschiedenheit des Glaubens in den verschiedenen Kirchen. Dieselbe soll im folgenden dargelegt werden.

a. Luthers (wie auch der anderen Reformatoren) ganzes Wirken und Lehren hat seinen letzten Grund in der Erfahrung, die ihm geworden, daß der Mensch allein durch den Glauben an die Gnade Gottes in Christus die Rechtfertigung, d. h. die Vergebung der Sünden, erlange. Wir stehen nämlich Gotte nicht bloß als Geschöpfe, sondern als Sünder gegenüber, und unsre Sünde läßt uns Gottes Zorn

---

[1]) Die unlängst vorgenommene Revision des Lutherschen Katechismus bezweckte nicht (wie bei der Bibel) eine Umgestaltung des Wortlauts, sondern nur eine übereinstimmende Festsetzung des Textes unter Beseitigung der allmählich in den verschiedenen Gegenden hervorgetretenen Verschiedenheiten.

[2]) Vgl. Nr. 89.

fürchten. Aber Gott hat sich nun in Christus als einen gnädigen Gott geoffenbart, und seiner Gnade werden wir teilhaftig und gewiß durch den Glauben. So findet denn die evangelische Kirche auf die Frage: „Wie wird der Mensch vor Gott gerecht?“ die Antwort im Römerbrief K. 3, 28: „So halten wir nun dafür, daß der Mensch gerecht werde ohne des Gesetzes Werke allein durch den Glauben.“

Dieser Lehre tritt nun der Katholik in dreifacher Hinsicht entgegen. Zunächst behauptet er, daß das Heil des Menschen nicht bloß auf der vom Menschen im Glauben immer aufs neue angeeigneten Gnade Gottes in Christus beruhe, sondern Christus müsse immer aufs neue geopfert werden, und das geschehe in der Messe, in welcher durch den Priester immer aufs neue Brot und Wein in Leib und Blut Christi verwandelt und Gotte zum Opfer dargebracht werden.

Sodann ist der Katholik der Meinung, daß es rätlich sei, sich nicht bloß an Gott mit seinem Gebete um Gnade und allerlei Güter zu wenden, sondern auch an die Heiligen und besonders an die Maria, damit diese bei Gott für ihn Fürbitte einlegen und dadurch sein Gebet unterstützen. Der evangelische Christ glaubt dieser Fürbitte der Heiligen nicht zu bedürfen, sondern er wendet sich in seinem Gebet unmittelbar an Gott.

Endlich bestreitet der Katholik, daß die Rechtfertigung des Menschen allein auf dem Glauben beruhe, nicht bloß deshalb, weil ja das Wort „allein“ nur ein Zusatz von Luther ist, sondern auch deshalb, weil er unter „Rechtfertigung“ etwas anderes versteht als Luther. Luther versteht unter diesem Worte des Paulus „Vergebung der Sünden“, während der Katholik dasselbe deutet als „Gerechtmachung“, d. h. Umwandlung des Sünders in einen Gerechten. Diese Umwandlung ist nach der katholischen Lehre zwar ein Werk Gottes, aber sie kann nur erfolgen unter Mitwirkung des menschlichen Willens, welcher der Gnade Gottes zustimmen muß. Erst der „Gerechtfertigte“ (d. h. wie Luther sagt, der „Geheiligte“) kann unter dem Beistande der Gnade Gottes gute, d. h. für die Ewigkeit verdienstliche Werke vollbringen. Da nun aber auch der „Gerechtfertigte“ immer wieder sündigt, so bedarf es für ihn nach katholischer Lehre des Sakraments der Buße, in welchem ihm die Sünden vergeben werden. Und hier zeigt sich nun deutlicher als bei der in beiden Kirchen verschieden gedeuteten „Rechtfertigung“ der Unterschied in der Lehre der beiden Kirchen, indem der Katholik als Mittel zur Erlangung der Vergebung der Sünden bezeichnet: contritio cordis (Reue des Herzens), confessio oris (Beichte des Mundes) und satisfactio operis (Genugtuung des Werkes); jedenfalls ist die dritte Forderung mit der Lehre der evangelischen Kirche nicht zu vereinigen; wir betrachten als die Voraussetzung für die Vergebung der Sünden zwar Reue und Glauben, aber nicht gute Werke.

Aber allerdings — so lehrt der evangelische Christ —, wenn der Mensch zum Glauben an die Gnade Gottes in Christus gekommen ist, dann fühlt er sich dazu angetrieben, auch den Willen Gottes zu tun, und da er denselben jetzt aus Liebe tut, nicht aus Zwang, so ist er jetzt im Besitze einer besseren Frömmigkeit als früher, wo er das Gesetz nur aus Furcht vor der Strafe Gottes erfüllte.

Aber wenn der evangelische Christ jetzt Gottes Willen tut, so glaubt er einerseits nicht, wie der Katholik, daß er durch sein Tun sich die Gnade Gottes verdiene, und andererseits glaubt er nicht, daß er ganz besondere Dinge tun müsse, um sich Gottes Wohlgefallen zu erwerben, sondern er tut, was in seinem Beruf und in seinem Stande seine Pflicht ist, und darin bewährt sich die rechte Frömmigkeit des Christen. Es gibt nämlich nicht ein zweifaches Christentum, wie der Katholik lehrt, eins für die gewöhnlichen und ein höheres für die vollkommenen Christen, sondern nur ein einziges Christentum für alle Menschen, welches beruht auf dem Glauben an die Gnade Gottes in Christus, durch welche der Mensch Vergebung der Sünden erlangt, und welches sich bewährt in der Erfüllung der Pflichten des Berufs, in welchen Gott den Menschen gestellt hat. Der Katholik dagegen lehrt, daß es zwar für den gewöhnlichen Christen genüge, wenn er die zehn Gebote Gottes und die fünf Gebote der Kirche[1]) erfülle, aber nicht für denjenigen Christen, welcher vollkommen fromm sein wolle; ein solcher müsse auch die drei evangelischen Ratschläge beobachten, nämlich: beständige Ehelosigkeit, vollkommene Armut und Gehorsam gegen einen geistlichen Oberen. Der evangelische Christ bestreitet die Richtigkeit dieser Behauptung; er bleibt bei dem, was Paulus sagt, daß der Mensch gerecht werde durch den Glauben, und bestreitet jedes Verdienst der guten Werke.

b. Aber wie kommt nun der Mensch zum Glauben[2])?

Unsere Kunde von der Offenbarung Gottes beruht zunächst auf der uns zuteil gewordenen mündlichen Predigt des Evangeliums, wie ja auch Jesus seinen Jüngern zunächst nur die mündliche Predigt des Evangeliums aufgetragen hatte. Aber wie schon die Propheten des A. T. nicht bloß mündlich gepredigt, sondern ihre Predigt auch in Schriften aufgezeichnet hatten, so haben auch die Apostel und ihre nächsten Schüler von Jesus Christus nicht bloß mündlich gepredigt, sondern ihre Predigt auch schriftlich aufgezeichnet, und diese Schriften bilden, zusammen mit den Schriften des Alten Bundes, die heilige Schrift.

Es war ja nun sehr gut, daß die Predigt der Propheten und der Apostel auch schriftlich aufgezeichnet worden ist, denn wenn auch die Kunde von der Offenbarung Gottes durch die bloße mündliche Predigt sich hätte erhalten können, so wäre dieselbe doch im Laufe der Jahrhunderte allmählich so umgestaltet worden, daß wir über ihren wirklichen Inhalt sehr ungewiß sein würden, da niemand entscheiden könnte, welches der wahre christliche Glaube sei.

[1]) Dieselben lauten also: 1. Du sollst die angesetzten Feiertage halten. 2. Du sollst alle Sonn- und Feiertage die heilige Messe mit Andacht hören. 3. Du sollst die gebotenen Fasttage und den Unterschied der Speisen halten. 4. Du sollst zum wenigsten einmal im Jahre deinem verordneten Priester deine Sünden beichten. 5. Du sollst das allerheiligste Sakrament des Altars wenigstens einmal im Jahre, um die österliche Zeit, empfangen.

[2]) Vgl. Nr. 134 und Heil. Gesch.[3] Nr. 15.

Aber nur in der evangelischen Kirche wird nun die Bedeutung der heiligen Schrift vollkommen gewürdigt.

Wenn nach unserer Meinung die Kunde von der den Menschen zuteil gewordenen Offenbarung Gottes rein und unverfälscht nur in der heiligen Schrift zu finden ist, so bemerkt der Katholik zunächst, die Bibel sei unvollständig ohne die Apokryphen (welche die evangelische Kirche der heiligen Schrift zwar „als gut und nützlich zu lesen" beizugeben gestattet, aber mit Recht ihr nicht völlig gleichstellt). Sodann fordert der Katholik, daß bei der Erforschung des Inhalts der heiligen Schrift nicht der hebräische und griechische Grundtext, sondern die kirchliche Übersetzung, die lateinische Vulgata, zugrunde gelegt werde, da sie (jedenfalls in allen für Glauben und Leben bedeutsamen Stellen) eine durchaus entsprechende und richtige Übersetzung sei (was wir natürlich bestreiten). Aber auch die Vulgata mit den Apokryphen genügt dem Katholiken noch nicht, seine Kirche lehrt und fordert so viel Dinge von ihm, die doch auch in ihrer Bibel nicht zu finden sind; wo sind dieselben zu finden? Nach der Lehre der Katholiken in der Tradition, der Überlieferung, welche als angeblich notwendige Ergänzung zur Bibel hinzukommen muß, wenn man das wahre und ganze Christentum haben will; die Apostel haben ja nicht alles aufgeschrieben, was sie gepredigt haben; ihre weitere Predigt ist aber von den Kirchenvätern aufgeschrieben worden. Von dieser Überlieferung muß man sich auch bei der Auslegung der heiligen Schrift leiten lassen, um den rechten Sinn derselben zu erfassen, nicht von der Wissenschaft und Frömmigkeit, die oft irreführen, was angeblich die Überlieferung nicht tut. Indes, wer bestimmt denn, was eigentlich Überlieferung von den Aposteln her ist? Es gibt ja auch falsche Überlieferungen! Das tut die Kirche, die (nach katholischer Lehre) unfehlbar ist; die Kirche aber spricht ihre Lehre aus durch die Konzilien (die Versammlungen der Bischöfe), und so sind die Konzilien unfehlbar. Da nun aber ein Konzil doch nicht immer versammelt ist, die Kirche ein unfehlbares Organ aber immer haben muß, so kommt die Unfehlbarkeit — nach der neusten Lehre — auch dem Papste zu; wer aber an einen unfehlbaren Papst glaubt, der kann eigentlich die Bibel entbehren. Bibel oder Papst — das ist also schließlich der Gegensatz in den Antworten der beiden Kirchen auf die Frage, worauf der Glaube des Christen beruhe.

Aber freilich darf man auch die Bibel nicht in unrichtiger Weise betrachten und auslegen. Die Bibel ist nicht ein Lehrbuch weltlicher Wissenschaft, sondern ein Religionsbuch; sie ist also nicht dazu da, um Fragen der Wissenschaft zu entscheiden, z. B. die Frage, ob sich die Sonne um die Erde dreht oder die Erde um die Sonne. Auch darf man, wenn man eine religiöse Frage nach der Bibel entscheiden will, nicht alle einzelnen Teile der Bibel als für den Christen gleichwertig betrachten; nicht das Alte, sondern das Neue Testament, als die Urkunde der vollkommenen Offenbarung, ist maßgebend für des Christen Glauben und Leben; das Alte Testament ist für den Christen nur so weit maßgebend, als es mit dem Neuen Testament übereinstimmt. Aber auch vom Neuen Testamente, wie von der ganzen Bibel, darf man nicht jedes einzelne Wort als maßgebend betrachten, sondern man muß jedes einzelne Bibelwort stets im Zusammenhange der ganzen Bibel betrachten; nur die ganze Bibel, vornehmlich die Predigt Jesu, ist maßgebend für des Christen Glauben und Leben.

c. Vergebung der Sünden auf Grund unseres Glaubens empfangen wir aber nicht bloß durch die Predigt des Wortes Gottes, sondern auch durch die Sakramente, d. h. heilige Handlungen, von Christus selbst eingesetzt, bei denen dem Menschen unter sichtbaren Zeichen die unsichtbaren Gnadengüter (Vergebung der Sünden, Leben und Seligkeit) gereicht werden. Solcher Handlungen kennt die evangelische Kirche nur zwei, Taufe und Abendmahl; die katholische Kirche zählt deren sieben, indem sie das ganze Leben des Menschen mit einem Kranze heiliger Handlungen umgibt. Der Neugeborene empfängt die Taufe; der Heranwachsende empfängt die Firmelung (unserer Konfirmation entsprechend — die von Christus jedoch nicht eingesetzt ist), die Absolution (bei der Ohrenbeichte, wo der Priester die Sünde vergibt und allein vergeben kann — uns vergibt Gott unsere Sünde, auch ohne Beichte vor dem Geistlichen) und das heilige Abendmahl; der Erwachsene empfängt entweder die Priesterweihe (wir Evangelischen betrachten uns nach der heiligen Schrift sämtlich als Priester) oder die Ehe (die wir nicht als Sakrament ansehen); der Sterbende empfängt die letzte Ölung (im N. T. angewandt zur Wiederherstellung des Kranken). So bleiben denn von diesen sieben heiligen Handlungen für den Evangelischen nur zwei als Sakramente übrig, Taufe und Abendmahl, und wenn in der Lehre von der Taufe beide Kirchen ziemlich übereinstimmen, so gehen sie um so weiter beim heiligen Abendmahl in Lehre und Brauch auseinander. Die Evangelischen haben sich zwar untereinander über diese schwierige Lehre nicht ganz verständigen können[1]), aber der katholischen Lehre und Übung gegenüber sind sie einig. Nach der letzteren wird beim heiligen Abendmahl durch des Priesters Wort Brot und Wein verwandelt in Leib und Blut Christi (transsubstantiatio — aber Paulus spricht nur von einer Gemeinschaft des Leibes und Blutes Christi), wobei, da in diesem Leibe auch schon Blut ist, dem Laien nach der katholischen Lehre der Kelch nicht gereicht zu werden braucht (aber Jesus hat ausdrücklich gesagt: Trinket alle daraus), und diesen Leib Christi empfängt man nicht bloß im heiligen Abendmahl, sondern der Priester bringt auch, wie oben gesagt, diesen Leib Christi stets aufs neue Gotte als ein (unblutiges) Opfer dar zur Vergebung der Sünden; das geschieht in der Messe; aber nach unserer Meinung braucht das Opfer Jesu nicht immer aufs neue vom Priester dargebracht, sondern nur immer aufs neue im Glauben angeeignet zu werden. Also auch hier wieder zwischen beiden Kirchen ein scharfer Gegensatz: Abendmahl oder Messe[2]).

d. So besteht denn ein entschiedener Gegensatz zwischen evangelischem und katholischem Christentum: Glaube oder Werke, Bibel oder Papst, Abendmahl oder Messe — dazwischen gibt es noch heute keine Vermittelung, und darauf beruhen die anderen Abweichungen zwischen evangelischem und katholischem Christentum, welche anderwärts dargelegt worden sind.

[1]) Vgl. Nr. 109 B a.
[2]) Vgl. Nr. 88.

7. (147). Die Augsburgische Konfession. Confessio Augustana [1]).

(Handbuch I, 70 und Handbuch III³, Nr. 97—99.)

1. Einleitung.

a. Als der Kaiser Karl V. erkannte, daß der von ihm im Jahre 1521 auf dem Reichstage zu Worms geächtete Ketzer Dr. Martin Luther so viele Anhänger gefunden habe, daß es nicht möglich sei, dieselben ohne weiteres zu unterdrücken, beschloß er, im Jahre 1530 einen neuen Reichstag zu halten, um die Einheit des Glaubens wiederherzustellen. Für diesen Reichstag, der im Jahre 1530 in Augsburg abgehalten wurde, wurde nun von Melanchthon eine Schrift verfaßt, welche — dem Wunsche des Kaisers entsprechend — darlegte, was die Anhänger Luthers glaubten und was sie verwürfen. Melanchthon stellte, um eine Wiedervereinigung beider Kirchen zu ermöglichen, die Sache so dar, daß die Evangelischen im wesentlichen mit den Katholiken übereinstimmten, und nur in der Verwerfung einiger erst in der späteren Zeit entstandenen Mißbräuche von ihnen abwichen. Trotz dieses vermittelnden Standpunkts wurde die von ihm vorgelegte Schrift von den Katholiken nicht anerkannt, und nun wurde sie erst das, was sie eigentlich nicht war, eine nur von den Evangelischen anerkannte Bekenntnisschrift *ihres* Glaubens.

b. Nachdem die Augsb. Konfession vorgelesen worden war, wurden die beiden Exemplare, aus welchen die Vorlesung erfolgt war, dem Kaiser übergeben. Derselbe behielt das lateinische Exemplar für sich, während er das deutsche dem Erzbischof von Mainz als dem Reichserzkanzler übergab, damit es dem Reichsarchiv zu Mainz einverleibt würde. Beide Exemplare sind heute nicht mehr vorhanden. Aber schon vor der Vorlesung waren von beiden Exemplaren Abschriften gemacht worden, welche wenigstens im ganzen übereinstimmen; auf Grund derselben wurde diese Schrift trotz des Verbotes des Kaisers schon im Jahre 1530 gedruckt; Melanchthon selber gab seine Schrift nebst der Apologie erst im Jahre 1531 heraus, zuerst in lateinischer, dann auch in deutscher Sprache.

c. Immer aufs neue hat Melanchthon die Augsb. Konfession in beiden Sprachen herausgegeben, und da er dabei von dem Streben geleitet wurde, seine Gedanken immer besser und deutlicher auszudrücken, so hat er unbedenklich an dieser Schrift gefeilt und geändert, wie es ihm gut schien, und daran hat zunächst niemand Anstoß genommen. Als nun vollends mit den mehr reformiert als lutherisch denkenden Süddeutschen die Wittenberger Concordia geschlossen worden war (1536) [2]), während die Trennung von den Katholiken, welche durch die ursprüngliche Augsb. Konfession verhindert

---

[1]) Der Text ist berichtigt nach der Ausgabe von *Tschackert*, 1901.
[2]) Vgl. Nr. 101 c.

werden sollte, für immer erfolgt schien (und auch wirklich erfolgt war), da hielt es Melanchthon für nötig, den ursprünglich vorhandenen Gegensatz gegen die reformierten Glaubensgenossen möglichst zu beseitigen, wie er früher den Gegensatz gegen die Katholiken gemildert hatte. Diese Umgestaltung der ursprünglichen Augsb. Konfession ist aber vornehmlich in der Ausgabe des Jahres 1540 erfolgt, und so sprach man später (aber nicht sofort nach dem Jahre 1540) von einer **Variata** (veränderte Konfession) im Gegensatze zur **Invariata** (ursprüngliche Ausgabe), und die strengen Lutheraner der späteren Zeit haben Melanchthon aus diesen Änderungen ein großes Verbrechen gemacht, namentlich auch deshalb, weil er im 10. Artikel, bei der Lehre vom Abendmahl, den Gegensatz gegen die Reformierten nicht mehr ausgedrückt hatte. Luther hat an diesen Änderungen keinen Anstoß genommen, und die Neuzeit erkennt an, daß Melanchthon das eigentliche Wesen des Glaubensbekenntnisses nicht verändert hat.

Noch heute gilt die Augsb. Konfession mit Recht als das wichtigste Glaubensbekenntnis der evangelischen Kirche.

2. Die Augsburgische Konfession.

Ps. 119, 46. Ich rede von deinen Zeugnissen vor Königen und schäme mich nicht.

A. Vorrede [1]).

Allerdurchleuchtigster, großmächtigster, unüberwindlichster Kaiser, allergnädigster Herr [2]). Als Eure Kaiserliche Majestät kurz vorschiener Zeit [3]) einen gemeinen Reichstag allhier gen Augsburg gnädiglichen ausgeschrieben, mit Anzeig und ernstem Begehr, von Sachen unsern und des christlichen Namens Erbfeind, den Türken, betreffend, und wie demselben mit beharrlicher Hilfe stattlichen widerstanden, auch, wie [4]) der Zwiespalten halben in dem heiligen Glauben und der christlichen Religion gehandelt möge werden, zu rathschlagen und Fleiß anzukehren, alle eines jeglichen Gutbedünken, Opinion und Meinung zwischen uns selbst in Lieb und Gütigkeit zu hören, zu ersehen und zu erwägen, und dieselben zu einer einigen christlichen Wahrheit zu bringen und zu vergleichen, alles, so zu beiden Theilen nicht recht ausgelegt oder gehandelt wäre, abzuthun, und durch uns alle ein einige und wahre Religion anzunehmen und zu halten, und wie wir alle unter **einem** Christo sind und streiten, also auch alle in **einer** Gemeinschaft, Kirchen und Einigkeit zu leben [5]), und wir [quumque

[1]) Verkürzt.

[2]) Lateinisch: Invictissime Imperator, Caesar Auguste, Domine clementissime.

[3]) D. h. in der kürzlich verschienenen, d. h. vergangenen Zeit.

[4]) Das hängt ab von dem nachfolgenden „zu rathschlagen und Fleiß anzukehren".

[5]) Diese Äußerungen der Evangelischen schließen sich an das Ausschreiben des Kaisers für den Reichstag an, in welchem es hieß:

„Förter [Ferner] wie der Irrung und Zwiespalt halben in dem heiligen Glauben und der christlichen Religion gehandelt und beschlossen werden möge und solle. Und damit solches desto besser und heilsamlicher geschehen möge, die

nos] [1]) die unten benannten Churfürst [2]) [Elector et Principes] und Fürsten sammt unsern Verwandten, gleich andern Churfürsten, Fürsten und Ständen dazu erfordert [worden sind] [3]), so haben wir uns darauf dermaßen erhaben [4]), daß wir sonder Ruhm mit den ersten hierher kommen [inter primos affuimus] [5]).

Und als denn auch [Quum igitur — also nicht zu schreiben: Und alsdenn auch] E. K. M. [6]) zu unterthänigster Folgthuung berührtes E. K. M. Ausschreibens und demselbigen gemäß, dieser Sachen halben, den Glauben berührend, an Churfürsten, Fürsten und Stände ingemein gnädiglichen, auch mit höchstem Fleiß und ernstlich begehrt, daß ein jeglicher, vermöge vorgemeldts E. K. M. Ausschreibens, sein Gutbedünken, Opinion und Meinung derselbigen Irrungen, Zwiespalten und Misbräuch halben u. s. w. zu Deutsch und Latein in Schrift stellen und überantworten sollte: darauf denn, nach genommenem Bedacht und gehaltenem Rath, E. K. M. [Dativ] an vergangener Mittwochen [22. Juni 1530] ist fürgetragen worden, als wollten wir auf unserm Theil das Unsere, vermöge E. K. M. Fürtrags, in Deutsch und Latein auf heut Freitag [24. Juni] übergeben [7]). Hierum und E. K. M. zu unterthänigstem Gehorsam überreichen und übergeben wir unser Pfarrherren, Prediger und ihrer Lehren, auch unseres Glaubens Bekenntnis, was und welchergestalt sie aus Grunde göttlicher heiliger Schrift in unsern Landen, Fürstenthumen, Herrschaften, Städten und Gebieten predigen, lehren, halten und Unterricht thun.

Und sind gegen E. K. M., unsern allergnädigsten Herrn, wir in aller Unterthänigkeit erbötig, so die anderen Churfürsten, Fürsten und Stände dergleichen gezwiefachte schriftliche Übergebung ihrer Meinung und Opinion in Latein und Deutsch jetzt auch thun werden, daß wir uns mit ihren Liebden und ihnen gern von bequemen gleichmäßigen Wegen unterreden, und [in Betracht] derselbigen, so viel der Gleichheit nach immer möglich [quantum honeste fieri potest], vereinigen wollen, damit unser beiderseits, als Parten, schriftlich Fürbringen und Gebrechen [Beschwerde] zwischen uns selbst in Lieb und Gütigkeit gehandelt, und dieselben Zwiespalten zu einer

---

Zwietrachten hinzulegen, Widerwillen zu lassen, vergangene Irrsal Christo unserm Seligmacher zu ergeben, und Fleiß anzukehren, alle eines jeglichen Gutbedünken, Opinion und Meynung zwischen uns selbsten in Liebe und Gütlichkeit zu hören, zu verstehen und zu erwegen, die zu einer einigen Christlichen Wahrheit zu bringen und zu vergleichen; alles, so zu beiden Theilen nicht recht ist ausgelegt oder gehandelt, abzuthun; durch uns alle eine einige und wahre Religion anzunehmen und zu halten; und wie wir alle unter einem Christo seyn und streiten, also alle in einer Gemeinschaft, Kirchen und Einigkeit zu leben."

[1]) Der Vordersatz geht (trotz des Absatzes in beiden Texten) noch weiter, wie der lateinische Text zeigt durch die Wiederaufnahme von quum.

[2]) Singularis; nur ein Kurfürst, der von Sachsen, gehörte zu den Unterzeichnern der A. K.

[3]) Bis hierher reicht der Vordersatz (trotz des im Grundtext befindlichen Absatzes bei: „Und wir", und trotz des „evocati sumus", wofür wohl „simus" zu lesen ist; vgl. Müller, Symb. Bücher, S. 830).

[4]) Diese alte Form ist noch in dem Adjektivum „erhaben" erhalten.

[5]) Schon am 2. Mai, während der Kaiser erst am 15. Juni eintraf.

[6]) Eure Kaiserliche Majestät — hier der Nominativ.

[7]) Die Vorlesung wurde aber auf den folgenden Tag (Sonnabend, den 25. Juni) verschoben.

einigen wahren Religion, wie wir alle unter einem Christo sind und streiten und Christum [unum Christum] bekennen sollen, alles nach laut [iuxta] oftgemeldts E. K. M. Ausschreibens und nach göttlicher Wahrheit, geführt möge werden; als wir denn auch Gott den Allmächtigen mit höchster Demuth anrufen und bitten wollen, seine göttliche Gnade dazu zu verleihen. Amen!

Wo aber bei unsern Herrn, Freunden und besonders[1]) den Churfürsten, Fürsten und Ständen des andern Theils die Handlung dermaßen, wie E. K. M. Ausschreiben vermag [sapienter duxit], „bequeme Handlung unter uns selbst in Lieb und Gütigkeit"[2]) [scilicet cum tali mutua praesentatione scriptorum ac sedata collatione — das wünschte das Kaiserliche Ausschreiben] nit verfahen [non processerit] noch ersprießlich sein wollt, als doch an uns in keinem, das mit Gott und Gewissen zu christlicher Einigkeit dienstlich sein kann oder mag, erwinden [fehlen] soll, wie E. K. M., auch gemeldte unsere Freunde, die Churfürsten, Fürsten, Stände und ein jeder Liebhaber christlicher Religion, dem diese Sachen fürkommen, aus nachfolgendem unserm und der Unsern Bekenntnissen [Singul.] gnädiglich, freundlich und genugsam werden zu vernehmen haben —[3])

so erbieten gegen E. K. M. wir uns hiermit in aller Unterthänigkeit und zum Überfluß, in berührtem Fall ferner auf ein solch gemein, frei, christlich Concilium, darauf [de quo congregando, d. h. welches zu versammeln] auf allen Reichstägen[4]), so [quae] E. K. M. bei ihrer Regierung [annis imperii Majestatis Vestrae] im Reich gehalten [hat], durch Churfürsten, Fürsten und Stände aus hohen und tapfern Bewegungen [Beweggründen] geschlossen [beschlossen worden ist], an welches auch zusammt E. K. M. wir uns von wegen dieser großwichtigsten Sachen [Singul.] in rechtlicher Weise und Form vorschiener Zeit [iam ante, d. h. schon früher] berufen und appellirt haben, der wir hiermit nachmals [adhuc][5]) anhängig bleiben und uns durch diese oder nachfolgende Handlung (es werden denn diese zwiespaltigen Sachen endlich in Lieb und Gütigkeit, laut E. K. M. Ausschreibens, gehört, erwogen, beigelegt und zu einer christlichen Einigkeit vergleichet) nicht zu begeben wissen, davon wir hiemit öffentlich bezeugen und protestiren.

Und seind das unsere und der Unsern Bekenntnis, wie unterschiedlichen von Artikeln zu Artikeln hernach folget.

---

[1]) Kolde: besondern, Tschackert: Besonderen, (beide mit folgendem Komma, das dann auch — mit Tschackert — hinter „Teils" zu setzen ist). „Besondere" ist ein Titel oder eine Anrede, die in der damaligen Zeit üblich ist, z. B.: „Ehrbare, Liebe, Besondere".

[2]) Worte des Kaiserlichen Ausschreibens.

[3]) Zu diesem langen Vordersatze folgt nun — nach Zwischenschiebung einer hier weggelassenen Begründung des folgenden Anerbietens, auf einem Konzil oder auf einem Reichstag über die Religionssache weiter zu verhandeln — im letzten Absatze der Vorrede der Nachsatz: „So erbieten . . ." Der lateinische Text faßt das Vorhergehende geschickt zusammen: In eventum ergo talem, quod in causa religionis dissensiones inter nos et partes amice et in caritate non fuerint compositae, d. h.: Für den Fall nun, daß in der Religionssache der Zwiespalt zwischen uns und den Gegnern nicht freundlich und in Liebe beigelegt würde.

[4]) Andere Beispiele dieser seltenen Form siehe bei Sanders s. v. Tag.

[5]) Nach Müller (Symb. Bücher, S. 829) und Tschackert (Augsb. Konf. 1901) zu lesen: „nochmals".

B. Artikel des Glaubens und der Lehre.[1])

I. Artikel 1. 2. (19 und 18.) 3. (21.)

Der alte Glaube der ganzen Christenheit[2]).

Also hat Gott die Welt geliebt, daß er seinen eingeborenen Sohn gab, auf daß alle, die an ihn glauben, nicht verloren werden, sondern das ewige Leben haben. Joh. 3, 16.

„Diese Artikel sind in keinem Zank noch Streit, weil wir zu beiden Theilen dieselbigen bekennen. Darum nicht vonnöthen jetzt davon weiter zu handeln." Schmalkald. Art. I.

Der 1. Artikel. Von Gott.

Erstlich wird einträchtiglich gelehret und gehalten, laut des Beschluß concilii Nicaeni[3]), daß ein einig göttlich Wesen sei, welches genannt wird und wahrhaftiglich ist Gott, und seind doch drei Personen in demselben einigen göttlichen Wesen, gleich gewaltig, gleich ewig, Gott Vater, Gott Sohn, Gott heiliger Geist, alle drei Ein göttlich Wesen, ewig, ohne Stück, ohne Ende, unermeßlicher Macht, Weisheit und Güte, ein Schöpfer und Erhalter aller sichtbaren und unsichtbaren Dinge. Und wird durch das Wort Persona verstanden nicht ein Stück, nicht eine Eigenschaft in einem andern, sondern das selbst bestehet, wie denn die Väter in dieser Sachen dies Wort gebraucht haben.

Derohalben werden verworfen alle Ketzereien, so diesem Artikel zuwider sind, als Manichäi, die zween Götter gesetzt haben, ein bösen und ein guten[4]), item [ebenso] Valentiniani[5]), Ariani, Eunomiani[6]), Mahometisten und alle dergleichen, auch[7]) Samosateni, alt und neu[8]), so nur eine Person setzen und von diesen zweien, Wort und heiligem Geist, Sophisterei machen und sagen, daß es nicht müssen unterschiedene Personen sein, sondern Wort bedeute leiblich Wort oder Stimme und der heilige Geist sei erschaffene Regung in Kreaturen[9]).

[1]) Die Gliederung in die Abschnitte I—V und die Überschriften derselben stammen, wie sich von selbst versteht, nicht von Melanchthon her, sondern sind im Interesse des Schülers vom Herausgeber dieses Buches gemacht. Wenn der Lehrer die Artikel in der ursprünglichen Ordnung lesen wollte, so wird er dieselbe leicht herausfinden. [2]) Der alte Glaube der ganzen Christenheit (Nr. 125—133) wird noch vollständiger, als hier, zusammengefaßt in folgender Weise: a. Der erste Artikel. b. Augsb. Konf. 2. (19 u. 18.) c. Der zweite Artikel; Augsb. Konf. 3. (21.) d. Der dritte Artikel. e. Augsb. Konf. 1. [3]) Das Folgende beruht aber mehr auf dem Athanasianischen als auf dem nicänischen Bekenntnis. [4]) Der Manichäismus war eine dualistische Mischreligion aus Parsismus und Christentum, gestiftet von Mani um 250 n. Chr. [5]) Eine Partei der sogen. Gnostiker, welche ein angeblich höheres Christentum in ihrer Erkenntnis (Gnosis) gegenüber dem einfachen Glauben besaßen. [6]) Die entschiedensten Anhänger des Arius. [7]) Älteste Ausgabe: auch die Juden und Samosateni; in Tschackerts Ausgabe ist dieser Zusatz nicht vorhanden. [8]) Anhänger des Bischofs Paulus von Samósata in Asien (um das Jahr 260) in der alten Zeit, und ihre Gesinnungsgenossen im 16. Jahrhundert (zunächst einige Zeitgenossen der Reformatoren, später namentlich die Socinianer). — [9]) Auf die abweichende Lehre der morgenländischen Kirche, welche den heiligen Geist nur vom Vater ausgehen läßt, nicht von Vater und Sohn, ist hier nicht hingewiesen.

Der 2. Artikel. Von der Erbsünde.

Weiter wird bei uns gelehret, daß nach Adam's Fall alle Menschen, so natürlich geboren werden, in Sünden empfangen und geboren werden, das ist, daß sie alle von Mutterleibe an voller böser Lust und Neigung sind, und keine wahre Gottesfurcht, keinen wahren Glauben an Gott von Natur haben können; daß auch dieselbige angeborene Seuche und Erbsünde wahrhaftiglich Sünde sei, und verdamme alle die unter ewigen Gottes Zorn, so nicht durch die Taufe und heiligen Geist wiederum neu geboren werden.

Hieneben werden verworfen die Pelagianer und andere, so die Erbsünde nicht für Sünde haben, damit sie die Natur fromm machen durch natürliche Kräfte, zu Schmach dem Leiden und Verdienst Christi.

Der 19. und 18. Artikel[1]).
Von Ursach der Sünde. Vom freien Willen.

19. Von Ursach der Sünde wird bei uns also gelehret, daß, wiewohl Gott der Allmächtige die ganze Natur geschaffen hat und erhält, so wirket doch der verkehrte Wille die Sünde in allen Bösen und Verächtern Gottes, wie denn des Teufels Wille ist und aller Gottlosen, welcher alsbald, so Gott die Hand abgethan[2]), sich von Gott zum Argen gewandt hat, wie Christus spricht Joh. 8, 44: Der Teufel redet Lügen aus seinem Eigenen.

18. Vom freien Willen wird also gelehret, daß der Mensch etlichermaßen einen freien Willen hat, äußerlich ehrbar zu leben und zu wählen unter den Dingen, so die Vernunft begreift; aber ohne Gnade, Hilfe und Wirkung des heiligen Geistes vermag der Mensch nicht, Gott gefällig zu werden, Gott herzlich zu fürchten, oder zu glauben, oder die angeborenen bösen Lüste aus dem Herzen zu werfen; sondern solches geschieht durch den heiligen Geist, welcher durch Gottes Wort gegeben wird. Denn Paulus spricht 1. Kor. 2, 14: Der natürliche Mensch vernimmt nichts vom Geiste Gottes[3]).

Der 3. Artikel. Von dem Sohne Gottes.

Item [Ebenso], es wird gelehret, daß Gott der Sohn sei Mensch worden, geboren aus der reinen Jungfrau Maria, und daß die zwo Naturen, göttliche und menschliche, in Einer Person also unzertrennlich vereinigt, Ein Christus sind, welcher wahrer Gott und wahrer Mensch ist, wahrhaftig geboren, gelitten, gekreuziget, gestorben und begraben, daß er

[1]) Diese beiden Artikel, dem erst in Augsburg von Melanchthon noch angefügten Anhang zur Augsb. Konf. angehörend (Art. 18–21), werden hier eingefügt, da sie Erläuterungen zum 2. Artikel enthalten.

[2]) Besser der lateinische Text: non adiuvante Deo, d. h. ohne Gottes Mitwirkung.

[3]) Die im gewöhnlichen lat. Text (nach der ersten gedruckten Ausgabe) enthaltene Abwehr der pelagianischen Ansichten hat im deutschen Texte keine Stelle gefunden, vermutlich deswegen, weil sie sich aus dem 2. Art. von selbst ergab. Die im deutschen Text noch angeführte Stelle aus einem angeblichen Werke Augustins (welches aber nicht Hypognostika, sondern Hypomnestika heißt) ist, als entbehrlich und nicht beweiskräftig, oben weggelassen worden.

ein Opfer wäre, nicht allein für die Erbsünde[1], sondern auch für alle anderen Sünden, und Gottes Zorn versühnete[2].

Item, daß derselbige Christus sei abgestiegen zur Hölle, wahrhaftig am dritten Tage von den Toten auferstanden, aufgefahren gen Himmel, sitzend zur Rechten Gottes, daß er ewig herrsche über alle Kreaturen und regiere, daß er alle, so an ihn glauben, durch den heiligen Geist heilige, reinige, stärke und tröste, ihnen auch Leben und allerlei Gaben und Güter austeile, und wider den Teufel und wider die Sünde schütze und beschirme.

Item, daß derselbige Herr Christus endlich wird öffentlich kommen, zu richten die Lebendigen und die Toten u. s. w. laut des Symboli apostolorum[3].

Der 21. Artikel. Vom Dienst der Heiligen[4].

Vom Heiligendienst wird von den Unsern also gelehret, daß man der Heiligen gedenken soll, auf daß wir unseren Glauben stärken, so wir sehen, wie ihnen Gnade widerfahren, auch wie ihnen durch Glauben geholfen ist; dazu, daß man Exempel nehme von ihren guten Werken, ein jeder nach seinem Beruf, gleichwie Kaiserl. Majestät seliglich und göttlich dem Exempel Davids folgen mag, Krieg wider den Türken zu führen; denn sie beide sind in königlichem Amt, welches Schutz und Schirm ihrer Unterthanen fordert. Durch Schrift aber mag man nicht beweisen, daß man die Heiligen anrufen oder Hilfe bei ihnen suchen soll. Denn es ist allein ein einiger Versühner und Mittler gesetzt zwischen Gott und den Menschen, Jesus Christus, 1. Tim. 2, 5, welcher ist der einige Heiland, der einige oberste Priester, Gnadenstuhl und Fürsprecher vor Gott, Röm. 8, 34. Und derselbe hat allein zugesagt, daß er unser Gebet erhören wolle. Das ist auch der höchste Gottesdienst nach der Schrift, daß man denselbigen Jesum Christum in allen Nöthen und Anliegen von Herzen suche und anrufe, 1. Joh. 2, 1: So jemand sündiget, haben wir einen Fürsprecher bei Gott, der gerecht ist, Jesum.

II. Artikel 4. 6. 20.[5])

Wie wird der Mensch vor Gott gerecht?

So halten wir nun dafür, daß der Mensch gerecht werde ohne des Gesetzes Werke allein durch den Glauben. Röm. 3, 28.

„Von diesem Artikel kann man nichts weichen oder nachgeben, es falle Himmel und Erden oder was nicht bleiben will." Schmalk. Art. II, 1.

---

[1]) Das ist zwar nicht katholische Kirchenlehre, aber (vgl. die Anmerk. von Kolde in seiner Ausgabe der Augustana zu Art. 3 und 24) es wurde doch damals und früher vielfach so gelehrt.

[2]) Und zwar so, daß eine Wiederholung seines Opfers in der Messe nicht nötig ist; vgl. Art. 24.

[3]) D. h.: laut des apostolischen Glaubensbekenntnisses.

[4]) Auch dieser hier eingefügte Artikel gehört dem erst in Augsburg angefügten Anhange der Konfession an; er weist mit Recht darauf hin, daß wir neben Christus keine anderen Mittler des Heils bedürfen.

[5]) Wenn sich die evangelische Kirche zunächst an den Glauben der alten Kirche anschloß (Art. 1—3), so hat sie doch denselben von den im Laufe der Zeit damit verbundenen Irrtümern befreit und nach der h. Schrift erneuert und weiterentwickelt: das zeigen die folgenden Artikel der Augsb. Konfession.

Der 4. Artikel. Von der Rechtfertigung.

Weiter wird gelehret, daß wir Vergebung der Sünden und Gerechtigkeit vor Gott nicht erlangen mögen durch unser Verdienst, Werke und Genugthun, sondern daß wir Vergebung der Sünden bekommen und vor Gott gerecht werden aus Gnaden um Christus willen durch den Glauben, so wir glauben, daß Christus für uns gelitten hat, und daß uns um seinetwillen die Sünde vergeben, Gerechtigkeit und ewiges Leben geschenkt wird. Denn diesen Glauben will Gott für Gerechtigkeit vor ihm halten und zurechnen, wie St. Paulus sagt zu den Römern am [im] dritten und vierten [Kapitel][1]).

Item docent, quod homines non possint iustificari coram Deo propriis viribus, meritis aut operibus, sed gratis iustificentur propter Christum per fidem, cum credunt se in gratiam recipi et peccata remitti propter Christum, qui sua morte pro nostris peccatis satisfecit. Hanc fidem imputat Deus pro iustitia coram ipso, Rom. 3 et 4.

Der 6. Artikel. Vom neuen Gehorsam.

Auch wird gelehret, daß solcher Glaube gute Früchte und gute Werke bringen soll, und daß man müsse gute Werke thun, allerlei, so Gott geboten hat, um Gottes willen, doch nicht, auf solche Werke zu vertrauen, dadurch Gnade vor Gott zu verdienen. Denn wir empfahen Vergebung der Sünde und Gerechtigkeit durch den Glauben an Christum, wie Christus selbst spricht Luk. 17: So ihr dies alles gethan habt, sollt ihr sprechen: Wir sind untüchtige Knechte.

Also lehren auch die Väter[2]). Denn Ambrosius spricht[3]): Also ist's beschlossen bei Gott, daß, wer an Christum glaubt, selig sei, und nicht durch Werke, sondern allein durch den Glauben, ohne Verdienst, Vergebung der Sünden habe.

Item docent, quod fides illa debeat bonos fructus parere, et quod oporteat bona opera mandata a Deo facere propter voluntatem Dei, non ut confidamus per ea opera iustificationem coram Deo mereri. Nam remissio peccatorum et iustificatio fide apprehenditur, sicut testatur et vox Christi: Cum feceritis haec omnia, dicite, servi inutiles sumus. Idem docent et veteres scriptores ecclesiastici. Ambrosius enim inquit: Hoc constitutum est a Deo, ut qui credit in Christum, salvus sit, sine opere, sola fide, gratis accipiens remissionem peccatorum.

---

[1]) Wie groß der Gegensatz in dieser Lehre zwischen beiden Kirchen ist, erkennen wir besonders deutlich, wenn wir die Aussagen der Apologie der Augsb. Konfession und des Tridentinischen Konzils hinsichtlich dieser Lehre vergleichen.

Apol. Conf.: Justificari significat non ex impio justum effici, sed justum pronuntiari.

Concil. Trident. sess. 6: Justificatio non est sola peccatorum remissio, sed et sanctificatio et renovatio interioris hominis. Si quis dixerit, sola fide impium justificari, ita ut intelligat, nihil aliud requiri, quod ad justificationis gratiam cooperetur — anathema sit.

[2]) Melanchthon urteilt hier, wie in der ganzen Schrift, über „die Väter" zu günstig.

[3]) Diese Stelle gehört nicht dem Ambrosius an, wie man damals meinte.

Der 20. Artikel. Vom Glauben und guten Werken[1].

Den Unsern wird mit Unwahrheit aufgelegt, daß sie gute Werke verbieten. Denn ihre Schriften von zehn Geboten und andere beweisen, daß sie von rechten christlichen Ständen und Werken guten nützlichen Bericht und Ermahnung gethan haben, davon man vor dieser Zeit wenig gelehret hat, sondern allermeist in allen Predigten auf kindische unnöthige Werke, als Rosenkränze, Heiligendienst, Mönchwerden, Wallfahrten, gesetzte Fasten, Feiern, Brüderschaften u. s. w. getrieben. Solche unnöthige Werke rühmet auch unser Widerpart nun nicht mehr so hoch als vor Zeiten; darzu haben sie auch gelernet nun vom Glauben zu reden, davon sie doch in Vorzeiten gar nichts gepredigt haben; lehren dennoch nun, daß wir nicht allein aus Werken vor Gott gerecht werden, sondern setzen den Glauben an Christum darzu und sprechen: Glauben und Werke machen uns gerecht vor Gott; welche Rede etwas mehr Trosts bringen mag, denn so man allein lehrt auf Werke zu vertrauen.

Dieweil nun die Lehre vom Glauben, die das Hauptstück ist im christlichen Wesen, so lange Zeit, wie man bekennen muß, nicht getrieben worden, sondern allein Werklehre an allen Orten gepredigt, ist davon durch die Unsern solcher Unterricht geschehen:

Erstlich, daß uns unsere Werke nicht mögen mit Gott versöhnen und Gnade erwerben, sondern solchs geschieht allein durch den Glauben, so man glaubt, daß uns um Christus willen die Sünden vergeben werden, welcher allein der Mittler ist, den Vater zu versöhnen (1. Tim. 2, 5). Wer nun vermeinet, solches durch Werke auszurichten und Gnade zu verdienen, der verachtet Christum und sucht einen eigenen Weg zu Gott wider das Evangelium.

Diese Lehre vom Glauben ist öffentlich und klar im Paulo an vielen Orten gehandelt, sonderlich zu den Ephes. 2, 8: Aus Gnaden seid ihr selig worden durch den Glauben, und dasselbige nicht aus euch, sondern es ist Gottes Gabe, nicht aus Werken, damit sich niemand rühme, u. s. w. Und daß hierin kein neuer Verstand eingeführet sei, kann man aus Augustino beweisen, der diese Sache fleißig handelt, und auch also lehret, daß wir durch den Glauben an Christum Gnade erlangen und vor Gott gerecht werden, und nicht durch Werke, wie sein ganzes Buch de spiritu et litera[2]) ausweiset.

Wiewohl nun diese Lehre bei unversuchten Leuten sehr verachtet wird, so befindet sich doch, daß sie den blöden und erschrockenen Gewissen sehr tröstlich und heilsam ist. Denn das Gewissen kann nicht zu Ruhe und Friede kommen durch Werke, sondern allein durch Glauben, so es bei sich

---

[1]) Dieser hier eingefügte Artikel gehört wiederum zu den vier erst in Augsburg als Anhang noch beigefügten Artikeln, welche die Protestanten gegen neuerdings vorgebrachte Anklagen (nämlich hier, daß sie die guten Werke gering schätzten, ja verböten) in Schutz nehmen sollten. — In den späteren Ausgaben der Augsb. Konfession ist dieser Artikel, in welchem der Kern der apostolischen Predigt besonders schön und treffend dargelegt ist, noch weiter ausgeführt worden. Der Lehrer findet denselben in dieser Gestalt z. B. in Krahners Gymnasial-Katechismus.

[2]) Vom Geist und vom Buchstaben.

gewißlich schleußt, daß es um Christus willen einen gnädigen Gott habe, wie auch Paulus spricht Röm. 5, 1: So wir durch den Glauben sind gerecht worden, haben wir Ruhe und Friede vor Gott.

Diesen Trost hat man vor Zeiten nicht getrieben in Predigten, sondern die armen Gewissen auf eigne Werke getrieben; und sind mancherlei Werke fürgenommen. Denn etliche hat das Gewissen in die Klöster gejagt, der Hoffnung, daselbst Gnade zu erwerben durch Klosterleben; etliche haben andere Werke erdacht, damit Gnade zu verdienen und für die Sünde gnug zu thun. Derselbigen viele haben erfahren, daß man dadurch nicht ist zu Frieden kommen[1]). Darum ist noth gewesen, diese Lehre vom Glauben an Christum zu predigen und fleißig zu treiben, daß man wisse, daß man allein durch den Glauben, ohne Verdienst, Gottes Gnade ergreifet.

Es geschieht auch Unterricht, daß man hie nicht von solchem Glauben redet, den auch die Teufel oder Gottlosen haben, die auch die Historien glauben, daß Christus gelitten habe und auferstanden sei von den Toten; sondern man redet vom wahren Glauben, der da glaubet, daß wir durch Christum Gnade und Vergebung der Sünde erlangen.

Und der nun weiß, daß er einen gnädigen Gott durch Christum hat, [der] kennet also Gott, rufet ihn an, und ist nicht ohne Gott wie die Heiden. Denn Teufel und Gottlose glauben diesen Artikel: Vergebung der Sünden, nicht; darum sind sie Gott feind, können ihn nicht anrufen, nichts Gutes von ihm hoffen. Und also, wie jetzt angezeigt ist, redet die Schrift vom Glauben, und heißet nicht Glauben ein solches Wissen, das Teufel und gottlose Menschen haben; denn also wird vom Glauben gelehret zu den Hebr. am 11., daß glauben sei nicht allein die Historien wissen, sondern Zuversicht haben zu Gott, seine Zusage zu empfahen. Und Augustinus erinnert uns auch, daß wir das Wort Glauben in der Schrift verstehen sollen, daß es heiße Zuversicht zu Gott, daß er uns gnädig sei, und heiße nicht allein solche Historien wissen, wie auch die Teufel wissen.

Ferner wird gelehret, daß gute Werke sollen und müssen geschehen, nicht daß man darauf vertraue, Gnade damit zu verdienen, sondern um Gottes willen und Gott zu Lob; der Glaube ergreift allzeit allein Gnade und Vergebung der Sünden. Und dieweil durch den Glauben der heilige Geist gegeben wird, so wird auch das Herz geschickt, gute Werke zu thun; denn zuvor, dieweil es ohne den heiligen Geist ist, so ist es zu schwach; dazu ist es ins Teufels Gewalt, der die arme menschliche Natur zu viel Sünden treibet, wie wir sehen an den Philosophen, welche sich unterstanden [conati, welche versucht haben], ehrlich und unsträflich zu leben, haben aber dennoch solches nicht ausgerichtet, sondern sind in viele große öffentliche Sünden gefallen. Also gehet es mit dem Menschen, so er außer rechtem Glauben ohne den heiligen Geist ist, und sich allein durch eigene menschliche Kräfte regieret.

Derhalb ist diese Lehre vom Glauben nicht zu schelten, daß sie gute Werke verbiete, sondern vielmehr zu rühmen, daß sie lehre gute Werke zu thun, und Hilfe anbiete, wie man zu guten Werken kommen möge. Denn außer dem Glauben und außerhalb Christo ist menschliche Natur und Ver-

[1]) Luthers eigenes Erlebnis.

mögen viel zu schwach, gute Werke zu thun, Gott anzurufen, Geduld zu haben im Leiden, den Nächsten zu lieben, befohlene Ämter fleißig auszurichten, gehorsam zu sein, böse Lust zu meiden. Solche hohe und rechte Werke mögen nicht geschehen ohn die Hilfe Christi, wie er selbst spricht Joh. 15, 5: Ohne mich könnt ihr nichts thun[1]).

Falso accusantur nostri, quod bona opera prohibeant. Nam scripta eorum, quae exstant de decem praeceptis et alia simili argumento testantur, quod utiliter docuerint de omnibus vitae generibus et officiis, quae genera vitae, quae opera in qualibet vocatione Deo placeant. De quibus rebus olim parum docebant concionatores; tantum puerilia et non necessaria opera urgebant, ut certas ferias, certa ieiunia, fraternitates, peregrinationes, cultus sanctorum, rosaria, monachatum et similia. Haec adversarii nostri admoniti nunc dediscunt nec perinde praedicant haec inutilia opera, ut olim. Incipiunt etiam fidei mentionem facere, de qua olim mirum erat silentium. Docent nos non tantum operibus iustificari, sed coniungunt fidem et opera, et dicunt nos fide et operibus iustificari. Quae doctrina tolerabilior est priore et plus afferre potest consolationis quam vetus ipsorum doctrina.

Cum igitur doctrina de fide, quam oportet in ecclesia praecipuam esse, tam diu iacuerit ignota, quemadmodum fateri omnes necesse est, de fidei iustitia altissimum silentium fuisse in concionibus, tantum doctrinam operum versatam esse in ecclesiis, nostri de fide sic admonuerunt ecclesias:

Principio, quod opera nostra non possint reconciliare Deum aut mereri remissionem peccatorum et gratiam, sed hanc tantum fide consequimur, credentes, quod propter Christum recipiamur in gratiam, qui solus positus est mediator et propitiatorium, per quem reconcilietur Pater. Itaque qui confidit operibus se mereri gratiam, is aspernatur Christi meritum et gratiam, et quaerit sine Christo humanis viribus viam ad Deum, cum Christus de se dixerit: Ego sum via, veritas et vita.

Haec doctrina de fide ubique in Paulo tractatur; Eph. 2: Gratia salvi facti estis per fidem, et hoc non ex vobis, Dei donum est, non ex operibus, ne quis glorietur.

Et ne quis cavilletur a nobis novam Pauli interpretationem excogitari, tota haec causa habet testimonia patrum. Nam Augustinus multis voluminibus defendit gratiam et iustitiam fidei contra merita operum. Et similia docet Ambrosius De vocatione gentium et alibi. Sic enim inquit De vocatione gentium: Vilesceret redemptio sanguinis Christi, nec misericordiae Dei humanorum operum

---

[1]) In dieser Lehre von der Rechtfertigung allein aus dem Glauben stimmen alle evangelischen Christen miteinander überein, und alle stimmen ein in die berühmte erste Frage und Antwort des Heidelberger Katechismus:

„Was ist dein einiger Trost im Leben und im Sterben?"

„Daß ich mit Leib und Seel', beides im Leben und im Sterben, nicht mein, sondern meines getreuen Heilands Jesu Christi eigen bin, der mit seinem teuren Blut für alle meine Sünden vollkommlich bezahlet und mich aus aller Gewalt des Teufels erlöset hat, und also bewahret, daß ohne den Willen meines Vaters im Himmel kein Haar von meinem Haupte fallen kann, ja, auch mir alles zu meiner Seligkeit dienen muß. Darum er mich auch durch seinen heiligen Geist des ewigen Lebens versichert, und ihm forthin zu leben von Herzen willig und bereit macht."

praerogativa succumberet, si iustificatio, quae fit per gratiam, meritis praecedentibus deberetur, ut non munus largientis, sed merces esset operantis.

Quamquam autem haec doctrina contemnitur ab imperitis, tamen experiuntur piae et pavidae conscientiae plurimum eam consolationis afferre, quia conscientiae non possunt reddi tranquillae per ulla opera, sed tantum fide, cum certo statuunt, quod propter Christum habeant placatum Deum, quemadmodum Paulus docet Rom. 5: Iustificati per fidem, pacem habemus apud Deum. Tota haec doctrina ad illud certamen perterrefactae conscientiae referenda est, nec sine illo certamine intelligi potest. Quare male iudicant de ea re homines imperiti et profani, qui christianam iustitiam nihil esse somniant nisi civilem et philosophicam iustitiam.

Olim vexabantur conscientiae doctrina operum, non audiebant ex evangelio consolationem. Quosdam conscientia expulit in desertum, in monasteria, sperantes ibi se gratiam merituros esse per vitam monasticam. Alii alia excogitaverunt opera ad promerendam gratiam et satisfaciendum pro peccatis. Ideo magnopere fuit opus hanc doctrinam de fide in Christum tradere et renovare, ne deesset consolatio pavidis conscientiis, sed scirent, fide in Christum apprehendi gratiam et remissionem peccatorum.

Admonentur etiam homines, quod hic nomen fidei non significat tantum historiae notitiam, qualis est in impiis et diabolo, sed significet fidem, quae credit non tantum historiam, sed etiam effectum historiae, videlicet hunc articulum, remissionem peccatorum, quod videlicet per Christum habeamus gratiam, iustitiam et remissionem peccatorum.

Iam qui scit se per Christum habere propitium Patrem, is vere novit Deum, scit se ei curae esse, invocat eum, denique non est sine Deo, sicut gentes. Nam diaboli et impii non possunt hunc articulum credere, remissionem peccatorum. Ideo Deum tamquam hostem oderunt, non invocant eum, nihil boni ab eo exspectant. Augustinus etiam de fidei nomine hoc modo admonet lectorem et docet in scripturis nomen fidei accipi non pro notitia, qualis est in impiis, sed pro fiducia, quae consolatur et erigit perterrefactas mentes.

Praeterea docent nostri, quod necesse sit bona opera facere, non ut confidamus per ea gratiam mereri, sed propter voluntatem Dei. Tantum fide apprehenditur remissio peccatorum ac gratia. Et quia per fidem accipitur Spiritus Sanctus, iam corda renovantur et induunt novos affectus, ut parere bona opera possint. Sic enim ait Ambrosius: Fides bonae voluntatis et iustae actionis genitrix est. Nam humanae vires sine Spiritu Sancto plenae sunt impiis affectibus et sunt imbecilliores, quam ut bona opera possint efficere coram Deo. Ad haec sunt in potestate diaboli, qui impellit homines ad varia peccata, ad impias opiniones, ad manifesta scelera; quemadmodum est videre in philosophis, qui et ipsi conati honeste vivere, tamen id non potuerunt efficere, sed contaminati sunt multis manifestis sceleribus. Talis est imbecillitas hominis, cum est sine fide et Spiritu Sancto et tantum humanis viribus se gubernat.

Hinc facile apparet, hanc doctrinam non esse accusandam, quod bona opera prohibeat, sed multo magis laudandam, quod ostendit, quomodo bona opera facere possimus. Nam sine fide nullo modo potest humana natura primi aut secundi praecepti opera facere. Sine fide non invocat Deum, nihil a Deo exspectat, non tolerat crucem, sed quaerit humana praesidia, confidit humanis praesidiis. Ita regnant in corde omnes cupiditates et humana consilia, cum abest fides et fiducia erga Deum. Quare et Christus dixit: Sine me nihil potestis facere, Iohan. 15. Et ecclesia canit:

Sine tuo numine
Nihil est in homine,
Nihil est innoxium [1]).

III. Artikel 5. 9. 10. (22. 24.) 12. 11. (25.) 13.

Wie kommt der Mensch zum Glauben?

„Solchen Glauben zu erlangen, hat Gott das Predigtamt eingesetzt, Evangelium und Sakramente gegeben." Augsb. Konf. 5.

Der 5. Artikel. Vom Predigtamt.

Solchen Glauben zu erlangen, hat Gott das Predigtamt eingesetzt, Evangelium und Sakramente [2]) gegeben, dadurch er als durch Mittel den heiligen Geist gibt, welcher den Glauben wirket, wo und wenn er will, in denen, so das Evangelium hören, welches lehret, daß wir durch Christus' Verdienst, nicht durch unser Verdienst, einen gnädigen Gott haben, so wir solches glauben.

Und werden verdammt die Wiedertäufer und andere, so lehren, daß wir ohne das leibliche Wort des Evangelii den heiligen Geist durch eigene Bereitung, Gedanken und Werke erlangen.

Der 9. Artikel. Von der Taufe.

Von der Taufe wird gelehret, daß sie nöthig sei, und daß dadurch Gnade angeboten werde; daß man auch die Kinder taufen soll, welche durch solche Taufe Gott überantwortet und gefällig werden.

Derhalben werden die Wiedertäufer verworfen, welche da lehren, daß die Kindertaufe nicht recht sei.

Der 10. Artikel. Vom heiligen Abendmahl.

Vom Abendmahl des Herrn wird also gelehret, daß wahrer Leib und Blut Christi wahrhaftiglich unter der Gestalt des Brotes und Weines im Abendmahl gegenwärtig sei und allda ausgetheilt und genommen werde.

Derhalben wird auch die Gegenlehre verworfen.

De coena domini docent, quod corpus et sanguis Christi vere adsint et distribuantur vescentibus in coena Domini; et improbant secus docentes [3]).

---

[1]) Eine Strophe des Pfingstliedes Veni Sancte Spiritus et emitte. Dasselbe ist eine Dichtung des Königs Robert von Frankreich (998—1031), des Sohnes von Hugo Capet. Es gehört zu den fünf lateinischen Liedern, welche in der Messe Aufnahme gefunden haben. In das evangelische Gesangbuch ist dies Lied nicht aufgenommen worden.

[2]) Wie der lateinische Text zeigt, ist das im deutschen Texte stehende Wort „Sakrament" als Pluralis anzusehen.

[3]) Viel größer, als es nach dem Wortlaut der Augsb. Konfession auf den ersten Blick scheinen könnte, ist die Verschiedenheit der beiden Kirchen in der Lehre vom h. Abendmahl (Art. 10). Die Confutatio Pontificia konnte sagen: Decimus articulus in verbis nihil offendit, quia fatentur, in Eucharistia, post consecrationem

Der 22. Artikel. Von beider Gestalt des Sakraments[1]).

Den Laien wird bei uns beide Gestalt des Sakraments gereicht, aus dieser Ursache, daß dies ist ein klarer Befehl und Gebot Christi, Matth. 26: „Trinket alle daraus!“ Da gebeut Christus mit klaren Worten von dem Kelch, daß sie alle daraus trinken sollen.

legitime factam, corpus et sanguinem Christi substantialiter et vere adesse. Doch das war nicht richtig.

a. Die nach dem Glauben der Katholiken beim heiligen Abendmahl durch des Priesters Wort bewirkte Verwandlung von Brot und Wein in Leib und Blut Christi, die Transsubstantiation, war im Jahre 1530 für die Evangelischen nicht mehr ein Gegenstand des Glaubens. Wenn Melanchthon auf diesen großen Unterschied zwischen beiden Kirchen hier nicht hinweist, so hängt das damit zusammen, daß die Augsb. Konfession ursprünglich das gemeinsame Bekenntnis der beiden Kirchen sein sollte, so daß also die Verschiedenheit der Lehre über das h. Abendmahl nicht als Grund zur kirchlichen Spaltung angesehen werden sollte. Dieser Standpunkt war aber weder damals noch heute aufrechtzuerhalten; wurde doch die viel geringere Abweichung der Schweizer Reformatoren von den Lutheranern Jahrhunderte lang als Grund der kirchlichen Trennung angesehen!

b. Wenn die Augsb. Konfession von diesem Gegensatz in der Lehre vom h. Abendmahl schweigt, so rügt sie es dagegen als einen Mißbrauch der katholischen Kirche bei der Feier des h. Abendmahls (den die griechische Kirche nicht kennt), daß nur der das h. Abendmahl zelebrierende Priester (nicht die Laien, ja, nicht einmal die das h. Abendmahl bloß genießenden Priester) gegen das ausdrückliche Gebot Christi („Trinket alle daraus“) Brot und Wein genießt, während die Abendmahlsgäste nur das Brot erhalten (Art. 22).

c. Dagegen tritt nun die Augsb. Konfession ausdrücklich der reformierten Abendmahlslehre entgegen, wenn sie sagt (Art. 10): „Derhalben wird auch die Gegenlehre verworfen.“

Auf dem im Jahre 1529 zwischen den Wittenbergern und den Schweizern abgehaltenen Religionsgespräch zu Marburg war festgestellt worden, daß beide Parteien einig seien in der Verwerfung der katholischen Lehre vom h. Abendmahl, aber nicht in der positiven Lehre vom h. Abendmahl. Wie nun Luther um dieser Abweichung willen in der Abendmahlslehre sich im Jahre 1529 weigerte, die Reformierten als Glaubensbrüder anzuerkennen, so erklärte im Jahre 1530 Melanchthon in der Augsb. Konfession (Art. 10) ausdrücklich, daß die (reformierte) Gegenlehre verworfen werde. Als nun aber durch die Wittenberger Konkordie im Jahre 1536 bestimmt wurde, daß, wiewohl beide Teile sich über die Lehre vom h. Abendmahl nicht ganz verglichen hätten, doch Gott hoffentlich seine Gnade geben werde, daß der Streit aufhöre — da konnte sich Melanchthon für berechtigt halten, bei einer im Jahre 1540 erfolgten Neubearbeitung der Augsb. Konfession (welche die strengen Lutheraner später als Confessio variata, d. h. Veränderte Konfession, bezeichnet haben) den 10. Art. so abzuändern, daß er den Schlußsatz (von der Verwerfung der Reformierten) wegließ und den Artikel so faßte:

Vom Abendmahl des Herrn wird also gelehrt, daß mit Brot und Wein den beim Abendmahl Essenden Leib und Blut Christi wahrhaft dargereicht werde. De coena domini docent, quod cum pane et vino vere exhibeantur corpus et sanguis Christi vescentibus in coena domini.

Wegen dieser Änderung ist Melanchthon später aufs heftigste angegriffen worden, obwohl sie doch den lutherischen Glauben nicht verleugnet, denn die Reformierten lehren: Nicht den Essenden, sondern nur den Glaubenden werden Leib und Blut Christi mitgeteilt; die Ungläubigen empfangen nur Brot und Wein. Die Neuzeit hat (äußerlich namentlich durch die im Jahre 1817 begründete Union) anerkannt, daß eine Abweichung in der Lehre vom h. Abendmahl kein genügender Grund zur Trennung der in den Hauptlehren übereinstimmenden lutherischen und reformierten Kirche sei.

[1]) Verkürzt.

Und damit niemand diese Worte anfechten oder glossieren [mißdeuten] könne, als gehöre es den Priestern allein zu, so zeiget Paulus 1. Kor. 11, 26 an, daß die ganze Versammlung der Korinther-Kirche beide Gestalten gebraucht hat. Und dieser Brauch ist lange Zeit in der Kirche blieben, wie man durch die Historien und der Väter Schriften beweisen kann [1]. Nun ist's öffentlich, daß solche Gewohnheit, wider Gottes Gebot, auch wider die alten Kanones eingeführt, unrecht ist. Derhalben hat sich nicht gebühret, derjenigen Gewissen, so das heilige Sakrament nach Christus' Einsetzung zu gebrauchen begehrt haben, zu beschweren, und zu zwingen, wider unsres Herrn Christi Ordnung zu handeln.

Der 24. Artikel. Von der Messe [2].

... Dabei [d. h. außer anderen Irrtümern] ist auch der gräuliche Irrtum gestraft [3], daß man gelehret hat, unser Herr Christus habe durch seinen Tod allein für die Erbsünde genuggethan und die Messe eingesetzt zu einem Opfer für die anderen Sünden, und also die Messe zu einem Opfer gemacht für die Lebendigen und Toten, dadurch Sünden wegzunehmen und Gott zu versöhnen. Darum ist erstlich Unterricht geschehen, daß kein Opfer für Erbsünde und andere Sünde sei, denn der einige Tod Christi; zum anderen, daß wir vor Gott Gnade erlangen durch Glauben und nicht durch Werke; zum dritten, so ist das heilige Sakrament eingesetzt, daß unser Glaube dadurch erweckt und die Gewissen getröstet werden, welche durch das Sakrament erinnert werden, daß ihnen Gnade und Vergebung der Sünden von Christo zugesagt ist; derhalben fordert dies Sakrament Glauben und wird ohne Glauben vergeblich gebraucht [4].

[1] „Und solcher Brauch wird auch heutiges Tages gehalten in der griechischen Kirche; so ist er auch in der römischen Kirche gewesen, wie die Väter zeugen. Nun dringen sie darauf, daß es christlich und recht sei, beiderlei Gestalt zu verbieten. Ich halte wohl, es sei die größte und vornehmste Ursache, warum sie das heutiges Tages so festhalten, damit der Pfaffenstand heiliger scheine gegen den Laienstand." Apol. der Konf. 22 (10). Das wird bestritten von Loofs, Symbolik I, § 56, 4, Anm. 8, und von Drews, Theol. Encykl.[3] Bd. 12, S. 721—722: Der Kelch ist den Laien nicht von der Kirche entzogen worden, sondern die Laien haben im Mittelalter — aus verschiedenen Gründen — allmählich auf denselben verzichtet; das Konzil von Konstanz hat im Jahre 1415 eine bereits bestehende Sitte für rechtmäßig erklärt (gegen Wiclif und Huß); ganz durchgeführt wurde die Kelchentziehung erst durch Papst Benediktus XIV. (1740—1758.)

[2] Verkürzt.

[3] Vgl. Anm. 1 zu Art. 3.

[4] Gegen die Messe wendet sich bekanntlich besonders scharf auch der Heidelberger Katechismus (Frage 80): „Die Messe ist also im Grunde nichts anderes, denn eine Verleugnung des einigen Opfers und Leidens Jesu Christi und eine vermaledeite Abgötterei."

Aber nicht weniger scharf auch Luther in den Schmalk. Art. II, 2: „Die Messe im Papsttum muß der größte und schrecklichste Greuel sein, und ist über und für allen anderen päpstlichen Abgöttereien die höchste und schönste gewesen."

Auf diesen schweren Vorwurf erwidert das Trident. Konzil (Sess. 22, cap. 2): „Durch dieses unblutige Opfer [in der Messe] empfangen wir aufs reichlichste die Früchte des blutigen Opfers [Christi am Kreuze], so daß also durch die Messe die Ehre Christi durchaus nicht geschmälert [sondern eher erhöht] wird." — Aber dadurch wird doch, wie wir glauben, die Messe nicht gerechtfertigt.

Artikel 12. 11. 25. 13.
„Wer empfängt denn solch Sakrament würdiglich[1])?"

Der 12. Artikel. Von der Buße.

Von der Buße wird gelehret, daß die, so nach der Taufe gesündigt haben, zu aller Zeit, so sie zur Buße kommen, mögen Vergebung der Sünden erlangen, und ihnen die Absolution von der Kirche nicht soll geweigert werden. Nun ist wahre rechte Buße eigentlich nichts anderes denn[2]) Reue und Leid oder Schrecken haben über die Sünde, und doch daneben glauben an das Evangelium und Absolution, daß die Sünde vergeben und durch Christum Gnade erworben sei, welcher Glaube das Herz wiederum tröstet und zufrieden macht. Danach soll auch Besserung folgen, und daß man von Sünden lasse; denn dies sollen die Früchte der Buße sein, wie Johannes spricht Matth. 3, 8: Wirket rechtschaffene Früchte der Buße.

Hie werden verworfen die, so lehren, daß diejenigen, so einst sind fromm worden, nicht wieder fallen mögen[3]).

Es werden auch verdammet die Novatiani, welche die Absolution denen, so nach der Taufe gesündigt hatten, weigerten[4]).

Auch werden die verworfen, so nicht lehren, daß man durch den Glauben Vergebung der Sünden erlange, sondern durch unser Genugthun[5]).

Der 11. Artikel. Von der Beichte.

Von der Beichte wird also gelehret, daß man in der Kirche privatam absolutionem [die Einzellossprechung] erhalten und nicht fallen lassen soll, wiewohl in der Beichte nicht noth ist, alle Missethaten und Sünden zu erzählen, dieweil doch solches nicht möglich ist; Psalm 19, 13: Wer kennet die Missethat?

Der 25. Artikel. Von der Beichte[6]).

Die Beichte ist durch die Prediger dies Theils nicht abgethan. Denn diese Gewohnheit wird bei uns gehalten, das Sakrament nicht zu reichen

---

[1]) Wer aber das h. Abendmahl zum Segen empfangen will, der muß Reue und Glauben haben; seine Reue über die Sünde spricht der Sünder aber aus in der Beichte. So folgen nunmehr die Artikel 12 (Buße = Reue), 11 (Beichte) und 13 (Rechter Brauch im Glauben) nacheinander. Da der 11. Art. sein richtiges Verständnis aus Art. 12 gewinnt, so ist derselbe hier (wie Melanchthon später selber getan hat) vor den 11. Art. gestellt worden.

[2]) Müller, Symb. Bücher, S. 829 und auch Tschackert fügen diese drei Wörter [nichts anderes denn] dem gewöhnlichen Texte bei.

[3]) Das wurde von manchen Wiedertäufern behauptet, die ja darauf ausgingen, eine wirkliche Gemeinde der Heiligen herzustellen.

[4]) Um das Jahr 250 entstand in Rom eine Spaltung über die Frage, ob man die in der Verfolgung abgefallenen Christen wieder in die Kirche aufnehmen dürfe. Dem römischen Bischof Cornelius, welcher dies für recht hielt, trat eine strengere Partei unter Novatianus entgegen, welche den Abgefallenen die Wiederaufnahme verweigerte. Diese Partei glaubte (mit der älteren Kirche), daß die Taufe dem Menschen zwar Vergebung der früheren, aber nicht der späteren Sünden zusichere; daher kam es ja auch, daß die alten Christen sich gern erst auf dem Totenbette taufen ließen, damit die Taufe alle ihre Sünden wegnehme.

[5]) Hier bekämpft Melanchthon die Katholiken; vgl. Anm. 2 auf der folg. Seite.

[6]) Verkürzt.

denen, so nicht zuvor verhört und absolviert sind. Dabei wird das Volk fleißig unterrichtet, wie tröstlich das Wort der Absolution sei, wie hoch und theuer die Absolution zu achten; denn es sei nicht des gegenwärtigen Menschen Stimme oder Wort, sondern Gottes Wort, der da die Sünde vergibt. Denn sie wird an Gottes Statt und aus Gottes Befehl gesprochen [1]).

Von diesen nöthigen Stücken haben in Vorzeiten die Prediger, so von der Beichte viel lehreten, nicht ein Wörtlein gerühret, sondern allein die Gewissen mit langer Erzählung der Sünden, mit Genugthun, mit Ablaß, mit Wallfahrten und dergleichen gemartert. Und viele unserer Widersacher bekennen selbst, daß dieses Theils [von den Unsern] von rechter christlicher Buße [Beichte] schicklicher denn zuvor in langer Zeit geschrieben und gehandelt sei [2]).

[1]) Vgl. hierzu, was Luther in seinem Katechismus (Großer Kat., Von der Taufe, und Kleiner Kat., Anhang) von der Buße, d. h. Beichte, sagt:

„Und hier siehst du, daß die Taufe mit ihrer Kraft und Deutung begreift auch das [von ihm damals noch als solches angesehene] dritte Sakrament, welches man genannt hat die Buße [d. h. Beichte], als die eigentlich nichts anders ist, denn die Taufe, nämlich ein Wiedergang und Zutreten zur Taufe, daß man das wiederholt und treibt, so man zuvor angefangen und doch davon gelassen hat."

„Was ist aber die Beichte?"

„Die Beichte begreift zwei Stücke in sich: eins, daß man die Sünden bekenne; das andere, daß man die Absolution oder Vergebung vom Beichtiger empfahe als von Gott selbst, und ja nicht daran zweifle, sondern fest glaube, die Sünden seien dadurch vergeben vor Gott im Himmel."

[2]) In der Forderung der Reue und des Glaubens als Bedingungen der Vergebung der Sünden stimmen alle Christen überein; aber der Katholik behauptet, daß Reue und Glauben noch nicht genügen, um Vergebung der Sünden zu erlangen, sondern daß es dazu auch der Beichte und der Genugtuung bedürfe. Der Katholik nämlich lehrt (mit der alten Kirche), daß die früheren Sünden zwar durch die Taufe ohne weiteres getilgt würden, aber nicht die späteren; zur Tilgung derselben gebe es ein besonderes Sakrament, das Sakrament der Buße oder der Absolution. Wer nämlich nach der Taufe gesündigt hat, für den genügt es nicht, daß er Reue und Glauben hat, um Vergebung der Sünden zu erlangen, sondern er braucht dazu drei Dinge: Reue, Beichte und Genugtuung (contritio cordis, confessio oris und satisfactio operis). Dieser (auf dem Konzil von Florenz, 1439, anerkannten) Lehre der Scholastiker tritt die Augsb. Konfession entgegen.

Zwar Reue und Glauben halten auch wir für notwendig, um Vergebung der Sünden zu erlangen, aber nicht die Beichte und die Genugtuung.

Der Katholik nämlich betrachtet als weitere Bedingung für die Erlangung der Vergebung der Sünden die Beichte, in welcher man dem Priester „alle Missetaten und Sünden erzählen" muß, um von denselben losgesprochen zu werden (Art. 11 und 25). Die Augsb. Konfession verwirft diese Forderung der Beichte, und besonders der Ohrenbeichte, als einer Bedingung der Vergebung der Sünden. Aber die Augsb. Konfession verwirft nicht die Beichte überhaupt, sondern sie meint, daß man in der Kirche privatam absolutionem (d. h. Beichte und Zusicherung der Vergebung durch den Geistlichen an jeden einzelnen Christen) erhalten und nicht fallen lassen soll (Art. 11), allerdings nicht als ein göttliches Gebot, ohne dessen Befolgung der Mensch keine Vergebung der Sünden erhalten könne, sondern als eine heilsame menschliche Ordnung.

Vergebung der Sünden wird zwar dem Christen auch schon in der für alle Menschen geltenden Predigt verkündigt, und wer an die Predigt von der Gnade Gottes glaubt, der empfängt darum auch in der Predigt Vergebung der Sünden. Da nun aber die Predigt auch jedem einzelnen Menschen gilt, so darf auch

Der 13. Artikel. Vom Gebrauch der Sakramente[1]).

Vom Brauch der Sakramente wird gelehret, daß die Sakramente eingesetzt sind nicht allein darum, daß sie Zeichen seien, dabei man äußerlich die Christen kennen möge, sondern daß es [sie] Zeichen und Zeugnis seien göttlichen Willens gegen uns, unsern Glauben dadurch zu erwecken und zu stärken, derhalben sie auch Glauben fordern, und dann recht gebraucht werden, so man sie im Glauben empfähet und den Glauben dadurch stärket.

IV. Artikel 7 u. 8. 14. (28.) 15. 16. (23. 26. 27.)

Kirche und Staat.

Der 7. und 8. Artikel. Von der Kirche[2]).

7. Es wird auch gelehret, daß alle Zeit müsse eine heilige christliche Kirche sein und bleiben, welche ist die Versammlung aller Gläubigen, bei

---

jedem einzelnen Menschen das Wort von der Gnade Gottes besonders zugerufen werden, und das geschieht in der Absolution bei der Beichte. Als nun aber gewissenhafte evangelische Geistliche bedenklich wurden, jedem Beichtenden, weil sie ihm doch nicht ins Herz sehen könnten, die Absolution zuzusprechen, da wurde aus der in der älteren Zeit üblichen Privatbeichte die allgemeine Beichte und aus der Privatabsolution die allgemeine Absolution; nur in kleineren Gemeinden ist als Rest der früher üblichen Privatbeichte und Privatabsolution nach der allgemeinen Beichte, die jetzt überall allein üblich ist, noch die Privatabsolution erhalten geblieben (privata absolutio, wie es in Art. 11 heißt), obwohl man doch gerade an dieser, nicht an der Privatbeichte, Anstoß genommen hatte. Natürlich kann auch die heute meist übliche allgemeine Absolution zur bloßen Form werden, von welcher der Mensch keinen Nutzen, sondern Schaden hat; aber gegen den Mißbrauch gibt es eben bei keiner Sache einen ausreichenden Schutz.

Wenn nun die Augsb. Konfession schon die Beichte wenigstens nicht für notwendig erklärt, so verwirft sie vollends die andere Forderung der katholischen Kirche, daß derjenige, welcher Vergebung der Sünden erhalten wolle, nicht bloß Reue und Beichte, sondern auch Genugtuung durch gute Werke brauche. Nach unserer Meinung erlangt der Mensch „durch Glauben Vergebung der Sünden, nicht durch sein Genugtun" (Art. 12).

Wenn nämlich der Katholik reuig beichtet, so erhält er zwar vom Priester die Vergebung zugesprochen, aber nur die Vergebung der Sündenschuld und der ewigen Strafe; dagegen muß er noch die zeitlichen Strafen der Sünde auf sich nehmen. Das ist nur insofern richtig, als allerdings auch der bußfertige Mensch die ihm von Gott auferlegten zeitlichen Strafen für die Sünden erdulden muß. Aber dem Katholiken werden von seinem Priester, wenn er beichtet, zeitliche Strafen für seine Sünden auferlegt, indem ihm der Priester gewisse Leistungen auferlegt, durch welche er Gott für seine Sünden genugtun soll (Fasten, Beten, Wallfahren usw.). Wer diese Werke nicht tut, muß im Fegfeuer seine Sünden abbüßen. Aber die Kirche gewährte doch auch wieder Befreiung von den geforderten Werken der Genugtuung und Errettung aus dem Fegfeuer durch den Ablaß, den sie den Gläubigen gewährte (und noch heute gewährt) auf Grund der guten Werke, welche die Heiligen im Überfluß vollbracht haben. Den Ablaß aber verschaffte man sich für Geld, und so wurde man für Geld befreit von der Pflicht der Genugtuung und erlöst aus der Pein des Fegfeuers. Diese Lehre und Übung der katholischen Kirche hat bekanntlich Luther im Jahre 1517 zum Beginn seines Reformationswerkes veranlaßt.

[1]) Zu den Sakramenten rechnete Melanchthon damals auch noch die „Buße".

[2]) Der 7. Artikel müßte die Überschrift haben: Von der beständigen Dauer der Kirche; Melanchthon will sagen: es hat allezeit eine rechte Kirche gegeben.

welchen das Evangelium rein gepredigt und die heiligen Sakramente laut des Evangelii gereicht werden.

Denn dieses ist genug zu wahrer Einigkeit der christlichen Kirche [1], daß da einträchtiglich nach reinem Verstand das Evangelium gepredigt und die Sakramente dem göttlichen Worte gemäß gereicht werden. Und ist nicht noth zu wahrer Einigkeit der christlichen Kirche, daß allenthalben gleichförmige Ceremonien, von Menschen eingesetzt, gehalten werden [2], wie Paulus spricht Ephes. 4, 4—5: Ein Leib, Ein Geist, wie ihr berufen seid zu einerlei Hoffnung eures Berufs, Ein Herr, Ein Glaube, Eine Taufe.

8. Item, wiewohl die christliche Kirche eigentlich nichts anderes ist, denn die Versammlung aller Gläubigen und Heiligen, jedoch dieweil in diesem Leben viel falscher Christen und Heuchler, auch öffentliche Sünder unter den Frommen bleiben, [so] sind die Sakramente gleichwohl kräftig, obschon die Priester, dadurch sie gereicht werden, nicht fromm sind, wie denn Christus selbst anzeigt Matth. 23, 2: Auf dem Stuhl Mosis sitzen die Schriftgelehrten und Pharisäer; alles nun, was sie euch sagen, das ihr halten sollt, das haltet und thut's!

Derhalben werden die Donatisten und alle andern verdammt, so anders halten [3].

Der 14. (28.) und 15. (23.) Artikel.

Von kirchlichen Ordnungen [4].

14. Vom Kirchenregiment wird gelehret, daß niemand in der Kirche ohne ordentlichen Beruf öffentlich lehren oder predigen oder Sakramente reichen soll [5].

15. Von Kirchenordnungen, von Menschen gemacht [6], lehret

[1]) Daß das im deutschen Grundtext hier und im folgenden Satze stehende Wort „Kirchen" als Singularis anzusehen ist, zeigt der lateinische Text.

[2]) Vgl. den alten Spruch: In necessariis unitas, in non necessariis libertas, in utrisque caritas.

[3]) Eine Partei in Afrika, im 4. Jahrhundert entstanden, welche behauptete, daß die Sakramente nur dann wirksam seien, wenn sie von frommen Priestern verwaltet würden, und welche eine von Sündern freie Kirche herstellen wollte.

[4]) Melanchthons Überschriften: „Vom Kirchen-Regiment" und „Von Kirchenordnungen", entsprechen nicht ganz dem Inhalt dieser Artikel, namentlich ist unter „Kirchen-Regiment" nicht das zu verstehen, was wir darunter verstehen, die Regierung der Kirche, sondern entsprechend dem Sprachgebrauch des Mittelalters (rector = Pfarrer) die seelsorgerische Leitung der Gemeinde durch die Predigt und die Sakramente, wie ja auch der Art. 14 nur von diesen Dingen spricht. Vgl. Mejer, Rechtsleben der evangelischen Landeskirchen (1889) II, 7.

[5]) Dafür zu sorgen, daß in der Kirche gepredigt und die Sakramente dargereicht werden, ist, wie Art. 28 zeigt, die Aufgabe der kirchlichen Vorgesetzten, also damals der Bischöfe. „Dieweil nun die Gewalt der Bischöfe ewige Güter gibt, und allein durch das Predigtamt geübt und getrieben wird, so hindert sie die Polizei und das weltliche Regiment nichts überall. Denn das weltliche Regiment gehet mit viel anderen Sachen um, denn das Evangelium; welche Gewalt schützt nicht die Seelen, sondern Leib und Gut wider äußerliche Gewalt mit dem Schwert und leiblichen Pönen [Strafen]. Darum soll man die zwei Regimente, das geistliche und weltliche, nicht ineinander mengen und werfen" — wie das im Mittelalter geschehen ist und von der katholischen Kirche noch heute für recht gehalten wird.

[6]) Um Gottesdienst und Verfassung der Kirche zu gestalten und zu regeln.

man diejenigen halten, so ohne Sünde mögen gehalten werden[1], und zu Frieden und guter Ordnung in der Kirche dienen, als gewisse Feiern, Feste und dergleichen. Doch geschieht Unterricht dabei, daß man die Gewissen nicht damit beschweren soll, als sei solch Ding nöthig zur Seligkeit[2].

Darüber [Etiam] wird gelehret, daß alle Satzungen und Traditionen, von Menschen dazu gemacht, daß man dadurch Gott versöhne und Gnade verdiene, dem Evangelio und der Lehre vom Glauben an Christum entgegen sind. Derhalben sind Klostergelübde und andere Traditionen von Unterschied der Speise, Tage u. s. w., dadurch man vermeint Gnade zu verdienen und für Sünde genugzuthun, untüchtig und wider das Evangelium.

Der 16. Artikel. Von weltlichem Regiment und Stand[3].

Vgl. Art. 26 und 27 und Luthers „Beschluß der zehn Gebote" im Großen Katechismus.

Von Polizei und weltlichem Regiment wird gelehret, daß alle Obrigkeit in der Welt und geordnete Regimente und Gesetze gute Ordnung, von Gott geschaffen und eingesetzt, sind, und daß Christen mögen in Obrigkeit-, Fürsten- und Richteramt ohne Sünde sein, nach kaiserlichen und andern üblichen Rechten Urtheil und Recht sprechen, Übelthäter mit dem Schwerte strafen, rechte Kriege führen, streiten, kaufen und verkaufen, aufgelegte Eide thun, Eigenes haben, ehelich sein u. s. w.

Hie werden verdammt die Wiedertäufer, so lehren, daß der obangezeigten keins christlich sei.

Auch werden diejenigen verdammt, so lehren, daß christliche Vollkommenheit sei, Haus und Hof, Weib und Kind leiblich verlassen und sich der vorberührten Stücke äußern [entäußern], so doch das allein rechte Vollkommenheit ist: rechte Furcht Gottes und rechter Glaube an Gott; denn das Evangelium lehret nicht ein äußerlich, zeitlich, sondern innerlich, ewig Wesen und Gerechtigkeit des Herzens, und stößt weltlich Regiment, Polizei

---

[1]) Art. 23 bestreitet das hinsichtlich des vom Priester geforderten Gelübdes der Ehelosigkeit.

[2]) Darum können solche Ordnungen auch an verschiedenen Orten und zu verschiedenen Zeiten verschieden sein, und jedenfalls sind sie nicht als göttliche Gesetze, sondern als menschliche Ordnungen anzusehen. Der 28. Artikel weist namentlich auch auf die Bedeutung des Sonntags hin. „Die es dafür achten, daß die Ordnung vom Sonntag für [statt] den Sabbath als nötig aufgerichtet sei, die irren sehr. Denn die heilige Schrift hat den Sabbath abgetan, und lehret, daß alle Ceremonien des alten Gesetzes nach Eröffnung des Evangelions mögen nachgelassen werden und dennoch [Tschackert: demnach], weil vonnöten gewest ist, einen gewissen Tag zu verordnen, auf daß das Volk wüßte, wann es zusammenkommen sollte, hat die christliche Kirche den Sonntag dazu verordnet, und zu dieser Veränderung desto mehr Gefallens und Willens gehabt, damit die Leute ein Exempel hätten der christlichen Freiheit, daß man wüßte, daß weder die Haltung des Sabbaths noch eines anderen Tages vonnöten sei." Darum soll man auch nicht „stellen Form und Maß, wiefern man am Feiertag arbeiten mag; was sind solche Disputationes anders, denn Fallstricke der Gewissen?" Diesen freien Standpunkt des Christen haben diejenigen Evangelischen in England und in Amerika wieder aufgegeben, welche die Sonntagsfeier wieder nach dem Sabbathgesetz geordnet sehen wollen.

[3]) Melanchthon: Von Polizei und weltlichem Regiment.

und Ehestand nicht um, sondern will, daß man solches alles halte als wahrhaftige Gottesordnung und in solchen Ständen christliche Liebe und rechte gute Werke, ein jeder nach seinem Beruf, beweise. Derhalben sind die Christen schuldig, der Obrigkeit unterthan und ihren Geboten und Gesetzen gehorsam zu sein in allem, so ohne Sünde geschehen mag. Denn so der Obrigkeit Gebot ohne Sünde nicht geschehen mag, soll man Gott mehr gehorsam sein, denn den Menschen; Apostelgesch. 5, 29[1]).

Der 26. Artikel. Vom Unterschied der Speise[2]).

In Vorzeiten hat man also gelehret, gepredigt und geschrieben, daß Unterschied der Speise und dergleichen Traditionen, von Menschen eingesetzt, dazu dienen, daß man dadurch Gnade verdiene und für die Sünden genugthue. Aus diesem Grund hat man täglich neue Fasten, neue Ceremonien, neue Orden und dergleichen erdacht, und auf solches heftig und hart ge-

[1]) Wenn es auch die Hauptaufgabe des Christen ist, an die Gnade Gottes in Christus zu glauben und durch den heiligen Geist geheiligt zu werden, so steht doch der Christ durch Gottes Ordnung auch in einem natürlichen Leben, welches ebenfalls eine berechtigte Ordnung ist; auch der Christ gehört der Familie und dem Staate an. Die Augsb. Konfession tritt nun zuerst dem Irrtum der Wiedertäufer entgegen, daß das Christentum die Teilnahme am weltlichen Leben verbiete, weshalb z. B. noch heute die Mennoniten Eid und Kriegsdienst für nicht erlaubt halten. Sodann tritt sie entgegen dem Irrtum der Katholiken, welche zwar das Leben in der Ehe und in der Welt nicht für sündlich halten, aber es doch für einen höheren Standpunkt der Frömmigkeit halten, auf die Ehe zu verzichten und aus der Welt sich zurückzuziehen.

In der katholischen Kirche hält man nämlich, wie die Augsb. Konfession mit Recht tadelt (Art. 26), „für ein weltlich, ungeistlich Wesen diejenigen Werke, so jeder nach seinem Beruf zu tun schuldig ist, als daß der Hausvater arbeitet Weib und Kind zu ernähren und zu Gottesfurcht aufzuziehen, die Hausmutter Kinder gebiert und ihrer wartet, ein Fürst und Obrigkeit Land und Leute regiert, usw. Solche Werke, von Gott geboten, mußten ein weltlich und unvollkommen Wesen sein; aber die Traditiones [Armut, Ehelosigkeit und Klosterleben] mußten den prächtigen Namen haben, daß sie allein heilige, vollkommene Werke hießen."

„Und wenn nun" (so heißt es in der Apologie Art. 15) „die Leute also durch so großen und prächtigen Schein der [selbsterdachten] Heiligkeit betrogen werden, so folget denn unzählig Fahr und Unrat daraus, nämlich daß Christi Erkenntnis und das Evangelium vergessen wird, und daß man alles Vertrauen auf solche Werke jetzet. Und ist über den Irrtum noch der Jammer dabei, daß, wenn die Leute in dem Wahn sein [sind], daß solche Satzungen nötig seien zur Seligkeit, die Gewissen ohne Unterlaß in Unruhe und Qual sein, daß sie ihre Orden, ihre Möncherei, ihre aufgelegte Werke, nicht so gestrenge gehalten haben."

Diesem Irrtum gegenüber weist die Augsb. Konfession (Art. 16) mit Recht darauf hin, daß der Christ gerade seine Frömmigkeit zeige durch seine Teilnahme an den göttlichen Ordnungen des weltlichen Lebens, in welche Gott jeden Menschen hineinstellt. Staat und Ehe sind göttliche Ordnungen des menschlichen Lebens — das ist eine Erkenntnis, die wir der Reformation verdanken. Darum soll sich der Christ nicht aus der Welt zurückziehen, sondern in der Welt seine Frömmigkeit bewähren; das Einsiedlerleben und die Ehelosigkeit sind nicht als eine höhere Stufe der Frömmigkeit zu betrachten.

Auch ist der Staat, da er eine selbständige göttliche Ordnung ist, dem Papste nicht untertan, sondern Staat und Kirche stehen nebeneinander als gleich selbständige und voneinander unabhängige Ordnungen Gottes, deren jede eine besondere Aufgabe zu lösen hat.

[2]) Verkürzt. — Lateinisch: De discrimine ciborum.

trieben, als seien solche Dinge nöthige Gottesdienste, dadurch man Gnade verdiene, so man's halte, und große Sünde geschehe, so man's nicht halte. Daraus sind viel schädlicher Irrthümer in der Kirchen gefolget.

Erstlich ist dadurch die Gnade Christi und die Lehre vom Glauben verdunkelt, welche uns das Evangelium mit großem Ernst fürhält, und treibt hart darauf, daß man das Verdienst Christi hoch und theuer achte, und wisse, daß gläuben an Christum hoch und weit über alle Werke zu setzen sei. Solche Lehre ist schier ganz verloschen dadurch, daß man hat gelehret Gnade zu verdienen mit gesetzten Fasten, Unterschied der Speise, Kleidern u. s. w.

Zum andern haben auch solche Traditiones Gottes Gebot verdunkelt, denn man setzte diese Traditiones weit über Gottes Gebote. Dies hielt man allein für christlich Leben: wer die Feier also hielt, also betete, also fastete, also gekleidet war; das nannte man geistlich, christlich Leben[1]). Daneben hielt man andere nöthige gute Werke für ein weltlich, ungeistlich Wesen, nämlich diese, so jeder nach seinem Beruf zu thun schuldig ist, als daß der Hausvater arbeitet, Weib und Kind zu ernähren und zu Gottesfurcht aufzuziehen, die Hausmutter Kinder gebiert und ihrer wartet, ein Fürst und Obrigkeit Land und Leute regiert u. s. w. Solche Werke, von Gott geboten, mußten ein weltlich und unvollkommen Wesen sein, aber die Traditiones mußten den prächtigen Namen haben, daß sie allein heilige, vollkommene Werke hießen. Derhalben war kein Maß noch Ende, solche Traditiones zu machen.

Zum dritten sind solche Traditiones zu hoher Beschwerung der Gewissen gerathen. Denn es war nicht möglich, alle Traditiones zu halten, und waren doch die Leute der Meinung, als wäre solches ein nöthiger Gottesdienst, und Gerson schreibet[2]), daß viele hiermit in Verzweiflung gefallen, etliche sich auch selbst umbracht haben, darum, daß sie keinen Trost von der Gnade Christi gehöret haben.

Darum haben die Unsern nicht aus Frevel oder Verachtung geistliches Gewalts von diesen Sachen gelehret, sondern es hat die hohe Noth gefordert, von obangezeigten Irrthumen Unterricht zu thun, welche aus Mißverstand der Tradition gewachsen sein. Denn das Evangelium zwinget, daß man die Lehre vom Glauben solle und müsse in Kirchen treiben, welche doch nicht mag verstanden werden, so man vermeint, durch eigene erwählte Werke Gnade zu verdienen.

Und ist davon also gelehret, daß man durch Haltung gedachter menschlicher Traditionen nicht kann Gnade verdienen oder Gott versühnen oder für die Sünde genugthun. Und soll derhalben kein nöthiger Gottesdienst daraus gemacht werden.

Daß man aber den Unsern hie Schuld gibt, als verbieten sie Kasteiung und Zucht, wie Jovinianus[3]), wird sich viel anders aus ihren Schriften befinden.

---

[1]) Substantivum, wie der lat. Text zeigt: aber bei Tschackert: leben.

[2]) Kanzler der Universität Paris, † 1429, berühmt als eifriger Vertreter der Rechte der Konzilien gegenüber dem Papste.

[3]) Ein römischer Mönch des 4. Jahrhunderts, der bereits die Werkheiligkeit bekämpfte — aber schwerlich „Kasteiung und Zucht".

Denn sie haben allezeit gelehret vom heiligen Kreuz, daß Christen zu leiden schuldig sind, und dieses ist rechte, ernstliche und nicht erdichtete Kasteiung.

Daneben wird auch gelehret, daß ein jeglicher schuldig ist, sich mit leiblicher Übung, als Fasten und andrer Arbeit, also zu halten, daß er nicht Ursach zu Sünden gebe, nicht damit Gnade zu verdienen, sondern den Leib geschickt zu halten, daß er nicht verhindere, was einem jeglichen nach seinem Beruf zu schaffen befohlen ist. Und wird also nicht das Fasten verworfen, sondern daß man ein nöthigen Dienst daraus auf bestimmte Tage und Speise zu Verwirrung der Gewissen gemacht hat [1]).

Der 27. Artikel. Von Klostergelübden [2]).

Von den Klostergelübden hat man eine solche Meinung, daß sie der Taufe gleich wären, und daß man mit dem Klosterleben Vergebung der Sünden und Rechtfertigung für Gott verdienet. Ja, sie setzten noch mehr dazu, daß man mit dem Klosterleben verdienet nicht allein Gerechtigkeit vor Gott und Frommkeit, sondern auch, daß man damit hielte die Gebote und Räthe, im Evangelio verfaßt, und wurden also die Klostergelübde höher gepreiset denn die Taufe.

Item [Ebenso], daß man mehr verdiente mit dem Klosterleben denn mit allen andern Ständen, so von Gott geordnet sind, als Pfarrherr-, Predigerstand, Obrigkeit-, Fürsten-, Herrenstand und dergleichen, die alle nach Gottes Gebot, Wort und Befehl in ihrem Beruf ohne erdichtete Geistlichkeit dienen, wie denn dieser Stücke keines mag verneint werden, denn man findet's in ihren eigenen Büchern.

Das alles wird darum angezogen, ohne alle Verunglimpfung, damit man je desto baß vernehmen und verstehen möge, was und wie die Unsern predigen und lehren.

Erstlich lehren sie bei uns von denen, die zur Ehe greifen, also, daß alle die, so zum ledigen Stand nicht geschickt sind, Macht, Fug und Recht haben, sich zu verehelichen. Denn das Gelübde soll in möglichen Sachen, willig und ungezwungen sein. Wie aber die ewige Keuschheit in des Menschen Gewalt und Vermögen stehe, weiß man wohl.

Und die Unsern wenden noch mehr Ursachen für, daß Klostergelübde nichtig und unbündig sind. Denn aller Gottesdienst, von den Menschen ohne Gottes Gebot und Befehl eingesetzt und erwählet, Gerechtigkeit und Gottes Gnade zu erlangen, sei wider Gott und dem heiligen Evangelio und Gottes Befehl entgegen. Derhalben auch die, so durch Gelübde wollen rechtfertig werden, sind von Christo ab und fehlen der Gnade Gottes. Denn dieselben rauben Christo seine Ehre, der allein gerecht macht, und geben solche Ehre ihren Gelübden und Klosterleben.

Ja, die Mönche haben noch wohl ungeschicktere und ungereimtere Dinge erdichtet und gesagt, daß sie ihre guten Werke den andern mittheilten.

Über das alles haben sie auch die Leute des überredet, daß die er-

[1]) Vgl Luthers Wort: „Fasten und leiblich sich bereiten ist wohl eine feine äußerliche Zucht".

[2]) Verkürzt.

dichteten geistlichen Orden Stände sind christlicher Vollkommenheit[1]). Die christliche Vollkommenheit ist, daß man Gott von Herzen und mit Ernst fürchtet, und doch auch eine herzliche Zuversicht, Glauben und Vertrauen fasset, daß wir um Christus willen einen gnädigen, barmherzigen Gott haben, daß wir mögen und sollen von Gott bitten und begehren, was uns noth ist, und Hilfe von ihm in allen Trübsalen gewißlich nach eines jeden Beruf und Stand gewarten, daß wir indes sollen mit Fleiß äußerlich gute Werke thun und unsers Berufs warten. Darin stehet die rechte Vollkommenheit und der rechte Gottesdienst, nicht im Betteln oder in einer schwarzen oder grauen Kappe.

So viel gottloser Meinung und Irrthum kleben in den Klostergelübden: daß sie sollen rechtfertigen und fromm für Gott machen, daß sie die christliche Vollkommenheit sein sollen, daß man damit beide, des Evangelions Räthe und Gebote, halte, daß sie haben die Übermaßwerke [opera supererogationis], die man Gott nicht schuldig sei. Dieweil denn solches alles falsch, eitel und erdichtet ist, so macht es auch die Klostergelübde nichtig und unbündig [unverbindlich][2]).

[1]) Vgl. über diese Frage Loofs, Symbolik I, § 52, 4.

[2]) Mit der Augsb. Konfession stimmt in der Verwerfung des Mönchtums als einer höheren Frömmigkeit vollständig überein Luther in seiner Erklärung zu dem „Beschluß der zehn Gebote" im Großen Katechismus.

„So haben wir nun die zehn Gebote, einen Ausbund [was man als Muster für den Käufer herausbindet: das Beste] göttlicher Lehre, was wir tun sollen, daß unser ganzes Leben Gott gefalle, und den rechten Born und Röhre, aus und in welchen quellen und gehen müssen alles, was gute Werke sein sollen, also daß außer den zehn Geboten kein Werk noch Wesen gut und Gott gefällig kann sein, es sei so groß und köstlich vor der Welt, wie es wolle. Laß nun sehen, was unsere großen Heiligen rühmen können von ihren geistlichen Orden und großen, schweren Werken, die sie erdacht und aufgeworfen haben, und diese [die zehn Gebote] fahren lassen, gerade als wären diese viel zu gering oder allbereit längst ausgerichtet.

Ich meine ja, man sollte hier alle Hände voll zu schaffen haben, daß man diese hielte, Sanftmut, Geduld und Liebe gegen Feinde, Keuschheit, Wohltat usw., und was solche Stücke mit sich bringen. Aber solche Werke gelten und scheinen nicht vor der Welt Augen, denn sie sind nicht seltsam [sonderlich] und aufgeblasen, an sonderliche eigene Zeit, Stätte, Weise und Geberde geheftet, sondern gemeine tägliche Hauswerke, so ein Nachbar gegen den andern treiben kann; darum haben sie kein Ansehen ... Daß [aber] ein Pfaffe in einer güldenen Kasel [Priestergewand] steht oder ein Laie den ganzen Tag in der Kirche auf den Knieen liegt, das heißt ein köstlich Werk, das niemand genug loben kann. Aber daß ein armes Mägdlein eines jungen Kindes wartet und treulich tut, was ihr befohlen ist, das muß nichts heißen; was sollten sonst Mönche und Nonnen in ihren Klöstern suchen?

Siehe aber, ist es nicht eine verfluchte Vermessenheit der verzweifelten Heiligen, so da sich unterstehen, höher und besser Leben und Stände zu finden, denn die zehn Gebote lehren; geben vor, es sei ein schlecht Leben [eine hinreichende Frömmigkeit] für den gemeinen Mann, ihres aber sei für die Heiligen und Vollkommenen, und die elenden blinden Leute sehen nicht, daß es kein Mensch so weit bringen kann, daß er eins von den zehn Geboten halte, wie es zu halten ist, sondern noch beides, der Glaube und das Vaterunser, zu Hilfe kommen muß, dadurch man solches suche und bitte und ohne Unterlaß empfange. Darum ist ihr Rühmen gerade so viel, als wenn ich rühmte und sagte: „„Ich habe zwar nicht einen Groschen zu bezahlen, aber zehn Gulden traue ich wohl zu bezahlen.""

Das rede und treibe ich darum, daß man doch des leidigen Mißbrauchs, der so tief eingewurzelt hat und noch jedermann anhängt, loswerde, und sich gewöhne, in allen Ständen auf Erden allein hierher [auf die zehn Gebote] zu sehen und

V. Artikel 17.

Die Hoffnung des Christen.

Der 17. Artikel. Von der Wiederkunft Christi zum Gericht.

Auch wird gelehret, daß unser Herr Jesus Christus am jüngsten Tage kommen wird zu richten, und alle Toten auferwecken, den Gläubigen und Auserwählten ewiges Leben und ewige Freude geben, die gottlosen Menschen aber und die Teufel in die Hölle und ewige Strafe verdammen.

Derhalben werden die Wiedertäufer verworfen, so lehren, daß die Teufel und verdammte Menschen nicht ewige Pein und Qual haben werden.

Item, hie werden verworfen etliche jüdische Lehren, die sich auch itzund eräugen [1]), daß vor der Auferstehung der Toten eitel Heilige, Fromme ein weltlich Reich haben und alle Gottlosen vertilgen werden [2]).

---

sich damit zu bekümmern [um ihre Erfüllung]. Denn man wird noch lange keine Lehre noch Stände aufbringen, die den zehn Geboten gleich sind, weil sie so hoch sind, daß sie niemand durch Menschenkraft erlangen kann, und wer sie erlangt, ist ein himmlisch, englisch Mensch, weit über alle Heiligkeit der Welt. Nimm sie nur vor und versuche dich wohl, lege alle Kraft und Macht daran, so wirst du wohl so viel zu schaffen gewinnen, daß du keine andere Werke oder Heiligkeit suchen noch achten wirst."

Vgl. auch im Großen Katechismus die Erklärung des 4. Gebots: „Sollte nicht ein Herz springen und von Freude zerfließen, wenn es zur Arbeit ginge und täte, was ihm befohlen wäre, daß es könnte sagen: Siehe, das ist besser, denn aller Karthäuser Heiligkeit, ob sie sich gleich zu Tode fasten und ohne Unterlaß auf den Knieen beten. Denn hier hast du einen gewissen Text und göttlich Zeugnis, daß er dies geheißen hat, aber von jenem [ist] kein Wort befohlen. Aber das ist der Jammer und [die] leidige Blindheit der Welt, daß solches niemand glaubt; so hat uns der Teufel bezaubert mit falscher Heiligkeit und Schein eigener Werke."

[1]) Die Variata bezeichnet als die Vertreter dieser „jetzigen" Meinung ausdrücklich die Wiedertäufer. — Aus dem richtigen Worte „eräugen" [von „Auge" abstammend] ist später „ereignen" geworden.

[2]) Mit der Predigt von dem vollkommenen Gottesreich im Himmel schließt, wie das apostolische Glaubensbekenntnis, so auch die ursprüngliche Augsb. Konfession. In diesem Punkte stimmen ja nun alle christlichen Parteien im ganzen überein, aber auch hier fehlt es im einzelnen nicht an Differenzen.

Eine Abweichung von der katholischen Lehre ist zwar nicht hier, aber schon in Art. 12 angedeutet, wenn es daselbst heißt: „Auch werden die verworfen, so nicht lehren, daß man durch Glauben Vergebung der Sünde erlange, sondern durch unser Genugtun." Das war nämlich die Lehre der Katholiken, und diese Lehre hatte zur Folge, daß der Katholik auch aus dem von ihm geglaubten Fegfeuer durch eigene gute Werke oder durch Leistungen der Kirche (Messe, Ablaß, Seligsprechung des Papstes) erlöst zu werden hoffte. Aus diesem Grunde verwarfen die Evangelischen die Lehre vom Fegfeuer; auch für den Verstorbenen kann es nach ihrer Meinung keine andere Rettung geben, als durch den Glauben an die Gnade Gottes; überdies ist ja die Lehre vom Fegfeuer aus der heiligen Schrift nicht zu begründen.

Ebenso verwarfen die Evangelischen die Behauptung der Wiedertäufer, daß alle Menschen dereinst selig werden sollen, da auch diese Behauptung aus der heiligen Schrift nicht zu erweisen sei.

Endlich verwarfen die Evangelischen auch die damals ebenfalls von den Wiedertäufern erneuerte, wie sie meinten, jüdische Lehre von einem vor

C. Anhang (Art. 18—21), zweiter Teil (Art. 22—28) und Schluß der Augsb. Konfession.

a. Die vier letzten Lehrartikel der Augsb. Konfession (18—21), welche derselben, wie schon oben bemerkt, von Melanchthon nachträglich noch beigefügt worden sind, sind schon oben an geeigneter Stelle eingefügt worden. Es sind folgende Artikel:

18. Vom freien Willen. Vgl. Art. 2.
19. Von Ursach der Sünden. Vgl. Art. 2.
20. Vom Glauben und guten Werken. Vgl. Art. 6.
21. Vom Dienst der Heiligen. Vgl. Art. 3.

Nachdem die Augsb. Konfession den Inhalt des evangelischen Glaubens in 21 Artikeln dargelegt hat, schließt sie diese Darlegung mit den folgenden Worten:

Dies ist fast [etwa] die Summa der Lehre, welche in unsern Kirchen zu rechtem christlichen Unterricht und Trost der Gewissen, auch zu Besserung der Gläubigen gepredigt und gelehret ist; wie wir denn unsere eigene Seelen und Gewissen je nicht gerne wollten vor Gott mit Misbrauch göttliches Namens oder Worts in die höchste und größte Fahr setzen, oder auf unsere Kinder und Nachkommen eine andere Lehre, denn so [welche] dem reinen göttlichen Wort und christlicher Wahrheit gemäß, fällen oder erben. So denn dieselbige in heiliger Schrift klar gegründet und darzu gemeiner christlicher, ja auch römischer Kirchen, so viel aus der Väter Schriften zu vermerken, nicht zuwider noch entgegen ist, so achten wir auch, unsere Widersacher können in obangezeigten Artikeln nicht uneinig mit uns sein. Derhalben handeln diejenigen ganz unfreundlich, geschwind und wider alle christliche Einigkeit und Liebe, so die Unsern derhalben als Ketzer abzusondern, zu verwerfen und zu meiden ihnen selbst ohne einigen beständigen Grund göttlicher Gebote oder Schrift fürnehmen. Denn die Irrung und Zank ist fürnehmlich über etlichen Traditionen und Misbräuchen. So denn nun an den Hauptartikeln kein befindlicher Ungrund oder Mangel, und dies unser Bekenntnis göttlich und christlich ist, sollten sich billig die Bischöfe wann schon bei uns der Tradition halben ein Mangel wäre, gelinder erzeigen, wiewohl wir verhoffen, beständige Gründe und Ursachen darzuthun, warum bei uns etliche Traditionen und Misbräuche geändert sind.

der Auferstehung der Toten zu erwartenden (und von den Wiedertäufern bald darauf, im Jahre 1534, in Münster wirklich aufgerichteten) irdischen Gottesreiche, für welches sie ebenfalls eine ausreichende Begründung in der heiligen Schrift vermißten. Wenn die neuere Theologie versucht hat, auf Grund der prophetischen Schriften der Bibel hinsichtlich der Entwickelung der Kirche und der Welt zum vollkommenen Gottesreiche eine genauere Erkenntnis zu gewinnen, als die Reformatoren sie besessen haben, so stehen diese Forschungen natürlich nicht im Widerspruch mit den Grundsätzen, nach welchen in der Augsb. Konfession gelehrt wird; dieselbe will ja nur solche Behauptungen verwerfen, welche der heiligen Schrift widersprechen, läßt aber freien Raum für die weitere Erforschung der Bibel hinsichtlich der Vollendung des Gottesreiches. Was aber hinsichtlich der „letzten Dinge" als Lehre der heiligen Schrift anzusehen sei, ob und was von einem tausendjährigen Reiche zu lehren sei — darüber gehen die Meinungen der Gelehrten noch heute auseinander.

b. Der nun folgende zweite Teil der Augsb. Konfession hat folgende Überschrift und beginnt also:

Artikel, von welchen Zwiespalt ist, da erzählet werden die Misbräuche, so geändert sind.

So nu von den Artikeln des Glaubens in unsern Kirchen nicht gelehret wird zuwider der heiligen Schrift oder gemeiner christlichen Kirchen, sondern allein etliche Misbräuche geändert sind, welche zum Theil mit der Zeit selbst eingerissen, zum Theil mit Gewalt aufgerichtet[1]), erfordert unser Nothdurft, dieselbigen zu erzählen und Ursache anzuzeigen, warum hierinne Änderung geduldet ist, damit Kaiserl. Majestät erkennen möge, daß hierinne nicht unchristlich oder freventlich gehandelt, sondern daß wir durch Gottes Gebot, welches billig höher zu achten denn alle Gewohnheit, gedrungen sind solche Änderung zu gestatten.

Dieser Abschnitt besteht nun aus 7 Artikeln, welche, viel ausführlicher, als die Artikel des Glaubens, folgende Mißbräuche besprechen.

22. Von beider Gestalt des Sakraments. Vgl. Art. 10.
23. Vom Ehestand der Priester. Vgl. Art. 15, Anm. 3.
24. Von der Messe. Vgl. Art. 10.
25. Von der Beichte. Vgl. Art. 11.
26. Vom Unterschied der Speise. Vgl. Art. 16.
27. Von Klostergelübden. Vgl. Art. 16.
28. Von der Bischöfe Gewalt. Vgl. Art. 14, Anm. 1.

Auf diese Artikel ist bei den Glaubensartikeln hingewiesen und, soweit es nötig schien, sind sie oben abgedruckt worden.

c. Der „Beschluß“ der Ausburgischen Konfession lautet aber also:

Dies sind die fürnehmsten Artikel, die jetzt für streitig geachtet werden. Denn wiewohl man viel mehr Misbräuche und Unrichtigkeit hätte anziehen können, so haben wir doch, die Weitläuftigkeit und Länge zu verhüten, allein die fürnehmsten vermeldet, daraus die andern leichtlich zu ermessen ... Dafür soll es auch nicht gehalten werden, daß in deme [in dem Gesagten] jemand ichtes [etwas] zu Haß oder Unglimpf geredt oder angezogen sei, sondern wir haben allein die Stück erzählet, die wir für nöthig anzuziehen und zu vermelden geachtet haben, damit man daraus desto baß zu vernehmen habe, daß bei uns nichts, weder mit der Lehre noch Ceremonien, angenommen ist, das entweder der heiligen Schrift oder gemeiner christlichen Kirchen zu entgegen[2]) wäre. Denn es ist je [ja] am Tage und offentlich, daß wir mit allem Fleiß mit Gottes Hilfe, ohne Ruhm zu reden, verhütet haben, damit je kein neue und gottlose Lehre sich in unsern Kirchen heimlich einflechte, einreiße und überhandnehme.

Diese obgemeldten Artikel haben wir dem Ausschreiben nach übergeben wollen zu einer Anzeigung unser Bekenntnis und der Unsern Lehre.

---

[1]) Hier verrät sich wieder der Standpunkt Melanchthons bei der Abfassung seines Bekenntnisses: die Reformation hat viel mehr erstrebt und erreicht, als hier angenommen ist.

[2]) „Zu entgegen“ nicht etwa: allzu entgegen, sondern einfach: entgegen.

Und ob jemand befunden würde, der daran Mangel hätte [d. h. fände], dem ist man ferneren Bericht [latiorem informationem] mit Grund göttlicher heiliger Schrift zu thun erbötig.

Eurer Kaiserlichen Majestät
unterthänigste
Churfürst, Fürsten und Städte:
Johanns Hertzog zu Sachsen Churfürst.
Georg Marggraf zu Brandenburg[1].
Ernst Hertzog zu Braunschweig und Lünenburg.
Philipp Landgraff zu Hessen.
Wolfgang Fürst zu Anhalt.
Die Stadt Nürnbergk.
Die Stadt Reutlingen[2].

D. Die Spaltung der christlichen Kirche.

Schluß der „Apologie der Augsburgischen Konfession".

Daß Uneinigkeit und Spaltung in der Kirche ist, weiß man, wie sich diese Händel erstlich zugetragen haben, und wer Ursach zur Trennung geben, nämlich die Indulgenzkrämer[3]), die unleidliche Lügen unverschämt predigten und nachmals den Luther verdammten, daß er dieselbige Lügen nicht billigte, dazu erregten für und für mehr Händel, daß Luther ander mehr Irrtum anzufechten verursacht ward. Dieweil aber unser Gegenteil die Wahrheit nicht hat dulden wollen, und sich unterstehet öffentlichen Irrtum noch mit Gewalt zu handhaben, ist leichtlich zu richten, wer an der Trennung schuldig ist. Es sollt ja billig alle Welt, alle Weisheit, alle Gewalt Christo und seinem heiligen Wort weichen; aber der Teufel ist Gottes Feind, darum erregt er alle seine Macht wider Christum, Gottes Wort zu dämpfen und unterzudrücken. Also ist der Teufel mit seinen Gliedern, so sich wider Gottes Wort legt, Ursach der Spaltung und Uneinigkeit; denn wir zum höchsten Frieden gesucht haben, des wir noch zum höchsten begehren, sofern, daß wir nicht gedrungen werden Christum zu lästern und zu verleugnen. Denn Gott weiß, der aller Herzen Richter ist, daß wir an dieser schrecklichen Uneinigkeit nicht Lust oder Freude haben. So hat der Gegenteil bis anher kein Frieden machen wollen, darin nicht gesucht sei, daß wir die heilsame Lehre von Vergebung der Sünde durch Christum ohn unser Verdienst sollten fallen lassen, dadurch doch Christus zum höchsten gelästert würde.

---

[1]) Herr von Ansbach und Jägerndorf, aus der fränkischen Linie der Hohenzollern, ein Enkel von Albrecht Achilles, † 1543. Sein Bruder Albrecht war Herzog von Preußen † 1568; seine Vettern, ebenfalls Enkel von Albrecht Achilles, waren Joachim I. von Brandenburg † 1535, und Albrecht, Erzbischof von Mainz und Magdeburg † 1545.

[2]) Auch der Kurprinz von Sachsen, Johann Friedrich, und ein zweiter Herzog von Lüneburg, Franz, vielleicht auch Albrecht, Graf und Herr zu Mansfeld, als Führer der Grafen, der Ritter und des Adels, hatten die Augsb. Konfession wohl mit unterschrieben; im Verlaufe des Reichstags sind auch noch die Städte Kempten, Windsheim, Heilbronn und Weißenburg (in Franken) der Augsb. Konfession beigetreten.

[3]) D. h. Ablaßhändler.

Und wiewohl nicht ohne ist, daß, wie die Welt pflegt, in dieser Spaltung dennoch Ärgernis durch Frevel und ungeschickte Leute etwa fürgefallen, denn der Teufel richtet solche Ärgernis an zu Schmach dem Evangelio: so sind sie doch alle nicht zu achten gegen dem hohen Trost, den diese Lehre mit sich bracht hat, die lehret, daß wir um Christus willen ohn unser Verdienst Vergebung der Sünden und einen gnädigen Gott haben. Item, daß sie unterrichtet, daß Gottesdienst nicht sei, verlassen weltliche Stände und Oberkeit, sondern daß solche Stände und Oberkeit Gott gefallen und rechte heilige Werke und Gottesdienst seien.

Wir hoffen, es sollen alle Gottfürchtige in dieser unser Schrift[1]) genugsam sehen, daß unser Lehre christlich und allen Frommen tröstlich und heilsam sei. Darum bitten wir Gott, daß er Gnade verleihe, daß sein heiliges Evangelium bei allen erkannt und geehret werde, zu seinem Lobe und zu Friede, Einigkeit und Seligkeit unser aller, und erbieten uns hiemit, wo es not ist, von allen Artikeln weiter Bericht zu tun.

E. Luthers Vermahnung an die Geistlichen, versammelt auf dem Reichstag zu Augsburg.

a. Gnade und Friede von Gott unserm Vater und dem Herrn Jesu Christo!

Wiewohl mir, liebe Herren, nicht gebührt, auf diesem Reichstag persönlich zu erscheinen, und ob ich erscheinen müßte oder sollte, doch nichts nütze da sein könnte, als an dem in solcher Pracht und Geschäft nichts gelegen sein würde: so habe ich mir doch vorgenommen, über meine geistliche Gegenwärtigkeit (die ich mit ganzem meinem Herzen durch Gebet und Flehen zu meinem Gott fleißig und redlich mit Gottes Hilfe beweisen will) auch schriftlich und mit dieser meiner stummen und schwachen Botschaft unter euch zu sein.

Sollte aber dieser Reichstag (da Gott gnädiglich vor sei) ohne Ende zergehen und nicht etwas Redliches ausgerichtet werden, und alle Welt nun lange Zeit her mit Reichstagen und Concilien vertröstet und aufgezogen [hingezogen], und alle Hoffnung gefehlt und umsonst gewesen [sein], ist zu besorgen, es würde ein Verzweifeln daraus kommen, und jedermann würde des Vertröstens und Harrens allzu müde werden, und das vergebliche lange Gaffen Ungeduld und böses Blut machen. Denn es kann und mag länger so nicht stehen, wie es jetzt steht, sonderlich mit euch selbst und mit euerm Stande und Wesen, das wißt und fühlt ihr besser, denn ich euch sagen kann. So tue ich euch hiermit, was ich tue, euch zum Besten um Friede und Einigkeit willen.

Weil man [nun] vergessen hat, wie es dazumal stand in der Welt, ehe meine Lehre anfing, und nun niemand will nie[2]) etwas Ubles getan haben, so muß ich die alten Larven hervorziehen und den Geistlichen ihre ver-

[1]) Der Apologie der Augsb. Konfession.
[2]) Die doppelte Negation hebt sich in der alten Sprache n i ch t auf.

gessene Tugend vor die Augen stellen, damit sie sehen oder wieder daran gedenken, was in der Welt sollte geworden sein, wo unser Evangelium nicht gekommen wäre, und wir auch zu unserm Trost sehen, wie mannigfaltige herrliche Frucht das Wort Gottes getan habe.

b. Wahres und falsches Christentum[1]).

c. Es will aber zu viel und zu lang werden, mehr Stücke zu behandeln. Gott helfe euch auf dem Reichstage also fahren, daß uns nicht not sei, alles von neuem wieder anzufangen, denn das ist auch nicht gut; so sind wir der Mühe lieber überhoben. Doch daß ihr nicht denket, es seien lose Drohworte, das [was] ich jetzt sage, will ich hier, so viel mir jetzt einfällt, Stücke und Artikel erzählen, so auf beiden Seiten getrieben werden.

Die Stücke, so nötig sind in der rechten christlichen Kirche zu handeln[2]), da wir mit umgehen, solche Stücke hat nie kein Bischof gehandelt, und sind dazu von den Euren auch nie gründlich verstanden noch gelehrt, und ein großer Teil gar verblichen. Das dürft ihr nicht leugnen, wir sind in euren Schulen auferzogen; so sind eure Bücher noch vorhanden, die solches zeugen; so zeuget alle Welt, daß [solches] zuvor nie ist gepredigt. Nun ist's gewiß, daß an diesen Stücken gelegen und die christliche Kirche mit diesen versorgt ist, und bedarf eure unnötigen Zusätze nicht überall [ganz und gar nicht].

Die Stücke [aber], so in der gleißenden Kirche in Übung und Brauch sind gewesen — wer vermag es, alles zu erzählen in solcher Kürze[3])? Wohl ist's wahr, daß unter diesen Stücken etliche sind, die nicht zu verwerfen sind, und derselben etliche sind gefallen, die ich nicht wollte, daß sie gefallen wären, können aber wohl leichtlich wieder aufkommen.

Wenn man solche Stücke hätte lassen bleiben, ein Kinderspiel für die Jugend und junge Schüler, damit [womit] sie hätten ein kindliches Bild gehabt christlicher Lehre und Lebens, wie man doch muß Kindern Tocken[4]), Puppen, Pferde und andere Kinderwerke vorgeben, und [es] wäre bei dem Brauche geblieben, wie man die Kinder lehrt, S. Niklas und dem Christkind fasten, daß sie ihnen sollen des Nachts bescheren, wie sich's läßt ansehen, daß unsere Vorfahren gemeint haben, so wäre es wohl zu leiden, daß man Palmesel[5]), Himmelfahrt[6]) und dergleichen viel ließe gehen und geschehen, denn da wäre kein Gewissen mit verwirrt. Können wir solche Kinderspiele, die leidlich sind, helfen erhalten um der Jugend willen, ohne Nachteil der rechten, ernsten Hauptstücke, so wollen wir's gern tun. Aber daß wir sie für Artikel des Glaubens halten und auch in Bischofshüten narren, daraus wird nichts, zürne und lache, wer da will!

[1]) Auf Luthers Darlegungen über das wahre und das falsche Christentum im einzelnen muß hier verzichtet werden.
[2]) Sie werden von Luther aufgezählt.
[3]) Das Register derselben bei Luther umfaßt 114 Nummern.
[4]) Puppen, aus allerlei Stoff, auch aus Zucker und Pfefferkuchen.
[5]) Eine Nachahmung des Einzugs Jesu in Jerusalem.
[6]) Emporziehen einer Christusbildsäule in der Kirche.

Summa, es war Jammer und Herzeleid mit Predigen und Lehren; dennoch schwiegen alle Bischöfe still und sahen nichts Neues, die doch jetzt eine neue Mücke in der Sonne sehen können[1].

d. Darum bieten wir euch an die Wahl. Erstlich weil ihr doch bischöfliches Amt und Werk nicht könnt noch wollt verhegen [verwalten], als die ihr zu predigen und Gewissen zu trösten und richten, doch wahrlich, wahrlich nicht taugt samt allen euern Gelehrten, so laßt uns doch euer Amt, das ihr schuldig seid, ausrichten, gebt uns das Evangelium frei zu lehren, und laßt uns dem armen Volk, das fromm zu sein begehrt, dienen. Verfolgt und wehrt doch dem nicht, das ihr nicht könnt und doch schuldig seid und andere für euch tun wollen.

Zum andern, so wollen wir über das [für das, was wir tun] nichts von euch begehren, noch Sold von euch nehmen, sondern wo [wie] uns sonst Gott ernährt gewarten [abwarten], auf daß ihr also beide, der Arbeit und Lohn, der Mühe und Kosten, überhoben seid.

Zum dritten wollen wir euch lassen bleiben, was ihr seid, und lehren — wie ihr denn bisher getan — daß man euch solle Fürsten und Herren sein lassen] um Friedens willen und eure Güter lassen. Denn was schadet uns das, ob ihr Herren und Fürsten seid? Wollt ihr nicht für euch und [für] euren Stand und Amt tun, was recht ist, wohlan, davon werden nicht wir, sondern ihr Rechenschaft geben.

Allein haltet doch Friede und verfolgt uns nicht! Wir bitten ja nicht mehr, haben auch nie anders gebeten, denn ums freie Evangelium. Ihr könnt uns und wir euch zum Frieden helfen.

Mehr und höher können wir uns wahrlich nicht entbieten, nämlich euer Amt wollen wir ausrichten, selbst wollen wir uns, ohne eure Kosten, ernähren; euch wollen wir helfen bleiben, wie ihr seid [nämlich weltliche Landesherren]. Was sollen wir doch mehr tun?[2]) . . .

e. Wollen sie[3]) aber das Evangelium dämpfen, dessen mögen sie ihr Abenteuer stehen [das mögen sie auf ihre eigene Gefahr hin wagen]: wir predigen doch, was wir wollen. Auch sitzen sie so fest nicht. Haben sie Lust zu Unglück, so hat Gott bald einen andern Münzer erweckt, der sie vollends stürze. Die Lutherischen bleiben wohl Meister, weil Christus bei ihnen und sie bei ihm bleiben, wenn gleich Hölle, Welt, Teufel, Fürsten und alles sollte unsinnig werden[4]).

---

[1]) D. h.: sie erkannten nicht, daß in ihrer Kirche lauter Neuerungen aufgekommen seien; nur in Luthers Lehre sahen sie eine Neuerung.

[2]) Aus den Bischöfen sollen also — wenigstens für die Evangelischen — nur Landesherren werden, denen allerdings — wie ja auch heute — die Kirche ihres Landes in äußeren Dingen untertan ist. Das ist schon damals geschehen, wo der Bischof in seinem Lande die Evangelischen duldete; ja, im Jahre 1803 wurden an die Stelle der Bischöfe überall in Deutschland weltliche Herren eingesetzt.

[3]) Wechsel der Person infolge der Weglassung eines Abschnitts.

[4]) Luthers Erwartung ist zunächst schon im Jahre 1532, für immer im Jahre 1555 in Erfüllung gegangen.

8 A. (148 A.) Dr. Martin Luthers kleiner Katechismus mit Anmerkungen und Bibelsprüchen[1].

A. Das erste Hauptstück[2].

Die zehn Gebote. (II, 61.)[3]

Das erste Gebot.

Ich bin der Herr, dein Gott.
Du sollst nicht andere Götter haben neben mir[4].

Was ist das?

Wir sollen Gott über alle Dinge fürchten, lieben und vertrauen.

*5. Mose 6, 4. Höre, Israel, der Herr unser Gott ist ein einiger Herr.
*Matth. 4, 10. Du sollst anbeten Gott deinen Herrn, und ihm allein dienen.

[1]) Vgl. oben Nr. 146. — Text nach dem revidierten Katechismus. Stuttgart, Grüninger, 1885. — Von den 175 dem Katechismus beigegebenen Sprüchen sind die zunächst zu lernenden (120) durch ein vorgesetztes Sternchen bezeichnet.

[2]) Da die beiden Tafeln, auf welchen die ursprünglichen zehn Gebote verzeichnet waren, nicht erhalten sind, die zehn Gebote uns aber in zwei Überlieferungen erhalten sind (2. Mose 20 und 5. Mose 5), welche nicht buchstäblich miteinander übereinstimmen, so ist es nicht möglich, die ursprüngliche Fassung des Zehngebots anzugeben; doch sind die Unterschiede sachlich unbedeutend und fast nur in den (wahrscheinlich nicht als ursprünglich anzusehenden) Erläuterungen der Gebote enthalten. Der Hauptunterschied ist der, daß es im 5. Buch Mose nicht an erster Stelle heißt: „Du sollst nicht begehren deines Nächsten Haus", sondern „Weib". Im Grundtexte aber bilden unsere beiden letzten Gebote nur ein Gebot, und so kam denn auf die Ordnung der Gegenstände in demselben nicht so viel an, wie bei uns, die wir zwei Gebote daraus gemacht haben. Der Luthersche „Schluß der Gebote" steht im Grundtexte an beiden Stellen hinter dem in Luthers Katechismus fehlenden Bilderverbot. Unser Katechismus schließt sich im allgemeinen an den Text von 2. Mose 20 an.

[3]) Vgl. Luthers Lieder: „Mensch, willst du leben seliglich" und „Dies sind die heil'gen zehn Gebot'".

[4]) Die Anrede („Ich bin der Herr, dein Gott"), welche Luther in seinem Katechismus nicht hatte, ist nach Luthers Tode mit Recht aufgenommen worden; sie ist allerdings wohl mehr als eine Einleitung zum ganzen Gesetz anzusehen, als speziell zum ersten Gebot; die Schule mag sie aber mit dem ersten Gebot verbinden. Den nur für die Israeliten passenden Zusatz der Anrede in der Bibel: „Der ich dich aus Ägyptenland, aus dem Diensthause, geführt habe", hat der Katechismus mit Recht weggelassen; vgl. Jerem. 23, 7 (u. 16, 14—15): „Es wird die Zeit kommen", spricht der Herr, „daß man nicht mehr sagen wird: So wahr der Herr lebt, der die Kinder Israel aus Ägyptenland geführt hat". Wenn aber Jeremias (23, 8) hinweist auf den Gott, der Israel aus Babel führen wird, so müßte natürlich der Christ hinweisen auf den Gott, der uns in Christus von der Sünde erlöst hat. — Die letzten Worte des Gebots: „neben mir" sind mit Recht nach der Bibel dem Luthertexte zugesetzt worden.

2. Mose 20, 4—5. Du sollst dir kein Bildnis noch irgend ein Gleichnis machen, weder des, das oben im Himmel, noch des, das unten auf Erden, oder des, das im Wasser unter der Erde ist. Bete sie nicht an, und diene ihnen nicht[1])!

Joh. 14, 9. Wer mich sieht, der sieht den Vater.

Ps. 33, 8. Alle Welt fürchte den Herrn, und vor ihm scheue sich alles, was auf dem Erdboden wohnt.

Tob. 4, 6. Dein Leben lang habe Gott vor Augen und im Herzen, und hüte dich, daß du in keine Sünde willigst und tust wider Gottes Gebote.

*Ps. 111, 10. Die Furcht des Herrn ist der Weisheit Anfang.

*1. Joh. 4, 19. Lasset uns ihn lieben, denn er hat uns zuerst geliebt.

Ps. 73, 25—26. Herr, wenn ich nur dich habe, so frage ich nichts nach Himmel und Erde. Wenn mir gleich Leib und Seele verschmachtet, so bist du doch, Gott, allezeit meines Herzens Trost und mein Teil.

*1. Joh. 5, 3. Das ist die Liebe zu Gott, daß wir seine Gebote halten, und seine Gebote sind nicht schwer.

*Ps. 37, 5. Befiehl dem Herrn deine Wege und hoffe auf ihn, er wird's wohl machen.

Matth. 10, 28. Fürchtet euch nicht vor denen, die den Leib töten, und die Seele nicht können töten. Fürchtet euch aber vielmehr vor dem, der Leib und Seele verderben kann in die Hölle.

Lesen: Matth. 19, 16—26. Luk. 12, 13—21. Matth. 6, 19—34. Luk. 16, 19—31.

Das zweite Gebot.

Du sollst den Namen des Herrn, deines Gottes, nicht unnützlich führen; denn der Herr wird den nicht ungestraft lassen, der seinen Namen mißbraucht [2]).

Was ist das?

Wir sollen Gott fürchten und lieben, daß wir bei seinem Namen nicht fluchen, schwören, zaubern, lügen oder trügen, sondern denselben in allen Nöten anrufen, beten, loben und danken[3]).

[1]) Das in der Bibel auf das erste Gebot folgende Bilderverbot, welches Luther in Übereinstimmung mit dem katholischen Katechismus weggelassen, aber der reformierte Katechismus wieder aufgenommen hat, zieht Luther in Betracht bei der Erklärung der Abgötterei; dasselbe verbietet aber nicht die Abgötterei, sondern die Verehrung des rechten Gottes unter einem Bilde. — Über dieses Verbot sagt der Heidelberger Katechismus in Frage 98 folgendes: „Mögen aber nicht die Bilder, als der Laien Bücher, in den Kirchen geduldet werden?" [So rechtfertigen die Katholiken die Aufstellung der Bilder in den Kirchen.] — „Nein; denn wir sollen nicht weiser sein als Gott, welcher seine Christenheit nicht durch stumme Götzen, sondern durch die lebendige Predigt seines Wortes will unterwiesen haben."

[2]) Die dem Texte des Gebotes in der Bibel beigefügte Drohung fehlt zwar in Luthers Originaltext, aber nur darum, weil sie damals nicht üblich war; im Großen Katechismus ist sie erklärt.

[3]) Man kann in der Erklärung aller Gebote vom zweiten bis zum zehnten (ausgenommen das achte) doppelt konstruieren: entweder ergänzt man im zweiten Teile aus dem Vorhergehenden das Verbum sollen, so daß die folgenden Verba Infinitive sind (wie im achten Gebot), oder (und das ist richtig) die zweite Hälfte

*Matth. 7, 21. Es werden nicht alle, die zu mir sagen: „Herr, Herr!" in das Himmelreich kommen, sondern die den Willen tun meines Vaters im Himmel.

Jak. 3, 9—10. Durch die Zunge loben wir Gott den Vater, und durch sie fluchen wir den Menschen, die nach dem Bilde Gottes gemacht sind. Aus einem Munde geht Loben und Fluchen. Es soll nicht, liebe Brüder, also sein.

Hebr. 6, 16. Der Eid macht ein Ende alles Haders, dabei es fest bleibt unter ihnen.

*Matth. 5, 37. Eure Rede sei: Ja, ja; nein, nein; was darüber ist, das ist vom Übel.

Matth. 12, 36. Ich sage euch aber, daß die Menschen müssen Rechenschaft geben am jüngsten Gericht von einem jeglichen unnützen Wort, das sie geredet haben.

Gal. 6, 7. Irret euch nicht, Gott läßt sich nicht spotten.

*Ps. 106, 1. Danket dem Herrn, denn er ist freundlich, und seine Güte währet ewiglich.

*Ps. 50, 15. Rufe mich an in der Not, so will ich dich erretten, und du sollst mich preisen [1]).

Ps. 19, 15. Laß dir wohlgefallen die Rede meines Mundes und das Gespräch meines Herzens vor dir, Herr, mein Hort und mein Erlöser!

Lesen: Matth. 5, 33—37. Matth. 23, 16—22.

Das dritte Gebot.

Du sollst den Feiertag heiligen.

Was ist das?

Wir sollen Gott fürchten und lieben, daß wir die Predigt und sein Wort nicht verachten, sondern dasselbe heilig halten, gerne hören und lernen.

*Ps. 26, 6—8. Ich halte mich Herr, zu deinem Altar, da man hört die Stimme des Dankens, und da man predigt alle deine Wunder. Herr, ich habe lieb die Stätte deines Hauses und den Ort, da deine Ehre wohnet.

*Luk. 11, 28. Selig sind, die das Wort Gottes hören und bewahren!

*Kol. 3, 16. Lasset das Wort Christi unter euch reichlich wohnen in aller Weisheit; lehret und vermahnet euch selbst mit Psalmen und Lobgesängen und geistlichen lieblichen Liedern, und singet dem Herrn in eurem Herzen!

2. Thess. 3, 10. So jemand nicht will arbeiten, der soll auch nicht essen.

---

der Erklärung von daß abhängen lassen. Im neunten Gebot ist das Schlußwort sein heute allerdings nur Infinitiv, zu welchem „sollen" zu ergänzen ist; vielleicht hat es Luther als Konjunktiv (seien) oder als Indikativ (was es bei ihm ebenfalls war) gemeint. Vgl. Ebeling, Luthers Katech. (zu Gebot 6).

[1]) Frühere und Rev. Bibel: „so sollst du mich preisen"; Kautzsch: „und du sollst mich preisen".

Das vierte Gebot.

Du sollst deinen Vater und deine Mutter ehren, auf daß dirs wohlgehe und du lange lebest auf Erden[1]).

Was ist das?

Wir sollen Gott fürchten und lieben, daß wir unsere Eltern und Herren nicht verachten noch erzürnen, sondern sie in Ehren halten, ihnen dienen, gehorchen, sie lieb und wert haben.

*Sprüche 30, 17. Ein Auge, das den Vater verspottet, und verachtet der Mutter zu gehorchen, das müssen die Raben am Bach aushacken und die jungen Adler fressen.

Eph. 6, 1—2. Ihr Kinder, seid gehorsam euren Eltern in dem Herrn, denn das ist billig. „Ehre Vater und Mutter", das ist das erste Gebot, das Verheißung hat.

*Hebr. 13, 17. Gehorchet euren Lehrern und folget ihnen, denn sie wachen über eure Seelen, als die da Rechenschaft dafür geben sollen, auf daß sie das mit Freuden tun und nicht mit Seufzen, denn das ist euch nicht gut.

*Röm. 13, 1. Jedermann sei untertan der Obrigkeit, die Gewalt über ihn hat. Denn es ist keine Obrigkeit ohne von Gott; wo aber Obrigkeit ist, die ist von Gott verordnet.

Apg. 5, 29. Man muß Gott mehr gehorchen denn den Menschen.

Sirach 3, 11. Des Vaters Segen baut den Kindern Häuser, aber der Mutter Fluch reißt sie nieder.

Lesen: Sirach 3, 1—18.

Das fünfte Gebot.

Du sollst nicht töten.

Was ist das?

Wir sollen Gott fürchten und lieben, daß wir unserm Nächsten an seinem Leibe keinen Schaden noch Leid tun, sondern ihm helfen und fördern in allen Leibesnöten.

*1. Mose 9, 6. Wer Menschenblut vergießt, des Blut soll auch durch Menschen vergossen werden, denn Gott hat den Menschen zu seinem Bilde gemacht.

*1. Joh. 3, 15. Wer seinen Bruder haßt, der ist ein Totschläger, und ihr wisset, daß ein Totschläger hat nicht das ewige Leben bei ihm bleibend.

*Matth. 5, 43—45. Ihr habt gehört, daß gesagt ist: Du sollst deinen Nächsten lieben und deinen Feind hassen. Ich aber sage euch: Liebet eure Feinde; segnet, die euch fluchen; tut wohl denen, die euch hassen; bittet für die, so euch beleidigen und verfolgen, auf daß ihr Kinder seid eures Vaters

[1]) Die in der Bibel vorhandene, dem Gebote angefügte Verheißung hat Luther erst im Jahre 1542 beigefügt, aber nicht in ATlicher („auf daß du lange lebest im Lande, das dir der Herr, dein Gott, gibt"), sondern in NTlicher Form (Ephes. 6, 2—3).

im Himmel; denn er läßt seine Sonne aufgehen über die Bösen und über die Guten, und läßt regnen über Gerechte und Ungerechte.

Joh. 13, 34—35. Ein neu Gebot gebe ich euch, daß ihr euch unter einander liebet, wie ich euch geliebt habe, auf daß auch ihr einander liebhabet. Dabei wird jedermann erkennen, daß ihr meine Jünger seid, so ihr Liebe unter einander habt.

Lesen: Matth. 5, 21—26 und 38—42 und 43—48.

Das sechste Gebot.

Du sollst nicht ehebrechen.

Was ist das?

Wir sollen Gott fürchten und lieben, daß wir keusch und züchtig leben in Worten und Werken und ein jeglicher sein Gemahl[1]) lieben und ehren[2]).

*1. Kor. 15, 33. Lasset euch nicht verführen. Böse Geschwätze verderben gute Sitten.

*Ps. 51, 12. Schaffe in mir, Gott, ein reines Herz, und gib mir einen neuen gewissen Geist.

*Matth. 5, 8. Selig sind, die reines Herzens sind, denn sie werden Gott schauen.

Lesen: Matth. 5, 27—32.

Das siebente Gebot.

Du sollst nicht stehlen.

Was ist das?

Wir sollen Gott fürchten und lieben, daß wir unseres Nächsten Geld oder Gut nicht nehmen, noch mit falscher Ware oder Handel an uns bringen, sondern ihm sein Gut und Nahrung[3]) helfen bessern und behüten.

*1. Tim. 6, 9—10. Die da reich werden wollen, die fallen in Versuchung und Stricke und viel törichte und schädliche Lüste, welche versenken die Menschen ins Verderben und Verdammnis; denn Geiz ist eine Wurzel alles Übels.

*1. Tim. 6, 6. Es ist aber ein großer Gewinn, wer gottselig ist und lässet sich genügen.

1. Petr. 4, 10. Dienet einander, ein jeglicher mit der Gabe, die er empfangen hat, als die guten Haushalter der mancherlei Gnade Gottes.

[1]) Das Gemahl bezeichnet in der alten Sprache beide Gatten.
[2]) Der Pluralis (statt des zu erwartenden Singularis) ist wohl aus dem noch nachwirkenden wir zu erklären.
[3]) Nahrung, d. h. das, womit man sich seine Nahrung erwirbt.

Das achte Gebot.

Du sollst nicht falsch Zeugnis reden wider deinen Nächsten.

Was ist das?

Wir sollen Gott fürchten und lieben, daß wir unsern Nächsten nicht fälschlich belügen[1], verraten, afterreden[2] oder bösen Leumund[3] machen, sondern sollen ihn entschuldigen, Gutes von ihm reden und alles zum Besten kehren.

*Eph. 4, 25. Leget die Lüge ab und redet die Wahrheit, ein jeglicher mit seinem Nächsten, sintemal wir unter einander Glieder sind.

*1. Petr. 4, 8. Die Liebe decket auch der Sünden Menge.

Matth. 7, 12. Alles, was ihr wollt, daß euch die Leute tun sollen, das tut ihr ihnen auch; das ist das Gesetz und die Propheten.

Lesen: Matth. 7, 1—5.

Das neunte Gebot[4].

Du sollst nicht begehren deines Nächsten Haus.

Was ist das?

Wir sollen Gott fürchten und lieben, daß wir unserm Nächsten nicht mit List nach seinem Erbe oder Hause stehen[5] und mit einem Schein des Rechtes an uns bringen, sondern ihm dasselbe zu behalten förderlich und dienstlich sein.

Das zehnte Gebot.

Du sollst nicht begehren deines Nächsten Weib, Knecht, Magd, Vieh oder alles, was sein ist.

Was ist das?

Wir sollen Gott fürchten und lieben, daß wir unserm Nächsten nicht sein Weib, Gesinde oder Vieh abspannen[6], abdringen oder abwendig machen, sondern dieselben anhalten, daß sie bleiben und tun, was sie schuldig sind.

[1]) Fälschlich, d. h. absichtlich, gehört nur zum nächstfolgenden Worte; jemanden belügen bedeutet bei Luther Unwahres von ihm aussagen.

[2]) Afterreden, d. h. hinter (= mittelhochd. after) dem Rücken eines andern von ihm reden; dann redet man aber in der Regel mehr Böses als Gutes.

[3]) Leumund (sprachlich falsch gedeutet: der Leute Mund), d. h. Ruf; die Endung „und" hat hier den vollen Vokal noch behalten, der in Tugend (althochdeutsch: tugundi), wie gewöhnlich, abgeschwächt worden ist.

[4]) Im Großen Katechismus hat Luther, wie in allen seinen katechetischen Schriften, außer dem Kleinen Katechismus, dem Grundtext entsprechend, beide Gebote zusammengefaßt; dieselben sind bekanntlich nur deshalb voneinander getrennt worden, um nach der Weglassung des Bilderverbots doch die Zehnzahl festhalten zu können. Wenn in manchen katholischen Katechismen das 9. Gebot lautet: „Du sollst nicht begehren deines Nächsten Weib" — so stimmt das überein mit 5. Mose 5, während unser Katechismus mit 2. Mose 20 übereinstimmt.

[5]) Nach etwas stehen, d. h. mit seinem Begehren auf etwas gerichtet sein.

[6]) Gewöhnlich läßt man den drei Objekten die drei Prädikate in umgekehrter Ordnung entsprechen; aber „abspannen" wird von Luther nicht in unserem Sinne gebraucht, sondern es bedeutet: abspenstig machen.

Matth. 15, 19. Aus dem Herzen kommen arge Gedanken: Mord, Ehebruch, Dieberei, falsch Zeugnis, Lästerung; das sind die Stücke, die den Menschen verunreinigen.

*Jak. 1, 13—15. Niemand sage, wenn er versucht wird, daß er von Gott versucht werde; denn Gott kann nicht versucht werden zum Bösen, und er selbst versucht niemand; sondern ein jeglicher wird versucht, wenn er von seiner eigenen Lust gereizt und gelockt wird. Danach, wenn die Lust empfangen hat, gebiert sie die Sünde; die Sünde aber, wenn sie vollendet ist, gebiert sie den Tod.

Gal. 5, 24. Welche aber Christo angehören, die kreuzigen ihr Fleisch samt den Lüsten und Begierden.

Was sagt nun Gott von diesen Geboten allen?

Er sagt also: Ich, der Herr dein Gott, bin ein eifriger[1]) Gott, der über die, so[2]) mich hassen, die Sünde der Väter heimsucht[3]) an den Kindern bis ins dritte und vierte Glied; aber denen, so mich lieben und meine Gebote halten, tue ich wohl in tausend Glied[4]).

Was ist das?

Gott dräuet zu strafen alle, die diese Gebote übertreten; darum sollen wir uns fürchten vor seinem Zorn und nicht wider solche Gebote tun. Er verheißet aber Gnade und alles Gute allen, die solche Gebote halten; darum sollen wir ihn auch lieben und vertrauen und gerne tun nach seinen Geboten[5]).

*Röm. 2, 6. Gott wird geben einem jeglichen nach seinen Werken.

*Gal. 6, 7. Irret euch nicht, Gott läßt sich nicht spotten, denn was der Mensch sät, das wird er ernten.

*Spr. 14, 34. Gerechtigkeit erhöhet ein Volk, aber die Sünde ist der Leute Verderben.

Lesen: 2. Mose 20, 1—17. 5. Mose 5, 6—21. 3. Mose 19, 1—18 u. 30—37. Matth. 22, 34—40. Luk. 10, 25—37. Matth. 4, 23—7, 29[6]).

---

[1]) Die frühere Lesart: „ein starker, eifriger Gott" ist zwar sachlich angemessen, aber in der Bibel nicht begründet.

[2]) Indeklinables Relativpronomen (mittelhochdeutsch).

[3]) Heimsuchen, d. h. segnend oder strafend (in seinem Hause) besuchen — heute nur in dem letzteren Sinne.

[4]) Unveränderter Pluralis der älteren Sprache, wie er beim Neutrum regelrecht ist, also wohl (als Dativ gefaßt): in tausend Gliedern. — Der auf 5. Mose 7, 9 beruhende Ausdruck („tausend Glieder" d. h. „Generationen") lautet 2. Mose 20, 6: „auf Tausende hinaus", und dies bezeichnet wohl nicht tausend Generationen, sondern den weiten Kreis der um den Frommen lebenden Menschen, denen Gott um des Frommen willen Gutes erweist.

[5]) Während Luther diesen Schluß der Gebote, der im Grundtext hinter dem Bilderverbot steht, im Großen Katechismus noch hinter dem ersten Gebot, aber auch am Schluß der Gebote behandelt, hat er denselben im Kleinen Katechismus nur hierher gestellt.

[6]) Vgl. Luthers „Schluß der Gebote" in seinem Großen Katechismus, im Gegensatz zu der Lehre der Katholiken von den fünf Geboten der Kirche und den drei evangelischen Ratschlägen (Nr. 146a).

B. Das zweite Hauptstück [1]).

Der Glaube. (I, 66.) [2])

Der erste Artikel.

Von der Schöpfung.

Ich glaube an Gott den Vater [3]), den Allmächtigen [4]), Schöpfer Himmels und der Erde [5]).

Was ist das?

Ich glaube, daß mich Gott geschaffen hat samt allen Kreaturen, mir Leib und Seele, Augen, Ohren und alle Glieder,

[1]) Die ältere Form des apostolischen Glaubensbekenntnisses — welche namentlich noch nicht enthielt die Ausdrücke: „Schöpfer Himmels und der Erde", „niedergefahren zur Hölle", „die Gemeinde der Heiligen", „ein ewiges Leben" — lautete also:

1. Ich glaube an Gott den Vater, den Allmächtigen, 2. Und an Jesum Christum, seinen eingeborenen Sohn, unsern Herrn, 3. Geboren vom Heiligen Geiste und der Jungfrau Maria, 4. Unter Pontius Pilatus gekreuzigt und begraben, 5. Am dritten Tage auferstanden von den Toten, 6. Aufgefahren gen Himmel, 7. Sitzend zur Rechten des Vaters, 8. Von wo er kommt, zu richten die Lebendigen und die Toten, 9. Und an (den) heiligen Geist, 10. Eine [Artikel!] heilige Kirche, 11. Vergebung der Sünden, 12. Auferstehung des Fleisches.

Als der Zusatz hinzukam „Ein ewiges Leben", wurden zur Erhaltung der Zwölfteilung des Bekenntnisses Nr. 5 und 6 in einen Abschnitt zusammengezogen. — Vgl. Luthers Lied „Wir glauben all an einen Gott" (Nr. 32).

[2]) „Bisher hat man den Glauben geteilt in zwölf Artikel [und so wird der Glaube noch heute im katholischen Katechismus eingeteilt], wiewohl, wenn man alle Stücke, so in der Schrift stehen und zum Glauben gehören, einzeln fassen sollte, gar viel mehr Artikel sind, auch nicht alle deutlich mit so wenig Worten mögen ausgedrückt werden. Aber daß man's aufs leichteste und einfältigste fassen könnte, wie es für die Kinder zu lehren ist, wollen wir den ganzen Glauben kürzlich fassen in drei Hauptartikel nach den drei Personen in der Gottheit, dahin alles, was wir glauben, gerichtet ist, also daß der erste Artikel von Gott dem Vater erkläre die Schöpfung, der andere von dem Sohne die Erlösung, der dritte von dem heiligen Geist die Heiligung. Als wäre der Glaube aufs allerkürzeste in so viel Worte gefaßt: Ich glaube an Gott den Vater, der mich geschaffen hat; ich glaube an Gott den Sohn, der mich erlöst hat; ich glaube an den heiligen Geist, der mich heilig macht. Ein Gott und ein Glaube, aber drei Personen, darum auch drei Artikel." Luther, Gr. Katech., Teil II.

[3]) Das Wort „Vater" bezeichnet hier (nach Luther) das Verhältnis Gottes zu uns.

[4]) Dies Wort (omnipotentem) kann nach dem lateinischen Texte zu dem vorhergehenden (patrem) oder zu dem nachfolgenden Worte (creatorem) als Attribut gezogen, oder, wie man jetzt für richtiger hält, als selbständige Aussage gefaßt werden — und dafür spricht der älteste (griechische) Text, wo dieses Wort durch ein Substantivum ausgedrückt ist (pantokrator d. h. Allherrscher). Auch Luther sagt im Großen Katechismus: „Aber davon weiter zu sagen, gehört in die andern zwei Stücke dieses Artikels, da man spricht: Vater allmächtigen". Unrichtig war die früher übliche Verbindung mit dem folgenden, erst später beigefügten Zusatz: „Schöpfer Himmels und der Erde".

[5]) „Erden" war die ältere Form des Genitiv und Dativ Singularis (vgl. noch heute: „auf Erden").

Vernunft und alle Sinne[1]) gegeben hat und noch erhält[2]); dazu[3]) Kleider und Schuh, Essen und Trinken, Haus und Hof, Weib und Kind, Acker, Vieh und alle Güter; mit aller Notdurft und Nahrung des[4]) Leibes und Lebens reichlich und täglich versorget[5]), wider alle Fährlichkeit beschirmet und vor allem Übel behütet und bewahret; und das alles aus lauter väterlicher, göttlicher Güte und Barmherzigkeit ohne all mein Verdienst und Würdigkeit; des alles[6]) ich ihm zu danken und zu loben und dafür zu dienen und gehorsam zu sein schuldig bin. Das ist gewißlich wahr[7]).

a. „Ich glaube an Gott, den Vater, den [Heiligen und] Allmächtigen."

*2. Mose 20, 2—3. Ich bin der Herr, dein Gott; du sollst nicht andere Götter haben neben mir[8]).

*2. Mose 20, 4—5. Du sollst dir kein Bildnis noch irgend ein Gleichnis machen, weder des, das oben im Himmel, noch des, das unten auf Erden, oder des, das im Wasser unter der Erde ist. Bete sie nicht an, und diene ihnen nicht!

*1. Mose 17, 1. Ich bin der allmächtige Gott; wandle vor mir und sei fromm!

*3. Mose 19, 2. Ihr sollt heilig sein, denn ich bin heilig, der Herr, euer Gott.

*1. Joh. 4, 16. Gott ist Liebe, und wer in der Liebe bleibet, der bleibet in Gott, und Gott in ihm.

b. „Schöpfer Himmels und der Erde."

„Ich glaube, daß mich Gott geschaffen hat . . . gegeben hat."

Hebr. 11, 3. Durch den Glauben merken wir, daß die Welt durch Gottes Wort fertig ist, daß alles, was man sieht, aus nichts geworden ist.

Lesen: 1. Mose 1, 1—2, 4a. Psalm 104. „Wenn ich, o Schöpfer, deine Macht."
1. Mose 2, 4b—25. Psalm 8.

[1]) „Sinne" bedeutet hier „Kräfte der Seele"; vgl. den Großen Katechismus: omnes sensus rationem, rationis usum virtutemque intelligentiae.

[2]) Objekt nicht: mich, sondern die vorhergenannten Dinge, und „mir" dazuzudenken.

[3]) „Dazu" d. h. „außerdem" (latein. Text: ad haec).

[4]) Text der Eisenacher Konferenz: „dieses".

[5]) Nach der lat. Übersetzung dieser Stelle: et omnia bona cum (mit d. h. zugleich mit) omnibus vitae necessariis copiose et quotidie largiatur (versorget) glaubten neuere Forscher annehmen zu müssen, daß der deutsche Text anders, als gewöhnlich, zu deuten sei, nämlich: dazu Kleider . . . und alle Güter (ohne das Semikolon!) mit (d. h. zugleich mit) aller Notdurft . . . versorget (d. h. besorget, bescheret). Da diese Deutung aber von anderen für unrichtig erklärt wird, so wird die Schule wohl dabei bleiben, daß der Satz unter Ergänzung von „mich" in der gewöhnlichen Weise zu deuten sei.

[6]) Genitiv: für das alles.

[7]) Übersetzung von Amen. — „Gewißlich" ist die ältere Adverbialform zu dem Adjektivum „gewiß".

[8]) Der Spruch ist in der Fassung des Katechismus zu lernen.

c. „Und noch erhält . . . versorget."

*Ps. 145, 15—16. Aller Augen warten auf dich [Herr], und du gibst ihnen ihre Speise zu seiner Zeit. Du tust deine Hand auf, und erfüllest alles, was lebet, mit Wohlgefallen.

Lesen: Matth. 6, 25—34. „Bis hierher hat mich Gott gebracht."

d. „Wider alle Fährlichkeit . . . bewahret."

Jes. 55, 8—9. Meine Gedanken sind nicht eure Gedanken, und eure Wege sind nicht meine Wege, spricht der Herr, sondern so viel der Himmel höher ist, denn die Erde, so sind auch meine Wege höher, denn eure Wege, und meine Gedanken, denn eure Gedanken.

Ps. 73, 25—26. Herr, wenn ich nur dich habe, so frage ich nichts nach Himmel und Erde. Wenn mir gleich Leib und Seele verschmachtet, so bist du doch, Gott, allezeit meines Herzens Trost und mein Teil.

*Röm. 8, 28. Wir wissen aber, daß denen, die Gott lieben, alle Dinge zum Besten dienen.

Lesen: Ps. 1. 23. 91. 37. 73. 121.
Das Buch Hiob (Auswahl).
Luk. 16, 19—31.
„Wer nur den lieben Gott läßt walten." „Befiehl du deine Wege." „Was Gott tut, das ist wohlgetan."

e. „Für deine Ehr' wir danken, daß du, Gott Vater, ewiglich regierst ohn' alles Wanken."

Die Heidenwelt: Apg. 17, 22—31.
Heilige Geschichte: Hebr. 1, 1—2.
Die Weltgeschichte.
Der einzelne Mensch (Luthers Lebensführung).

f. „Und das alles aus . . . Würdigkeit."

[Weshalb Gott so große Dinge vollbringen kann und vollbracht hat und noch heute vollbringt.]

α. Der allmächtige Gott.

*Ps. 90, 1—2. Herr Gott, du bist unsre Zuflucht für und für. Ehe denn die Berge wurden und die Erde und die Welt geschaffen wurden, bist du, Gott, von Ewigkeit zu Ewigkeit.

Lesen: Ps. 90.

*Ps. 104, 24. Herr, wie sind deine Werke so groß und so viel! Du hast sie alle weislich geordnet, und die Erde ist voll deiner Güter.

Lesen: Ps. 139.

*Ps. 139, 1—4. Herr, du erforschest mich und kennest mich. Ich sitze oder stehe auf, so weißt du es; du verstehest meine Gedanken von ferne. Ich gehe oder liege, so bist du um mich und siehest alle meine Wege. Denn siehe, es ist kein Wort auf meiner Zunge, das du, Herr, nicht alles wissest.

*Ps. 139, 7—10. Wo soll ich hingehen vor deinem Geist, und wo soll ich hinfliehen vor deinem Angesicht? Führe ich gen Himmel, so bist du da. Bettete ich mir in die Hölle, siehe, so bist du auch da. Nähme ich Flügel der Morgenröte und bliebe am äußersten Meer, so würde mich doch deine Hand daselbst führen und deine Rechte mich halten.

β. Der heilige Gott.

*Hiob 34, 11. Gott vergilt dem Menschen, danach er verdient hat.

γ. Der gnädige Gott.

Röm. 2, 4. Verachtest du den Reichtum seiner Güte, Geduld und Langmütigkeit? Weißt du nicht, daß dich Gottes Güte zur Buße leitet?

*Jes. 54, 10. Es sollen wohl Berge weichen und Hügel hinfallen, aber meine Gnade soll nicht von dir weichen, und der Bund meines Friedens soll nicht hinfallen, spricht der Herr, dein Erbarmer.

*Joh. 3, 16. Also hat Gott die Welt geliebt, daß er seinen eingeborenen Sohn gab, auf daß alle, die an ihn glauben, nicht verloren werden, sondern das ewige Leben haben.

„Wie groß ist des Allmächtgen Güte."

g. „Des alles ich . . . schuldig bin."

*Ps. 106, 1. Danket dem Herrn, denn er ist freundlich, und seine Güte währet ewiglich!

Lesen: Ps. 103. 29. 19. 46. 150.

„Lobe den Herren, den mächtigen König der Ehren." „Nun danket alle Gott." „Sei Lob und Ehr' dem höchsten Gut."

1. Sam. 15, 22. Gehorsam ist besser denn Opfer, und Aufmerken besser denn das Fett von Widdern.

h. „Das ist gewißlich wahr."

Der zweite Artikel.

Von der Erlösung.

Ich glaube an Jesum Christum, Gottes eingebornen Sohn, unsern Herrn, der empfangen ist vom heiligen Geiste, geboren von der Jungfrau Maria, gelitten unter Pontio Pilato [1]), gekreuziget, gestorben und begraben, niedergefahren zur Hölle [2]), am dritten Tage wieder auferstanden von den Toten, aufgefahren gen Himmel, sitzend zur Rechten Gottes, des allmächtigen Vaters, von dannen [3]) er kommen wird, zu richten die Lebendigen und die Toten.

Was ist das?

Ich glaube, daß Jesus Christus, wahrhaftiger Gott vom Vater in Ewigkeit geboren, und auch wahrhaftiger Mensch, von der Jungfrau Maria geboren, sei mein Herr, der mich verlornen und verdammten Menschen erlöset hat, erworben und gewonnen von allen Sünden, vom Tode und von der Gewalt des Teufels; nicht mit Gold oder Silber, sondern mit seinem heiligen, teuren Blute und mit seinem un-

---

[1]) „Unter Pontio Pilato" gehörte ursprünglich nicht, wie man heute verbindet, zu „gelitten", sondern zu „gekreuzigt", wie die ältere Form des Glaubensbekenntnisses zeigt.

[2]) Hölle — Totenreich (Hades), nicht: Aufenthaltsort der Verdammten. — Katholischer und Heidelb. Katech.: „abgestiegen zu der Hölle". Vgl. Theol. Encykl.[3], Bd. 9: Höllenfahrt Christi.

[3]) von dannen, heute: von wo.

schuldigen Leiden und Sterben; auf daß ich sein eigen sei, und in seinem Reiche unter ihm lebe und ihm diene in ewiger Gerechtigkeit, Unschuld und Seligkeit, gleichwie er ist auferstanden vom Tode, lebet und regieret in Ewigkeit. Das ist gewißlich wahr.

A. Übergang zum zweiten Artikel.

1. Das Bild Gottes; die Sünde; das Heidentum.

a. Lesen: 1. Mose 1, 26—30 und 2, 7; Ps. 8.

*1. Mose 1, 27. Gott schuf den Menschen ihm zum Bilde, zum Bilde Gottes schuf er ihn.

b. Lesen: 1. Mose 2, 8—9 und 15—17; Kap. 3; Ps. 51; Ps. 90.

*Röm. 3, 23. Sie sind allzumal Sünder und mangeln des Ruhmes, den sie bei Gott haben sollten.

c. Lesen: 1. Mose 11, 1—9; Röm. 1, 18—23; Apg. 17, 16—31.

d. *1. Mose 3, 15. Gott der Herr sprach zur Schlange: Ich will Feindschaft setzen zwischen dir und dem Weibe, und zwischen deinem Samen und ihrem Samen; derselbe soll dir den Kopf zertreten, und du wirst ihn in die Ferse stechen.

2. Die Offenbarung Gottes im Alten Bunde.

a. Die Gnade Gottes: Luk. 15.

b. Die Offenbarung Gottes im alten Bunde:

*1. Mose 12, 1—3. Der Herr sprach zu Abraham: Gehe aus deinem Vaterlande und von deiner Freundschaft und aus deines Vaters Hause in ein Land, das ich dir zeigen will. Und ich will dich zum großen Volke machen, und in dir sollen gesegnet werden alle Geschlechter auf Erden.

*2. Mose 19, 5—6 und 3. Mose 26, 12. Der Herr sprach zu Mose: So sollst du sagen zu den Kindern Israel: Werdet ihr meiner Stimme gehorchen und meinen Bund halten, so sollt ihr mein Eigentum sein vor allen Völkern, und ihr sollt mir ein priesterlich Königreich und ein heiliges Volk sein. Ich will euer Gott sein, und ihr sollt mein Volk sein.

Lesen: 5. Mose 4, 5—14 u. V. 32—40; Ps. 19; Ps. 1.

c. Das Gesetz des Alten Bundes: Röm. 2, 17—24; Röm. 7, 18—24; Röm. 3, 20b.

3. Die Hoffnung auf die Gründung eines vollkommenen Gottesreiches. Die messianische Weissagung.

a. Lesen: 2. Sam. 7, 1—16.

*2. Sam. 7, 12—14. Der Herr sprach zu David: Wenn nun deine Zeit hin ist, daß du mit deinen Vätern schlafen liegst, will ich deinen Samen nach dir erwecken, und ich will den Stuhl seines Königreichs bestätigen ewiglich; ich will sein Vater sein, und er soll mein Sohn sein.

*Jes. 9, 5—6 (bez. 6—7). Uns ist ein Kind geboren, ein Sohn ist uns gegeben, und die Herrschaft ist auf seiner Schulter; und er heißt Wunderbar-Rat, Kraft-Held, Ewig-Vater, Friedefürst, auf daß seine Herrschaft groß werde und des Friedens kein Ende auf dem Stuhl Davids und in seinem Königreich.

*Micha 5, 1. Und du Bethlehem Ephratha, die du klein bist unter den Städten in Juda, aus dir soll mir der kommen, der in Israel Herr sei, welches Ausgang von Anfang und von Ewigkeit her gewesen ist.

*Sach. 9, 9. Du Tochter Zion, freue dich sehr, und du Tochter Jerusalem, jauchze; siehe, dein König kommt zu dir, ein Gerechter und ein Helfer, arm, und reitet auf einem Esel und auf einem jungen Füllen der Eselin.

Lesen: Ps. 2.

*Ps. 110, 4. Du bist ein Priester ewiglich nach der Weise Melchisedeks.

Lesen: 1. Mose 14, 14—20.

b. *5. Mose 18, 15. Moses sprach: Einen Propheten wie mich wird der Herr dein Gott dir erwecken aus dir und aus deinen Brüdern; dem sollt ihr gehorchen.

*Jerem. 31, 31—34. Siehe, es kommt die Zeit, spricht der Herr, da will ich mit dem Hause Israel und mit dem Hause Juda einen neuen Bund machen: ich will mein Gesetz in ihr Herz geben und in ihren Sinn schreiben, und sie sollen mein Volk sein, so will ich ihr Gott sein.

*Jes. 53, 4—5. Fürwahr, er trug unsre Krankheit und lud auf sich unsre Schmerzen; wir aber hielten ihn für den, der geplagt und von Gott geschlagen und gemartert wäre. Aber er ist um unsrer Missetat willen verwundet und um unsrer Sünde willen zerschlagen; die Strafe liegt auf ihm, auf daß wir Frieden hätten, und durch seine Wunden sind wir geheilt.

c. Lesen: Jes. 40, 1—11.

*Mal. 3, 1. Siehe, ich will meinen Engel senden, der vor mir her den Weg bereiten soll, und bald wird kommen zu seinem Tempel der Herr, den ihr suchet; und der Engel des Bundes, des ihr begehret, siehe, er kommt! spricht der Herr Zebaoth.

d. *Joh. 4, 22. Das Heil kommt von den Juden.

*Hebr. 1, 1—2. Nachdem vor Zeiten Gott manchmal und mancherlei Weise geredet hat zu den Vätern durch die Propheten, hat er am letzten in diesen Tagen zu uns geredet durch den Sohn.

*2. Kor. 1, 20. In Christus sind alle Gottes-Verheißungen Ja und Amen.

B. Der zweite Artikel.

a. „Ich glaube, daß Jesus Christus sei mein Herr."

„Auf daß ich sein eigen sei und in seinem Reiche... Gerechtigkeit, Unschuld und Seligkeit."

Lesen: Matth. 13 und Mark. 4, 26—29.

*Matth. 4, 17. Tut Buße, das Himmelreich ist nahe herbeigekommen.

*Matth. 6, 33. Trachtet am ersten nach dem Reiche Gottes und nach seiner Gerechtigkeit, so wird euch solches alles zufallen.

*Röm. 14, 17. Das Reich Gottes ist nicht Essen und Trinken, sondern Gerechtigkeit und Friede und Freude in dem heiligen Geiste.

*Matth. 11, 28. Kommet her zu mir alle, die ihr mühselig und beladen seid, ich will euch erquicken.

*1. Kor. 1, 30. Christus ist uns gemacht von Gott zur Weisheit und zur Gerechtigkeit und zur Heiligung und zur Erlösung.

*Joh. 14, 6. Ich bin der Weg und die Wahrheit und das Leben; niemand kommt zum Vater denn durch mich.

b. „Ich glaube an Jesum Christum . . . Herrn."

„Ich glaube, daß Jesus Christus . . . Herr."

„Empfangen vom . . . Maria."

Lesen: Mark. 8, 27—30. Matth. 16, 13—20.

*(Mark. 8, 29.) Matth. 16, 16. Du bist Christus [der Messias], des lebendigen Gottes Sohn.

Lesen: Ps. 110.

*Joh. 8, 46. Welcher unter euch kann mich einer Sünde zeihen?

*Luk. 2, 49. Wisset ihr nicht, daß ich sein muß in dem, das meines Vaters ist?

*Joh. 14, 9. Wer mich sieht, der sieht den Vater.

*Kol. 2, 9. In ihm wohnt die ganze Fülle der Gottheit leibhaftig.

(Lesen: Joh. 1, 1—18.)

(Joh. 1, 1—3. Im Anfang war das Wort, und das Wort war bei Gott, und Gott war das Wort. Dasselbe war im Anfang bei Gott. Alle Dinge sind durch dasselbe gemacht, und ohne dasselbe ist nichts gemacht, was gemacht ist.)

*Joh. 1, 14. Und das Wort ward Fleisch und wohnte unter uns, und wir sahen seine Herrlichkeit, eine Herrlichkeit als des eingeborenen Sohnes vom Vater, voller Gnade und Wahrheit.

c. „Gelitten . . . Hölle."

„Der mich verlornen . . . Sterben."

*Joh. 3, 16. Also hat Gott die Welt geliebt, daß er seinen eingeborenen Sohn gab, auf daß alle, die an ihn glauben, nicht verloren werden, sondern das ewige Leben haben.

*Matth. 20, 28. Des Menschen Sohn ist nicht gekommen, daß er sich dienen lasse, sondern daß er diene und gebe sein Leben zu einer Erlösung für viele.

*1. Petr. 1, 18—19. Wisset, daß ihr nicht mit vergänglichem Silber und Gold erlöst seid von eurem eitlen Wandel nach väterlicher Weise, sondern mit dem teuren Blute Christi, als eines unschuldigen und unbefleckten Lammes.

Röm. 8, 32. Wenn Gott seines eigenen Sohnes nicht hat verschonet, sondern hat ihn für uns alle dahingegeben, wie sollte er uns mit ihm nicht alles schenken.

2. Kor. 5, 19. Gott war in Christo und versöhnte die Welt mit ihm selber, und rechnete ihnen ihre Sünden nicht zu, und hat unter uns aufgerichtet das Wort von der Versöhnung.

*Gal. 4, 4—5. Da die Zeit erfüllet ward, sandte Gott seinen Sohn, geboren von einem Weibe und unter das Gesetz getan, auf daß er die, so unter dem Gesetze waren, erlöste, daß wir die Kindschaft empfingen.

*1. Joh. 4, 19. Lasset uns ihn lieben, denn er hat uns zuerst geliebet.

d. „Am dritten Tage wieder auferstanden . . . und die Toten."

„Gleichwie er ist . . . in Ewigkeit."

*Pil. 2, 5—11. Ein jeglicher sei gesinnt, wie Jesus Christus auch war, welcher, ob er wohl in göttlicher Gestalt war, hielt er's nicht für einen

Raub, Gott gleich sein, sondern entäußerte sich selbst und nahm Knechtsgestalt an, ward gleichwie ein anderer Mensch und an Gebärden als ein Mensch erfunden; er erniedrigte sich selbst und ward gehorsam bis zum Tode, ja, zum Tode am Kreuz.

Darum hat ihn auch Gott erhöht, und hat ihm einen Namen gegeben, der über alle Namen ist, daß in dem Namen Jesu sich beugen sollen aller derer Kniee, die im Himmel und auf Erden und unter der Erde sind, und alle Zungen bekennen sollen, daß Jesus Christus der Herr sei, zur Ehre Gottes des Vaters.

e. „Amen." „Das ist gewißlich wahr."

*1. Tim. 1, 15. Das ist gewißlich wahr und ein teuer wertes Wort, daß Christus Jesus gekommen ist in die Welt, die Sünder selig zu machen.

Der dritte Artikel.

Von der Heiligung.

Ich glaube an den heiligen Geist, eine[1]) heilige, allgemeine[2]) christliche Kirche, die Gemeinde der Heiligen[3]), Vergebung der Sünden[4]), Auferstehung des Fleisches[5]) und ein ewiges Leben. Amen[6]).

Was ist das?

Ich glaube, daß ich nicht aus eigener Vernunft noch Kraft an Jesum Christum, meinen Herrn, glauben oder zu ihm

[1]) Später auch von Luther nicht als Artikel, sondern als Zahlwort gefaßt, wie im Nicänischen Glaubensbekenntnis und auch im damaligen lateinischen Texte des apostolischen Glaubensbekenntnisses.

[2]) Luther hat das im lateinischen Texte befindliche Wort „katholische" Kirche ausgedrückt durch „christliche" Kirche. Da diese Übersetzung aber nicht mehr richtig verstanden wird, so hat man in der Neuzeit dasselbe deutlicher ausgedrückt durch Hinzufügung des Wortes „allgemeine" Kirche. — Katholischer Katechismus: „eine heilige, katholische Kirche, Gemeinschaft der Heiligen". — Die „Gemeinschaft der Heiligen" umfaßt nach dem katholischen Katechismus: die streitende Kirche auf Erden, die leidende Kirche der Seelen im Fegfeuer, die triumphierende Kirche der Seligen im Himmel.

[3]) „Eine heilige christliche Kirche sollte auf recht Deutsch und unsere Muttersprache heißen eine christliche Gemeine oder Sammlung, oder aufs allerbeste und klarste eine heilige Christenheit. Die Gemeinde der Heiligen ist nichts anderes, denn die Glosse oder Auslegung, da jemand hat wollen deuten, was die christliche Kirche heiße." Großer Katechismus. Ob diese Deutung dem ursprünglichen Sinne der Worte entspricht, ist sehr zweifelhaft. Der ursprüngliche Sinn des Wortes (Sanctorum communio) ist zwar nicht: Gemeinschaft mit den Heiligtümern (Sakramenten) der Kirche, aber wahrscheinlich: Gemeinschaft mit den vollendeten Heiligen im Himmel. — Die Schule wird bei Luthers Deutung bleiben.

[4]) Katholischer Katechismus: Nachlaß der Sünden.

[5]) „Auf recht Deutsch würden wir also reden: Auferstehung des Leibes." Großer Katech. — „Wenn es auch möglich ist, mit den Wendungen: Niedergefahren zur Hölle und Auferstehung des Fleisches richtige und evangelische Vorstellungen zu verbinden, so ist doch nicht abzusehen, warum man diesem Verständnis nicht durch die direkte Einstellung der schriftgemäßen Formulierungen: Niedergefahren zu den Toten und Auferstehung des Leibes entgegenkommen sollte, wozu doch schon Luther den Weg gewiesen." Kleinert, Der Preußische Agendenentwurf (1894), S. 35.

[6]) Vgl. die Erklärung dieses Wortes beim Vaterunser!

kommen kann; sondern der heilige Geist hat mich durch das Evangelium berufen, mit seinen Gaben erleuchtet, im rechten Glauben geheiliget und erhalten; gleichwie er die ganze Christenheit auf Erden berufet, sammelt, erleuchtet, heiliget und bei Jesu Christo erhält im rechten, einigen Glauben[1]); in welcher Christenheit er mir und allen Gläubigen täglich alle Sünden reichlich vergibt, und am jüngsten Tage mich und alle Toten auferwecken wird, und mir samt allen Gläubigen in Christo ein ewiges Leben geben wird. Das ist gewißlich wahr.

a. „Ich glaube an den heiligen Geist, Vergebung der Sünden."

*Joh. 3, 5—6. Es sei denn, daß jemand geboren werde aus Wasser und Geist, so kann er nicht in das Reich Gottes kommen. Was vom Fleisch geboren wird, das ist Fleisch, und was vom Geist geboren wird, das ist Geist.

*Joh. 14, 26. Der Tröster, der heilige Geist, welchen mein Vater senden wird in meinem Namen, der wird euch alles lehren und euch erinnern alles des, das ich euch gesagt habe.

*1. Tim. 2, 4. Gott will, daß allen Menschen geholfen werde und sie zur Erkenntnis der Wahrheit kommen.

*Röm. 3, 20. Durch das Gesetz kommt Erkenntnis der Sünde.

*Röm. 3, 28. So halten wir nun dafür, daß der Mensch gerecht werde ohne des Gesetzes Werke, allein durch den Glauben.

*2. Kor. 5, 17. Ist jemand in Christo, so ist er eine neue Kreatur; das Alte ist vergangen, siehe, es ist alles neu geworden.

*Apg. 2, 42. Sie blieben aber beständig in der Apostel Lehre und in der Gemeinschaft und im Brotbrechen und im Gebet.

Phil. 2, 12—13. Schaffet, daß ihr selig werdet, mit Furcht und Zittern; denn Gott ist's, der in euch wirket beides, das Wollen und das Vollbringen, nach seinem Wohlgefallen.

b. „Eine heilige . . . Kirche, die Gemeinde der Heiligen."

1. Petr. 2, 9. Ihr seid das auserwählte Geschlecht, das königliche Priestertum, das heilige Volk, das Volk des Eigentums, daß ihr verkündigen sollt die Tugenden des, der euch berufen hat von der Finsternis zu seinem wunderbaren Licht.

c. „Auferstehung des Fleisches und ein ewiges Leben."

*Psalm 90, 12. Herr, lehre uns bedenken, daß wir sterben müssen, auf daß wir klug werden.

*Off. Joh. 14, 13. Selig sind die Toten, die in dem Herrn sterben, von nun an; ja, der Geist spricht, daß sie ruhen von ihrer Arbeit, denn ihre Werke folgen ihnen nach.

2. Kor. 4, 14. Wir wissen, daß der, der den Herrn Jesum hat auferwecket, wird auch uns auferwecken durch Jesum.

---

[1]) D. h. im rechten Glauben, der nur einer ist — deshalb Komma zwischen den beiden Attributen zu setzen.

*Off. Joh. 21, 4. Gott wird abwischen alle Tränen von ihren Augen, und der Tod wird nicht mehr sein, noch Leid, noch Geschrei, noch Schmerz wird mehr sein, denn das Erste ist vergangen.

d. *2. Kor. 13, 13. Die Gnade unsers Herrn Jesu Christi und die Liebe Gottes und die Gemeinschaft des heiligen Geistes sei mit uns allen!

e. „Amen." „Das ist gewißlich wahr."

C. Das dritte Hauptstück [1]).

1. Grundtext und Übersetzungen des Vaterunsers.

Das Vaterunser ist uns in zweifacher Überlieferung erhalten (Matth. 6 und Luk. 11), aber die beiden Überlieferungen stimmen nicht ganz miteinander überein, indem bei Lukas die Anrede nur lautet; „Vater" und die dritte und siebente Bitte ganz fehlen; der Schluß ist überhaupt ein späterer Zusatz. In der Kirche wird überall die längere Form des Vaterunsers gebraucht, aber in der katholischen Kirche von dem Schlusse nur das „Amen".

Im folgenden sind dargeboten der griechische Text, der lateinische und der gotische Text, wie auch der Text der drei Hauptkatechismen, des katholischen, des Lutherschen (vom Jahre 1542) und des Heidelberger Katechismus. Der griechische Text ist nach Matth. 6 gegeben; das gesperrt Gedruckte ist die kürzere Form des Vaterunsers, wie sie sich (mit einigen Abweichungen im Texte) bei Luk. 11 findet.

a. Matth. 6 und Luk. 11.

Πάτερ ἡμῶν ὁ ἐν τοῖς οὐρανοῖς,
ἁγιασθήτω τὸ ὄνομά σου,
ἐλθάτω ἡ βασιλεία σου,
γενηθήτω τὸ θέλημά σου ὡς ἐν οὐρανῷ καὶ ἐπὶ γῆς,
τὸν ἄρτον ἡμῶν τὸν ἐπιούσιον δὸς ἡμῖν σήμερον,
καὶ ἄφες ἡμῖν τὰ ὀφειλήματα ἡμῶν ὡς καὶ ἡμεῖς
ἀφήκαμεν τοῖς ὀφειλέταις ἡμῶν,
καὶ μὴ εἰσενέγκῃς ἡμᾶς εἰς πειρασμόν,
ἀλλὰ ῥῦσαι ἡμᾶς ἀπὸ τοῦ πονηροῦ.
[ὅτι σοῦ ἐστιν ἡ βασιλεία καὶ ἡ δύναμις καὶ ἡ δόξα εἰς τοὺς αἰῶνας.
ἀμήν.]

b. Lateinisches Vaterunser.

Pater noster, qui es in coelis,
sanctificetur nomen tuum,
adveniat regnum tuum,
fiat voluntas tua sicut in coelo et in terra,
panem nostrum quotidianum da nobis hodie,

[1]) Vgl. Luthers Lied: Vater unser im Himmelreich.

et dimitte nobis debita nostra, sicut et nos dimittimus
debitoribus nostris,
et ne nos inducas in tentationem,
sed libera nos a malo! Amen.

c. Das Vaterunser der gotischen Bibel[1].

Atta unsar, thu (ßu) in himinam,
veihnai (wichnai) namo thein (ßin),
qimai (kwimai) thiudinassus (ßiud.) theins (ßins),
vairthai (vĕrßai) vilja theins (ßins) sve in himina jah (jach)
ana airthai (ĕrßai).
hlaif (chlaif) unsarana thana (ßana) sinteinan (sintinan) gif uns
himma daga,
jah (jach) aflet uns thatei (ßati) skulans sijaima, svasve jah (jach)
veis (vis) afletam thaim (ßaim) skulam unsaraim,
jah (jach) ni briggais (bringais) uns in fraistubnjai,
ak lausei (lausi) uns af thamma (ßamma) ubilin!
Unte theina (ßina) ist thiudangardi (ßiud.) jah (jach) mahts (machts)
jah (jach) vulthus (vulßus) in aivins. Amen.

d. 1. Katholischer Katechismus. 2. Luthers Katechismus (1542).
3. Heidelberger Katechismus.

1. Vater unser, der du bist in dem Himmel
2. VAter vnser, der du bist im Himel[2])
3. Unser Vater, der du bist im Himmel

1. geheiliget werde dein Name
2. geheiliget werde dein Name
3. geheiliget werde dein Name

1. zukomme uns dein Reich
2. dein Reich kome
3. dein Reich komme

1. dein Wille geschehe, wie im Himmel also auch auf Erden
2. dein wille geschehe, Wie im Himel, also auch auff Erden
3. dein Wille geschehe, wie im Himmel, also auch auf Erden

1. gib uns heute unser tägliches Brot
2. vnser teglich Brod gib vns heute
3. unser täglich Brot gib uns heute

1. vergib uns unsere Schulden, wie auch wir vergeben unsern
Schuldigern
2. vnd verlasse vns vnser schulde, Als wir verlassen vnsern
Schüldigern
3. vergib uns unsere Schulden, wie auch wir vergeben unsern
Schuldigern

[1]) Vor h und r wird fast immer ai als ĕ, au als ŏ gesprochen.
[2]) Erst im Jahre 1531 ist die Anrede in Luthers Katechismus aufgenommen worden.

1. führe uns nicht in Versuchung
2. vnd füre vns nicht in versuchung
3. führe uns nicht in Versuchung

1. sondern erlöse uns von dem Übel.
2. sondern erlöse vns von dem vbel.
3. sondern erlöse uns von dem Bösen.

1. Amen.
2. Amen[1]).
3. Denn dein ist das Reich, die Kraft und die Herrlichkeit, in Ewigkeit. Amen.

2. Das Vaterunser. (II, 120.)

Vater unser, der du bist im Himmel[2]).

Was ist das?

Gott will uns damit locken, daß wir glauben sollen, er sei unser rechter Vater, und wir seine rechten Kinder, auf daß wir getrost und mit aller Zuversicht ihn bitten sollen, wie die lieben Kinder ihren lieben Vater.

*Ps. 50, 15. Rufe mich an in der Not, so will ich dich erretten, und du sollst mich preisen.

*Ps. 19, 15. Laß dir wohlgefallen die Rede meines Mundes und das Gespräch meines Herzens vor dir, Herr, mein Hort und mein Erlöser!

*Matth. 7, 7. Bittet, so wird euch gegeben; suchet, so werdet ihr finden; klopfet an, so wird euch aufgetan!

*Luk. 22, 42. Nicht mein, sondern dein Wille geschehe!

*1. Joh. 3, 1. Sehet, welch eine Liebe hat uns der Vater erzeigt, daß wir Gottes Kinder sollen heißen.

Röm. 8, 15. Ihr habt nicht einen knechtischen Geist empfangen, daß ihr euch abermals fürchten müßtet, sondern ihr habt einen kindlichen Geist empfangen, durch welchen wir rufen: Abba[3]), lieber Vater!

Ps. 115, 3. Unser Gott ist im Himmel, er kann schaffen, was er will.

1. Tim. 2, 1—2. So ermahne ich nun, daß man vor allen Dingen zuerst tue Bitte, Gebet, Fürbitte und Danksagung für alle Menschen, für die Könige und für alle Obrigkeit, auf daß wir ein ruhiges und stilles Leben führen mögen in aller Gottseligkeit und Ehrbarkeit.

Jak. 1, 6—7. Der Mensch bitte aber im Glauben und zweifle nicht; denn wer da zweifelt, der ist gleich wie die Meereswoge, die vom Winde

---

[1]) Erst im 18. Jahrhundert ist die Doxologie in Luthers Katechismus aufgenommen worden.

[2]) Luther hält sich im Katechismus an die altdeutsche Wortstellung (vgl. das gothische atta unsar), während er in der Bibel übersetzt „Unser Vater", wie auch der reformierte Katechismus, beide übereinstimmend mit unserm heutigen Sprachgebrauch. — Die Anrede mit ihrer Erklärung ist dem Katechismus erst im Jahre 1531 beigegeben worden.

[3]) Aramäisch = Vater.

getrieben und gewebt[1] wird; solcher Mensch denke nicht, daß er etwas von dem Herrn empfangen werde.

*1. Thess. 5, 17. Betet ohne Unterlaß!

Lesen: Matth. 7, 7—11. Luk. 11, 5—13. Luk. 18, 1—8a. Matth. 6, 5—8. Luk. 18, 9—14. Matth. 6, 9—15. Luk. 11, 1—4.

Die erste Bitte.

Geheiliget werde dein Name.

Gottes Name ist zwar an ihm selbst heilig; aber wir bitten in diesem Gebet, daß er auch bei uns heilig werde.

Wie geschieht das?

Wo[2] das Wort Gottes lauter und rein gelehrt wird, und wir auch heilig als die Kinder Gottes danach leben; das hilf uns, lieber Vater im Himmel! Wer aber anders lehret und lebet, denn das Wort Gottes lehret, der entheiliget unter uns den Namen Gottes; davor behüte uns, himmlischer Vater!

*3. Mose 19, 2. Ihr sollt heilig sein, denn ich bin heilig, der Herr euer Gott.

Matth. 5, 16. Lasset euer Licht leuchten vor den Leuten, daß sie eure guten Werke sehen und euren Vater im Himmel preisen!

*Joh. 17, (11 und) 17. Heiliger Vater, heilige uns in deiner Wahrheit dein Wort ist die Wahrheit!

Die zweite Bitte.

Dein Reich komme[3].

Was ist das?

Gottes Reich kommt wohl[4] ohne unser Gebet von ihm selbst; aber wir bitten in diesem Gebet, daß es auch zu uns komme.

Wie geschieht das?

Wenn der himmlische Vater uns seinen heiligen Geist gibt, daß wir seinem heiligen Worte durch seine Gnade glauben, und göttlich leben, hier zeitlich und dort ewiglich.

*Hebr. 1, 1—2. Nachdem vor Zeiten Gott manchmal und mancherleiweise geredet hat zu den Vätern durch die Propheten, hat er am letzten in diesen Tagen zu uns geredet durch den Sohn.

---

[1]) D. h. bewegt.

[2]) „Wo" nach älterem Sprachgebrauch (der noch erhalten ist in „wo möglich", „wo nicht") = „wenn", wie in der Erklärung der beiden folgenden Bitten.

[3]) Wenn Luther in seiner Auslegung uns bitten heißt, daß das Reich Gottes „auch zu uns komme", so ist diese Auslegung nach Luther sogar in den Text eingedrungen („Zu uns komme dein Reich"), aber aus demselben mit Recht wieder verdrängt worden. In Luthers Auslegung treten die Mission („auch zu uns") und das zukünftige Reich der Herrlichkeit gar zu sehr zurück („und dort ewiglich") hinter dem Gnadenreiche der Gegenwart.

[4]) Wohl = gewiß, ohne Zweifel.

*Matth. 6, 33. Trachtet am ersten nach dem Reiche Gottes und nach seiner Gerechtigkeit, so wird euch solches alles zufallen.

*1. Tim. 2, 4. Gott will, daß allen Menschen geholfen werde, und sie zur Erkenntnis der Wahrheit kommen.

Die dritte Bitte.

Dein Wille geschehe, wie im Himmel, also auch auf Erden.

Was ist das?

Gottes guter, gnädiger Wille geschieht wohl ohne unser Gebet; aber wir bitten in diesem Gebet, daß er auch bei uns geschehe.

Wie geschieht das?

Wenn Gott allen bösen Rat und Willen bricht und hindert, so uns den Namen Gottes nicht heiligen und sein Reich nicht kommen lassen wollen, als da ist des Teufels, der Welt und unsers Fleisches Wille, sondern[1]) stärket und behält uns fest in seinem Wort und Glauben, bis an unser Ende; das ist sein gnädiger, guter Wille.

*Matth. 26, 41. Der Geist ist willig, aber das Fleisch ist schwach.

*Joh. 4, 34. Meine Speise ist die, daß ich tue den Willen des, der mich gesandt hat, und vollende sein Werk.

* Luk. 22, 42. Nicht mein, sondern dein Wille geschehe!

Apg. 14, 22. Wir müssen durch viele Trübsale in das Reich Gottes gehen.

Die vierte Bitte.

Unser täglich Brot gib uns heute.

Was ist das?

Gott gibt täglich Brot auch wohl ohne unsere Bitte allen bösen Menschen; aber wir bitten in diesem Gebet, daß er's[2]) uns erkennen lasse und mit Danksagung empfangen[3]) unser täglich Brot.

Was heißt denn täglich Brot?[4])

Alles, was zur Leibes-Nahrung und -Notdurft gehört, als Essen, Trinken, Kleider, Schuh, Haus, Hof, Acker, Vieh, Geld, Gut, fromm Gemahl, fromme Kinder, fromm Gesinde,

---

[1]) D. h.: sondern wenn er uns stärket ...

[2]) es, d. h., wie Luther meint: das tägliche Brot als sein Geschenk; vgl. die lateinische Übersetzung: ut agnoscamus hoc beneficium. — Im ursprünglichen Texte fehlt das „es".

[3]) Ergänze: lasse.

[4]) Als zum „täglichen Brot" gehörend zählt Luther 22 Dinge „und desgleichen" auf.

fromme und treue Oberherren, gut Regiment[1], gut Wetter, Friede, Gesundheit, Zucht[2], Ehre, gute Freunde, getreue Nachbarn und desgleichen.

*Spr. 30, 8. Armut und Reichtum gib mir nicht, laß mich aber mein beschieden Teil Speise dahinnehmen!

*Matth. 6, 34. Sorget nicht für den andern Morgen, denn der morgende Tag wird für das Seine sorgen; es ist genug, daß ein jeglicher Tag seine eigene Plage habe.

*2. Thess. 3, 10. So jemand nicht will arbeiten, der soll auch nicht essen.

*Ps. 145, 15–16. Aller Augen warten auf dich [Herr], und du gibst ihnen ihre Speise zu seiner Zeit. Du tust deine Hand auf, und erfüllest alles, was lebet, mit Wohlgefallen.

*Matth. 5, 45. Gott läßt seine Sonne aufgehen über die Bösen und über die Guten, und läßt regnen über Gerechte und Ungerechte.

*Ps. 106, 1. Danket dem Herrn, denn er ist freundlich, und seine Güte währet ewiglich.

Lesen: Matth. 6, 19—34.

Die fünfte Bitte.

Und vergib uns unsre Schuld, wie wir vergeben unsern Schuldigern.

Was ist das?

Wir bitten in diesem Gebet, daß der Vater im Himmel nicht ansehen wolle unsre Sünden, und um derselben willen solche Bitten nicht versagen; denn wir sind der keines wert, das wir bitten, haben's[3] auch nicht verdienet; sondern er wolle es uns alles aus Gnaden geben, denn wir täglich viel sündigen und wohl[4] eitel[5] Strafe verdienen. So[6] wollen wir wiederum auch herzlich vergeben, und gerne wohltun denen, die sich an uns versündigen.

*Ps. 51, 3. Gott, sei mir gnädig nach deiner Güte, und tilge meine Sünden nach deiner großen Barmherzigkeit!

*Matth. 6, 14—15. So ihr den Menschen ihre Fehler vergebet, so wird euch euer himmlischer Vater auch vergeben. Wo ihr aber den Menschen ihre Fehler nicht vergebet, so wird euch euer Vater eure Fehler auch nicht vergeben.

Lesen: Matth. 18, 21—35.

*Matth. 5, 44. Liebet eure Feinde; segnet, die euch fluchen; tut wohl denen, die euch hassen; bittet für die, so euch beleidigen und verfolgen!

*Röm. 12, 20. So nun deinen Feind hungert, so speise ihn; dürstet ihn, so tränke ihn. Wenn du das tust, so wirst du feurige Kohlen auf sein Haupt sammeln.

[1] D. h. eine gute Regierung seitens der eben genannten Oberherren.
[2] D. h. Genügsamkeit, Mäßigkeit (vgl. den lateinischen Text: modestiam).
[3] es, d. h. das, um was wir in den vorangehenden Bitten gebeten haben.
[4] wohl = gewiß, ohne Zweifel.
[5] eitel, d. h. nichts als.
[6] So = dafür.

Die sechste Bitte.

Und führe uns nicht in Versuchung.

Was ist das?

Gott versucht zwar niemand; aber wir bitten in diesem Gebet, daß uns Gott wolle behüten und erhalten, auf daß uns der Teufel, die Welt und unser Fleisch nicht betrüge, und[1]) verführe in Mißglauben[2]), Verzweiflung und andere große Schande und Laster, und ob wir damit[3]) angefochten würden, daß wir doch endlich gewinnen und den Sieg behalten.

Jak. 1, 13—14. Niemand sage, wenn er versucht wird, daß er von Gott versucht werde; denn Gott kann nicht versucht werden zum Bösen, und er selbst versucht niemand. Sondern ein jeglicher wird versucht, wenn er von seiner eigenen Lust gereizt und gelockt wird.

1. Kor. 15, 33. Lasset euch nicht verführen; böse Geschwätze verderben gute Sitten.

*1. Kor. 10, 13. Gott ist getreu, der euch nicht läßt versuchen über euer Vermögen, sondern macht, daß die Versuchung so ein Ende gewinne, daß ihr's könnet ertragen.

*Mark. 14, 38. Wachet und betet, daß ihr nicht in Versuchung fallet; der Geist ist willig, aber das Fleisch ist schwach.

Jak. 1, 12. Selig ist der Mann, der die Anfechtung erduldet, denn nachdem er bewährt ist, wird er die Krone des Lebens empfangen, welche Gott verheißen hat denen, die ihn liebhaben.

*Röm. 8, 28. Wir wissen, daß denen, die Gott lieben, alle Dinge zum Besten dienen.

Matth. 18, 6. Wer aber ärgert dieser Geringsten einen, die an mich glauben, dem wäre besser, daß ein Mühlstein an seinen Hals gehängt, und er ersäuft würde im Meer, da es am tiefsten ist.

Die siebente Bitte.

Sondern erlöse uns von dem Übel[4]).

Was ist das?

Wir bitten in diesem Gebet als in der Summa, daß uns der Vater im Himmel von allerlei Übel Leibes und der Seele, Gutes und Ehre erlöse, und zuletzt, wenn unser Stündlein kommt, ein seliges Ende beschere, und mit Gnaden von diesem Jammertal zu sich nehme in den Himmel.

*Röm. 12, 12. Seid fröhlich in Hoffnung, geduldig in Trübsal, haltet an am Gebet!

---

[1]) und dadurch.
[2]) Mißglaube, d. h. falscher Glaube.
[3]) Nämlich mit Mißglauben usw.
[4]) Heidelberger Katechismus: „Sondern erlöse uns von dem Bösen".

Hebr. 12, 6. Welchen der Herr liebhat, den züchtigt er.

*2. Tim. 4, 18. Der Herr wird mich erlösen von allem Übel, und mir aushelfen zu seinem himmlischen Reich.

*Off. 2, 10. Sei getreu bis an den Tod, so will ich dir die Krone des Lebens geben.

*Ps. 37, 37. Bleibe fromm und halte dich recht, denn solchem wird es zuletzt wohlgehen.

Lesen: Röm. 8, 28–39.

Denn dein ist das Reich und die Kraft und die Herrlichkeit in Ewigkeit[1]). Amen.

Was heißt Amen?[2])

Daß ich soll gewiß sein, solche Bitten sind dem Vater im Himmel angenehm und erhöret, denn er selbst hat uns geboten, also zu beten, und verheißen, daß er uns will erhören. Amen, Amen[3]), das heißt: Ja, ja, es soll also geschehen.

Sprüche siehe bei der Anrede!

D. Das vierte Hauptstück.

Das Sakrament der heiligen Taufe. (III, 54–61.)

Zum ersten.

Was ist die Taufe?

Die Taufe ist nicht allein schlecht[4]) Wasser, sondern sie ist das Wasser in Gottes Gebot gefasset und mit Gottes Wort verbunden.

Welches ist denn solch Wort Gottes?

Da[5]) unser Herr Christus spricht Matthäi am letzten: **Gehet hin in alle Welt, lehret alle Völker und taufet sie im Namen des Vaters und des Sohnes und des heiligen Geistes[6]).**

---

[1]) Luther hat von dem (hier zugesetzten) Schlusse des Vaterunsers, der bekanntlich erst ein Zusatz der christlichen Kirche ist und zu seiner Zeit nicht gebräuchlich war und noch heute in der katholischen Kirche nicht gebräuchlich ist (und erst im 18. Jahrhundert in unsern Katechismus aufgenommen worden ist), nur das Wort „Amen" erklärt.

[2]) Das hebräische Wort Amen (= „Das ist gewißlich wahr"), mit welchem schon die Juden ihre Gebete schlossen oder eine Ansprache des Priesters bestätigten, haben auch die Christen beibehalten; nur die Franzosen haben dasselbe übersetzt: ainsi soit-il.

[3]) Beides ist Subjekt, und dasselbe wird noch einmal aufgenommen in dem folgenden Pronomen „das".

[4]) Schlechtes, d. h. einfaches.

[5]) Da = wo, d. h. dasjenige Wort Gottes, in welchem.

[6]) Nach dem Grundtext (vgl. Nr. 134 B, 1) lautet dieses Wort: Gehet hin [in alle Welt: Mark. 16, 15] und [im Katech. nicht enthalten] machet zu meinen

Zum andern.

Was gibt oder nützet die Taufe?

Sie wirkt Vergebung der Sünden, erlöset vom Tode und Teufel, und gibt die ewige Seligkeit allen, die es glauben, wie die Worte und Verheißung Gottes lauten.

Welches sind denn solche Worte und Verheißung Gottes?

Da unser Herr Christus spricht Marci am letzten:

Wer da glaubet und getauft wird, der wird selig werden; wer aber nicht glaubet, der wird verdammet werden.

Zum dritten.

Wie kann Wasser solche große Dinge tun?

Wasser tut's freilich nicht, sondern das Wort Gottes, so mit und bei dem Wasser ist, und der Glaube, so solchem Worte Gottes im Wasser trauet; denn ohne Gottes Wort ist das Wasser schlecht Wasser und keine Taufe; aber mit dem Worte Gottes ist es eine Taufe, das ist, ein gnadenreich Wasser des Lebens und ein Bad der neuen Geburt im heiligen Geiste; wie Sankt Paulus sagt zu Tito im dritten Kapitel:

Gott macht uns selig[1]) durch das Bad der Wiedergeburt und Erneuerung des heiligen Geistes, welchen er ausgegossen hat über uns reichlich durch Jesum Christum, unsern Heiland, auf daß wir durch desselben Gnade gerecht und Erben seien des ewigen Lebens nach der Hoffnung. Das ist gewißlich wahr.

Zum vierten.

Was bedeutet denn solch Wassertaufen?

Es bedeutet, daß der alte Adam in uns durch tägliche Reue und Buße soll ersäufet werden, und sterben mit allen Sünden und bösen Lüsten; und wiederum täglich herauskommen und auferstehen ein neuer Mensch, der in Gerechtigkeit und Reinigkeit vor Gott ewiglich lebe.

Wo stehet das geschrieben?

Sankt Paulus zu den Römern am sechsten spricht:

Wir sind samt Christo durch die Taufe begraben in den Tod, auf daß, gleichwie

Jüngern alle Völker [ursprünglich im Katech.: Heiden], indem ihr sie taufet in den Namen des Vaters, des Sohnes und des heiligen Geistes, und indem ihr sie lehret halten alles, was ich euch befohlen habe. Vgl. das Lied (Nr. 86): „Ich bin getauft auf deinen Namen, Gott Vater, Sohn und heil'ger Geist."

[1]) Die vier ersten Worte sind (aus der Bibel) erst im revidierten Katechismus aufgenommen worden.

Christus ist von den Toten auferwecket durch die Herrlichkeit des Vaters, also sollen[1]) auch wir in einem neuen Leben wandeln.

Mark. 10, 14. Lasset die Kindlein zu mir kommen und wehret ihnen nicht, denn solcher ist das Reich Gottes[2]).

E. Das fünfte Hauptstück.

Das Sakrament des Altars oder das heilige Abendmahl.

(III, 54–61.)

Was ist das Sakrament des Altars?

Es ist der wahre Leib und Blut unsers Herrn Jesu Christi, unter dem Brot und Wein uns Christen zu essen und zu trinken von Christo selbst eingesetzt.

Wo stehet das geschrieben?

So schreiben die heiligen Evangelisten Matthäus, Markus, Lukas und Sankt Paulus[3]):

Unser Herr Jesus Christus, in der Nacht, da er verraten ward, nahm er das Brot, dankte und brach's und gab es seinen Jüngern und sprach: Nehmet hin und esset[4]); das ist mein Leib, der für euch gegeben wird; solches tut zu meinem Gedächtnis.

Desselbigengleichen nahm er auch den Kelch nach dem Abendmahl[5]), dankte und gab ihnen den und sprach: Nehmet hin und trinket alle daraus; dieser Kelch ist das neue Testament[6]) in meinem Blut, das für euch vergossen wird zur Vergebung der Sünden; solches tut, so oft ihr's trinket, zu meinem Gedächtnis.

---

[1]) Das Wort „sollen" bliebe besser weg.

[2]) Luther handelt in seinem Großen Katechismus zuletzt noch von der Berechtigung der Kindertaufe; auf der Sitte der Kindertaufe beruht die erst nach Luther üblich gewordene Konfirmation, von welcher Luther natürlich im Katechismus nicht redet.

[3]) Die bei der Einsetzung des h. Abendmahls von Jesus gesprochenen Worte, welche, als die Handlung bloß erklärend, nicht buchstäblich festgehalten, sondern freier überliefert worden sind, sind in kürzerer Fassung bei Matthäus und Markus, in erweiterter Fassung (namentlich auch durch den Zusatz: „Solches tut zu meinem Gedächtnis!") bei Lukas und Paulus (1. Kor. 11) überliefert. Die Worte Jesu lauten nach dem Grundtext (vgl. Nr. 134 B, 1) der vier Berichte also:
Nehmet, esset, das ist mein Leib für euch (der für euch gegeben wird); das tut zu meinem Gedächtnis. Trinket alle daraus; denn das ist mein Blut des Bundes (dieser Kelch ist der neue Bund in meinem Blut), das für viele (für euch) vergossen wird (zur Vergebung der Sünden). Dies tut, so oft ihr trinket, zu meinem Gedächtnis.
Nur die gesperrt gedruckten Worte sind in allen oder in den beiden älteren Berichten (Matthäus und Markus) vorhanden.

[4]) Und hier in Luthers Text einzuschieben auf Grund der Tradition empfiehlt sich, um die Übereinstimmung mit dem zweiten Gliede (nehmet hin und trinket) herzustellen und um das Auswendiglernen zu erleichtern.

[5]) D. h. nach dem jüdischen Passahmahl.

[6]) D. h. der neue Bund.

Was nützet denn solch Essen und Trinken?

Das zeigen uns diese Worte:

Für euch gegeben und vergossen zur Vergebung der Sünden;

nämlich, daß uns im Sakrament Vergebung der Sünden, Leben und Seligkeit durch solche Worte gegeben wird; denn wo Vergebung der Sünden ist, da ist auch Leben und Seligkeit.

Wie kann leiblich Essen und Trinken solche große Dinge tun?

Essen und Trinken tut's freilich nicht, sondern die Worte, so da stehen:

Für euch gegeben und vergossen zur Vergebung der Sünden;

welche Worte sind neben dem leiblichen Essen und Trinken als[1]) das Hauptstück im Sakrament; und wer denselben Worten glaubt, der hat, was sie sagen und wie sie lauten, nämlich Vergebung der Sünden.

Wer empfängt denn solch Sakrament würdiglich?

Fasten und leiblich sich bereiten ist wohl[2]) eine feine äußerliche Zucht[3]); aber der ist recht würdig und wohl geschickt, wer den Glauben hat an diese Worte:

Für euch gegeben und vergossen zur Vergebung der Sünden.

Wer aber diesen Worten nicht glaubt oder zweifelt, der ist unwürdig und ungeschickt; denn das Wort: **Für euch** fordert eitel[4]) gläubige Herzen.

1. Kor. 10, 16. Der gesegnete Kelch, welchen wir segnen, ist der nicht die Gemeinschaft des Blutes Christi? Das Brot, das wir brechen, ist das nicht die Gemeinschaft des Leibes Christi?

1. Kor. 11, 28—29. Der Mensch prüfe aber sich selbst, und also esse er von diesem Brot und trinke von diesem Kelch. Denn welcher unwürdig isset und trinket, der isset und trinket sich selber zum Gericht, damit daß er nicht unterscheidet den Leib des Herrn.

Anhang zu Luthers Katechismus.[5])

1. Die Predigt. (III, 54—61.)

„Ich glaube, daß ich nicht aus eigener Vernunft ... durch das Evangelium ... im rechten, einigen Glauben." Katech. II, 3, Erkl.

„Solchen Glauben zu erlangen, hat Gott das Predigtamt eingesetzt, Evangelium und Sakramente gegeben, dadurch er,

[1]) Heute überflüssig; lateinischer Text: tanquam caput et summa = so zu sagen das Hauptstück.

[2]) wohl = gewiß, ohne Zweifel.

[3]) Zucht = Sitte.

[4]) eitel = ganz.

[5]) Von den folgenden Zugaben zum Katechismus ist 1. vor, 2. und 3. nach dem vierten Hauptstück durchzunehmen.

als durch Mittel, den heiligen Geist gibt, welcher den Glauben wirket, wo und wenn er will, in denen, so das Evangelium hören." Augsb. Konf. Art. 5.

Sprüche zu dem Hauptstücke von der Predigt[1]).

a. Die Einsetzung der Predigt.

Röm. 10, 17. So kommt der Glaube aus der Predigt, das Predigen aber durch das Wort Gottes.

Mark. 16, 15. Gehet hin in alle Welt und prediget das Evangelium aller Kreatur.

2. Tim. 3, 15. Weil du von Kind auf die heilige Schrift weißt, kann dich dieselbe unterweisen zur Seligkeit durch den Glauben an Christum Jesum.

b. Der Inhalt der Predigt.

Röm. 3, 28. So halten wir nun dafür, daß der Mensch gerecht werde[2]) ohne des Gesetzes Werke, allein durch den Glauben.

Joh. 3, 16. Also hat Gott die Welt geliebt, daß er seinen eingeborenen Sohn gab, auf daß alle, die an ihn glauben, nicht verloren werden, sondern das ewige Leben haben.

Röm. 1, 16. Ich schäme mich des Evangeliums von Christo nicht, denn es ist eine Kraft Gottes, die da selig macht alle, die daran glauben, die Juden vornehmlich und auch die Griechen.

c. Die Kraft der Predigt.

Hebr. 4, 12. Das Wort Gottes ist lebendig und kräftig und schärfer denn kein zweischneidig Schwert, und dringt durch, bis daß es scheidet Seele und Geist, auch Mark und Bein, und ist ein Richter der Gedanken und Sinne des Herzens.

d. Wer wird des Segens der Predigt teilhaftig?

Luk. 11, 28. Selig sind, die das Wort Gottes hören und bewahren.

Matth. 7, 21. Es werden nicht alle, die zu mir sagen „Herr, Herr", in das Himmelreich kommen, sondern die den Willen tun meines Vaters im Himmel.

Jak. 1, 22. Seid aber Täter des Worts und nicht Hörer allein, wodurch ihr euch selbst betrüget.

2. Die Konfirmation. (III, 54—61.)[3])

Geistlicher. Liebe Kinder, ihr seid durch die heilige Taufe in den Gnadenbund des dreieinigen Gottes aufgenommen, im evangelischen Be-

[1]) Von den folgenden Sprüchen sind vornehmlich die unter a zu lernen. Die Sprüche sind geordnet (a—d) im Anschluß an die vier Fragen der Hauptstücke IV und V.

[2]) D. h.: Vergebung der Sünden erhalte.

[3]) Das Folgende bietet den Gang der in der Regel an einen Gottesdienst sich anschließenden kirchlichen Handlung, um die Besprechung derselben in der Schule zu erleichtern.

kenntnis unterwiesen und zum Verständnis des göttlichen Wortes angeleitet, und begehret nunmehr, zum Tisch des Herrn in der Gemeinde zugelassen zu werden. So tut nun, was eure Eltern und Paten dereinst in eurem Namen getan haben, und bekennet unsern christlichen Glauben.

Konfirmanden. Ich glaube an Gott ... Amen.

Geistl. Wollet ihr solchem Glauben gemäß wandeln, der Sünde absagen und eurem Heiland nachfolgen,

so antwortet: Ja, mit Gottes Hilfe.

Konfirm. Ja, mit Gottes Hilfe.

so bezeuget dies, indem ihr euch zu eurem Taufgelübde bekennt.

Konfirm. Ich entsage dem Bösen [dem Teufel] und allen seinen Werken und allem seinen Wesen, und ergebe mich dir, du dreieiniger Gott, Vater, Sohn und heiliger Geist, in Glauben und Gehorsam dir treu zu sein bis an mein letztes Ende. Amen.

Geistl. Wollet ihr auch, damit ihr solches alles vermöget, die euch dargebotenen Gnadenmittel gewissenhaft gebrauchen, euch mit fleißigem Gebet zu Gottes Wort und Tisch treulich halten, der Ordnung und Zucht der Kirche euch willig unterwerfen und also mit Gottes Hilfe als getreue Glieder unserer evangelischen Kirche im rechten Glauben und gottseligen Leben beharren bis ans Ende, so antwortet: Ja, wir wollen es mit Gottes Hilfe.

Konfirm. Ja, wir wollen es mit Gottes Hilfe.

Geistl. Das helfe euch Gott, der allmächtige Vater, um Jesu Christi willen durch seinen heiligen Geist. Er gebe euch zum Wollen das Vollbringen, daß ihr in diesem allen möget bleiben, wachsen und zunehmen.

Gebet.

Segen.

Der Gott und Vater unseres Herrn Jesu Christi, der in euch angefangen hat das gute Werk, der wolle es durch seinen heiligen Geist bestätigen und vollführen bis an den Tag Jesu Christi. Amen.

[Gesang der Konfirmierten.]

Geistl. Liebe Kinder, nachdem ihr auf euer Bekenntnis und Gelübde den Segen der Kirche empfangen habt, so erteile ich, als ein verordneter Diener der Kirche, euch die Befugnis, das Abendmahl des Herrn mitzufeiern und also an allen geistlichen Gütern und Gaben der Gemeinde teilzunehmen, deren Haupt unser Herr Jesus Christus ist.

Ansprache an die Gemeinde.

Gebet.

Liedervers der Gemeinde.

Vaterunser.

Segen.

3. Die Beichte. (III, 54—61.)[1]

a. Was ist die Beichte?

Die Beichte begreift zwei Stücke in sich: eins, daß man die Sünden bekenne; das andere, daß man die Absolution oder Vergebung vom Beichtiger empfahe als von Gott selbst, und ja nicht daran zweifle, sondern fest glaube, die Sünden seien dadurch vergeben vor Gott im Himmel[2].

b. Wie pflegen wir zu beichten?

Allmächtiger Gott, barmherziger Vater, ich armer, elender, sündiger Mensch bekenne dir alle meine Sünde und Missetat, die ich begangen mit Gedanken, Worten und Werken, damit ich dich jemals erzürnet und deine Strafe zeitlich und ewiglich verdient habe. Sie sind mir aber alle herzlich leid und reuen mich sehr, und ich bitte dich um deiner grundlosen Barmherzigkeit und um des unschuldigen und bitteren Leidens und Sterbens deines lieben Sohnes Jesu Christi willen, du wollest mir armen sündhaften Menschen gnädig und barmherzig sein, mir alle meine Sünden vergeben und zu meiner Besserung deines Geistes Kraft verleihen. Amen.

Darauf fragt der Pastor die Beichtenden:

Ist das nun euer ernstlicher Wille [euer aufrichtiges Bekenntnis], begehrt ihr Vergebung der Sünden um Christi willen, und habt ihr den festen und aufrichtigen Vorsatz, euer sündliches Leben zu bessern, so antwortet: „Ja".

Die Beichtgemeinde antwortet: „Ja".

c. Wie werden wir von der Sünde losgesprochen?

Auf solch euer Bekenntnis verkündige ich euch allen, die ihr eure Sünden herzlich bereut und euch des Verdienstes Jesu Christi im wahren Glauben getröstet und den festen Vorsatz habt, euer Leben zu bessern, kraft meines Amtes, als ein berufener und verordneter Diener des Wortes, die Gnade Gottes und die Vergebung eurer Sünden im Namen des Vaters und des Sohnes und des heiligen Geistes. Amen.[3]

[1]) Dieser Unterricht Luthers von der Beichte (von welchem hier nur die erste Frage aufgenommen worden ist) ist dem Katechismus erst im Jahre 1531 beigefügt worden. Nr. b und c sind aus der Agende beigefügt.

[2]) „Und hier siehst du, daß die Taufe mit ihrer Kraft und Deutung begreift auch das dritte Sakrament [als welches Luther damals noch die „Buße" betrachtete], welches man genannt hat die Buße [d. h. Beichte], als die eigentlich nichts anderes ist, denn die Taufe, nämlich ein Wiedergang und Zutreten zur Taufe, daß man das wiederholt und treibt, so man zuvor angefangen und doch davon gelassen hat." Luther, Großer Katech., Von der Taufe.

[3]) Vgl. Nr. 145: Die Entstehung des Katechismus. Nr. 153 C, 2: Luthers Vorrede zum kleinen Katechismus. Nr. 153 C, 2: Der Wert des Katechismus.

C. Der christliche Gottesdienst.

9. (149.) Der evangelische Sonntags-Gottesdienst.

(I, 72. Quell. II, 3.)[1])

Zum Glauben an Gott und zum Gebet wird durch die Predigt zunächst der einzelne Christ geführt. Aber die einzelnen Christen schließen sich nun zusammen zu Gemeinden, und auch in der Gemeinde wird das Wort Gottes gepredigt und zu Gott gebetet. So entsteht der gemeinsame Gottesdienst der Christen, und es ist oben gezeigt worden, wie sich derselbe in der alten und in der mittelalterlichen Kirche gestaltet hat. Im folgenden soll nun gezeigt werden, wie sich der evangelische Gottesdienst gestaltet hat.

a[2]). Aus dem Gottesdienste der alten Kirche, dessen Hauptbestandteile Gebet und Gesang, Vorlesung und Auslegung der h. Schrift und die Abendmahlsfeier gewesen waren, hatte sich allmählich der Gottesdienst der morgenländischen Kirche und der katholischen Kirche des Mittelalters entwickelt. Als das Hauptstück des ganzen katholischen Gottesdienstes gilt aber die Messe, d. h. die auf Grund der Verwandlung von Brot und Wein in Leib und Blut Christi erfolgende Wiederholung des Opfers Christi zur Vergebung der Tatsünden der Gläubigen. Ein Opfer kann aber nur durch einen Priester dargebracht werden, nicht durch einen Laien. So werden nun durch den katholischen Priester jeden Tag, indem er die Einsetzungsworte über Brot und Wein spricht, in der Messe Brot und Wein verwandelt in Leib und Blut Christi, nicht bloß zum Genuß beim h. Abendmahl, sondern vornehmlich dazu, um Christum dem Vater immer aufs neue als Opfer darzubringen für die sonst ungesühnt bleibenden Tatsünden der Gläubigen.

b. Als nun Luther erkannt hatte, daß die Lehre der Katholiken vom Abendmahl falsch sei, konnte er auch die katholische Messe nicht mehr billigen, durch welche die Predigt und der Gemeindegesang fast verdrängt worden waren. Aber während die Wittenberger Schwärmer alles auf einmal umändern wollten, ging Luther mit der Umänderung des Gottesdienstes sehr langsam vor, und erst nach der in den Jahren 1527—1529 abgehaltenen Kirchenvisitation ist der Gottesdienst in Sachsen allgemein umgestaltet worden. Aus der katholischen Messe sind seitdem die evangelische Liturgie und die Abendmahlsfeier geworden; aber die letztere hat sich mehr und mehr von dem gewöhnlichen Gottesdienst, mit welchem sie früher verbunden war, getrennt und ist zu einer besonderen gottesdienstlichen Feier geworden, wie das ja auch in der ersten christlichen Kirche geschehen war.

Wenn sich also der evangelische Gottesdienst vom katholischen Gottesdienste vornehmlich dadurch unterscheidet, daß von uns die Messe verworfen wird, so unterscheidet er sich vom katholischen Gottesdienste auch noch in anderer Beziehung; zunächst nämlich dadurch, daß er in jedem Lande in der Landessprache gehalten wird, während die katholische Kirche für den Hauptteil des Gottesdienstes, die Messe, die lateinische Sprache fordert. Aber noch wichtiger ist es, daß der katholische Gottesdienst vor-

[1]) Vgl. auch meine Schrift: Der Sonntags-Gottesdienst in der preußischen Landeskirche. (Progr. des Gymnasiums zu Nakel-Netze, 1896, Nr. 163.) [2]) Vgl. Nr. 64 und 88.

nehmlich ein Werk des **Priesters** ist und ohne einen solchen nicht gehalten werden kann, während der evangelische Gottesdienst ein Tun der **Gemeinde** ist, wobei der Geistliche nur im Namen der Gemeinde handelt und nur das tut, was jeder andere ebensogut tun könnte, da ja alle Christen Priester sind und wir keine besonderen Priester haben, wenn es nicht im Interesse der Ordnung läge, bestimmte Dinge einzelnen Gliedern der Gemeinde zu übertragen. Ihren Höhepunkt erreicht die Mittätigkeit der Gemeinde im **Kirchengesang**. Endlich ist auch erst im evangelischen Gottesdienst die **Predigt** wieder in ihr Recht eingesetzt worden, welche in der katholischen Kirche so sehr hinter der Messe zurückgetreten war und noch heute zurücksteht, daß sie nicht einmal im Hauptgottesdienste für nötig gilt.

Enger als Luther hat sich die anglikanische Kirche an den Gottesdienst der alten Kirche angeschlossen; weiter als Luther hat sich von demselben die reformierte Kirche entfernt, welche den Gottesdienst auf die einfachste, den biblischen Andeutungen sich anschließende Form zurückzuführen suchte. Allmählich aber haben sich die beiden evangelischen Kirchen Deutschlands auch auf diesem Gebiete einander mehr genähert, so daß heute zwischen lutherischem und reformiertem Gottesdienst, wenigstens in Deutschland, kein großer Unterschied mehr besteht. Diejenige Gottesdienstordnung, welche jetzt in Preußen üblich ist, ist seit dem Jahre 1816 von dem Könige Friedrich Wilhelm III. allmählich eingeführt und im Jahre 1894 revidiert und vervollkommnet worden. Durch dieselbe hat der Hauptgottesdienst in der preußischen Landeskirche folgende Gestalt erhalten.

c. Der evangelische Christ wird, wenn er nach dem Läuten der Glocken in die Kirche eintritt, von den würdigen, den ganzen Kirchenraum ausfüllenden Tönen der Orgel empfangen, welche, wie sie den Gottesdienst anfängt und schließt, so auch seine einzelnen Teile zu einem niemals durch eine Pause unterbrochenen Ganzen verbindet. Unser Hauptgottesdienst zerfällt aber in vier Hauptteile: Liturgie, Gesang, Predigt und Kirchengebet, denen ein Eingang vorangeht und ein Schluß nachfolgt. Den Eingang des Gottesdienstes bildete in der alten Zeit ein vom Chor gesungener Bibelspruch (von dem ja bekanntlich manche Sonntage ihren Namen erhalten haben), jetzt in der Regel ein für den Beginn des Gottesdienstes geeignetes Lied. Inzwischen hat der Geistliche den Altar betreten, und es beginnt der erste Teil des Gottesdienstes, die sogenannte **Liturgie**, welche in zwei Abschnitte zerfällt, das Sündenbekenntnis und die Schriftvorlesung, welche von einleitenden und abschließenden kürzeren Worten des Geistlichen und der Gemeinde eingeschlossen sind. Der Gemeinde, die ihrem Gotte gegenübertritt, ist es natürlich, zunächst ihrer Sünde zu gedenken, und deshalb spricht der Geistliche in ihrem Namen zuerst das Sündenbekenntnis: „Allbarmherziger Gott und Vater" usw., und die Gemeinde stimmt in diese Bitte ein mit dem altkirchlichen Rufe: „Kyrie eleison, Christe eleison, Kyrie eleison". (Herr, erbarme dich unser usw.) Auf dies bußfertige Bekenntnis der Sünde verkündigt der Geistliche der Gemeinde im zweiten Teile der Liturgie die Gnade Gottes, indem er, nachdem er zunächst auf das Engelwort hingewiesen hat: „Ehre sei Gott" usw., jetzt meistens nur **einen** oder früher **mehrere** Abschnitte aus dem Worte Gottes vorliest. Dazu sind seit alter Zeit bestimmte Abschnitte ausgewählt, die sogenannten **Perikopen**, die jedem Sonntage zugeteilt sind[1]). Zu dem vernommenen Worte drückt die Gemeinde ihre Zustimmung aus, indem sie mit dem Geistlichen im Herzen einstimmt in das kirchliche Glaubensbekenntnis, oder wohl auch selber statt desselben das daraus entstandene Lutherlied anstimmt: „Wir glauben all' an einen Gott.“ Damit hat die Liturgie ihren Abschluß erreicht.

Nach der Liturgie folgt das Hauptlied, welches sich an das verlesene Gotteswort anschließt oder auf die kommende Predigt vorbereitet.

Während des Gesanges besteigt der Pastor die Kanzel, um in der Predigt das Wort Gottes der Gemeinde zu erklären und ans Herz zu legen.

Auf die Predigt folgt als letzter Teil des Gottesdienstes das allgemeine Kirchengebet, welches im Vaterunser seinen würdigen Abschluß findet.

Der ganze Gottesdienst gewinnt endlich seinen Schluß durch den Segen des Geistlichen und einen Schlußvers der Gemeinde; unter den Klängen der Orgel verläßt die Gemeinde das Gotteshaus.

d. Die Ordnung des Sonntags-Gottesdienstes in der preußischen Landeskirche.

Gemeinde: Eingangslied.

Geistlicher[2]): Im Namen des Vaters und des Sohnes und des heiligen Geistes. Amen.

Unsere Hilfe stehet im Namen des Herrn, der Himmel und Erde gemacht hat.

Eingangsspruch (wechselnd).

Gemeinde: Ehre sei dem Vater und dem Sohne und dem heiligen Geiste, wie es war im Anfang, jetzt und immerdar, und von Ewigkeit zu Ewigkeit! Amen.

Geistlicher[3]): [Lasset uns vor dem Herrn unsere Sünden bekennen:]

Sündenbekenntnis (in wechselnder Form).

Gemeinde: Herr, erbarme dich unser. Christe, erbarme dich unser. Herr, erbarme dich unser!

Oder:

Kyrie eleison. Christe eleison. Kyrie eleison[4]).

Geistlicher: Gnadenverkündigung (in wechselnder Form).

Ehre sei Gott in der Höhe[5])!

Gemeinde: Und Friede auf Erden und den Menschen ein Wohlgefallen! Amen, Amen, Amen[6]).

Geistlicher: Der Herr sei mit euch!

Gemeinde: Und mit deinem Geiste!

[1]) Den alten Perikopen sind unlängst neue zur Seite gestellt worden, um die Gemeinde noch umfassender in die heilige Schrift einzuführen.

[2]) Während der katholische Priester die liturgischen Stücke sämtlich singt, werden dieselben in der evangelischen Kirche jetzt sämtlich meistens gesprochen; der Gesang hat sich nur in den lutherischen Kirchen, sonst höchstens für den Segen, das Vaterunser und die Abendmahlsworte erhalten.

[3]) Was in eckige Klammern eingeschlossen ist, darf auch wegbleiben.

[4]) Ἐλέησον ist der Imper. Aor. von dem Verbum ἐλεέω (η nach der späteren und heutigen Aussprache des Griechischen als i gesprochen — sprich: ele—ison!).

[5]) Wenn die Gemeinde hierauf mit dem Liedervers antwortet: „Allein Gott in der Höh' sei Ehr'“, so liest der Geistliche die ganze Lobpreisung: „Ehre sei ... Wohlgefallen.“

[6]) An den Festtagen kann hierauf der Chor den „großen Lobgesang“ singen: „Wir loben dich.“ Vgl. Lied 31d.

Geistlicher: Lasset uns beten: (Gebet vor der Schriftvorlesung[1]) — in wechselnder Form).

Gemeinde: Amen.

Geistlicher: Verlesung der Epistel.
Spruch nach der Epistel.
Hallelujah[2]).

Gemeinde: Hallelujah, Hallelujah, Hallelujah.

Geistlicher: Verlesung des Evangeliums.
Gelobt seist du, o Christus!

Gemeinde: Ehre sei dir, Herr!

Geistlicher: [Lasset uns in Einmütigkeit des Glaubens mit der gesamten Christenheit also bekennen:] Glaubensbekenntnis[3]).

Gemeinde: Amen, Amen, Amen.

Gemeinde: Predigtlied.

Geistlicher: Predigt. (Liedervers der Gemeinde.) Abkündigungen. Segen.

Gemeinde: Liedervers.

[Geistlicher: Erhebet eure Herzen!

Gemeinde: Wir erheben sie zum Herrn.

Geistlicher: Lasset uns danken dem Herrn, unserm Gott!

Gemeinde: Recht und würdig ist es.

Geistlicher: Recht ist es und wahrhaft würdig und heilbringend, dir, Allmächtiger, Dank zu sagen zu allen Zeiten und an allen Orten durch Jesum Christum, unsern Herrn, (um dessentwillen du uns verschont hast, uns unsere Sünden vergibst und die ewige Seligkeit verheißest,) und mit allen Engeln und Erzengeln und dem ganzen Heere der himmlischen Heerscharen singen wir dir und deiner unendlichen Herrlichkeit einen Lobgesang.

Gemeinde: Heilig, heilig, heilig ist der Herr Zebaoth. Alle Lande sind seiner Ehre voll. Hosianna in der Höh'[4]). Gelobt sei, der da kommt im Namen des Herrn. Hosianna in der Höh'!]

Geistlicher: Kirchengebet (in wechselnder Form).
Gebet des Herrn.

Gemeinde: Amen.

Geistlicher: Segen.

Gemeinde: Amen, Amen, Amen. Schlußvers (vor oder nach dem Segen).

e. Allgemeines Kirchengebet. (Gewöhnliche Form.)

Herr Gott, himmlischer Vater, wir bitten dich, du wollest deine christliche Kirche mit allen ihren Lehrern und Dienern durch deinen heiligen Geist regieren, daß sie bei der reinen Lehre deines Wortes erhalten, der wahre Glaube in uns erweckt und gestärkt werde, auch die Liebe gegen alle Menschen in uns erwachse und zunehme. Segne nach deiner Verheißung die Predigt des Evangeliums zur Ausbreitung deines Reiches auch unter

---

[1]) Dieselbe kann auch auf einen Schriftabschnitt beschränkt werden.

[2]) D. h. Lobet den Herrn!

[3]) Das Apostolikum kann auch durch das Nicänische Bekenntnis oder durch das Lutherlied „Wir glauben all' an einen Gott" oder ein anderes Glaubenslied ersetzt werden.

[4]) D. h.: Hilf doch, du Gott in der Höhe!

Heiden und Juden, und laß dir den Dienst deiner Knechte an diesem Werke wohlgefallen! Wende die Augen deiner Barmherzigkeit auf alle, die deinen Namen bekennen und die unter dem Joche der Ungläubigen seufzen; sei aber insonderheit allen denen gnädig und barmherzig, die mit uns denselben teuren Glauben empfangen haben, dermalen aber noch in vieler Gefahr, Not und Verfolgung leben![1])

Laß, o Herr, deine Gnade groß werden über deinen Knecht[2]) Wilhelm, den Kaiser, unsern König und Herrn, über die Kaiserin und Königin, über den Kronprinzen, über sämtliche Königliche Prinzen und Prinzessinnen und alle, welche dem Kaiser und dem Königlichen Hause anverwandt und zugetan sind! Erhalte sie uns bei langem Leben, zum beständigen Segen und christlichen Vorbilde! Verleihe dem Kaiser, unserm Könige, eine lange und gesegnete Regierung! Beschütze das Königliche Kriegsheer und die gesamte deutsche Kriegsmacht zu Wasser und zu Lande, insonderheit auch die Schiffe und die Luftfahrzeuge, welche auf der Fahrt sind, und alle treuen Diener des Kaisers und Königs und des Vaterlandes; lehre sie stets wie Christen ihres Eides gedenken, und laß dann ihre Dienste gesegnet sein zu deiner Ehre und des Vaterlandes Bestem!

Segne uns und alle Königlichen Länder, sei du des Deutschen Reiches und Volkes starker Schutz und Schirm! Laß deine Gnade ruhen auf seinen Fürsten und freien Städten, gib ihnen allen eine friedevolle und gesegnete Regierung in ihren Landen, und laß Glauben und Treue, Kraft und Einigkeit unseres Volkes Ruhm und Ehre sein!

Nimm alle christliche Obrigkeit in deine gnädige Obhut, und hilf, daß sie mit dem Kaiser, unserm Könige, und allen Regierenden im Reiche unter deinem Segen trachte, dein himmlisches Reich auf Erden bauen zu helfen und deines Namens Herrlichkeit zu preisen!

Hilf einem jeden in seiner Not, und sei ein Heiland aller Menschen, vorzüglich deiner Gläubigen! Bewahre uns vor einem bösen, unbußfertigen Tode, und bringe endlich uns alle in dein ewiges Himmelreich durch Jesum Christum, unsern Herrn! Amen.

10. (150.) **Das christliche Gesangbuch; Das Choralbuch; die Orgel in der Kirche.** (Nr. 153 C, 3. I, 73. Quell. II, 10–12.)

A. Unser Gesangbuch.

a. Im gemeinsamen Gottesdienste wird einerseits das Wort Gottes verkündigt, aber andererseits wird in demselben auch gebetet. Nun kann ja die Gemeinde zusammen beten, indem entweder der Geistliche im Namen aller zu Gott betet, wobei die Gemeinde im Herzen mitbetet[3]), oder indem die einzelnen zusammen sprechen; aber das letztere kann doch nur geschehen, wenn alle eine bestimmte Formel (z. B. das Vaterunser) auswendig können. Ein gemeinsames Sprechen ist aber nicht leicht und in der Regel auch nicht sehr schön. So war es denn ein Fortschritt, daß aus dem

[1]) „sei aber ..." ist ein Zusatz König Friedrich Wilhelms IV. von Preußen, infolge der Gründung des Gustav-Adolf-Vereins.

[2]) Dieser Ausdruck (statt des früheren „Seine Majestät") ist durch Friedrich den Großen in das Kirchengebet eingesetzt worden.

[3]) Das geschieht in der sogenannten Liturgie.

gemeinsamen Sprechen ein gemeinsames Singen wurde, welches sowohl leichter als auch schöner ist, als das gemeinsame Sprechen.

Diesen Fortschritt haben nun schon die Israeliten gemacht, indem in ihrem Gottesdienste die Gebete (ihr Gebetbuch war aber der Psalter) von einem Chor der Leviten (allerdings noch nicht von der ganzen Gemeinde) gesungen wurden. Der Psalter, das Gebetbuch und Gesangbuch der Juden, war aber zunächst auch das Gebetbuch und Gesangbuch der Christen. Bald aber begannen die Christen auch in neuen Liedern zu singen von dem jetzt nicht mehr bloß verheißenen, sondern bereits erschienenen Sohne Gottes, der gekommen war, die Sünder selig zu machen, und der einst wiederkommen sollte zur Vollendung seines Werkes. Und so hat denn schon die alte griechische Kirche Lieder hervorgebracht, die uns zum Teil noch erhalten sind, ja sogar noch heute von uns gesungen werden, nachdem sie erst ins Lateinische, dann ins Deutsche übertragen worden sind[1]). Ein Gemeindegesang und ein Gesangbuch sind aber in der heutigen morgenländischen Kirche nicht vorhanden, sondern nur ein Chorgesang geschulter Sänger, und zwar ohne Orgel und Instrumentalmusik.

Von den Griechen der alten Zeit kam sodann das Kirchenlied zu den Lateinern; der Bischof Ambrosius von Mailand hat um das Jahr 350 den in der damaligen griechischen Kirche üblichen volksmäßigen Gemeindegesang auch in der Kirche des Abendlandes heimisch gemacht, und der sogenannte Ambrosianische Lobgesang („Te Deum laudamus“, von Luther übersetzt als „Herr Gott, dich loben wir“, in katholischen Gesangbüchern „Großer Gott, wir loben dich“), der ihm früher (aber mit Unrecht) zugeschrieben wurde, verkündet noch heute das Lob des frommen Bischofs[2]). Auch andere ursprünglich lateinische Lieder werden noch heute in unseren Kirchen gesungen[3]), andere sind in unser Gesangbuch allerdings nicht aufgenommen worden, verdienen aber gekannt zu werden[4]).

In der römischen Kirche wird aber seit Gregor dem Großen nur noch vom Chor und in lateinischer Sprache gesungen, nicht mehr von der Gemeinde, wie vor Gregor, und nicht in der Muttersprache, wie in der alten Kirche. Es konnte nun nicht ausbleiben, daß allmählich die Gemeinde ihr früheres Recht wieder beanspruchte und wieder selbst in der Muttersprache zu singen begehrte, namentlich bei einem so sangeslustigen Volke, wie es das deutsche Volk seit alten Zeiten ist. Und so hat denn unser Volk schon im Mittelalter angefangen, geistliche Lieder zu singen, teils aus dem Lateinischen übersetzte, teils frei gedichtete deutsche Lieder[5]), freilich weniger beim kirchlichen Gottesdienste, wo die Priester das möglichst verhinderten, als bei Wallfahrten, Prozessionen und ähnlichen Feiern außerhalb der Kirche.

---

[1]) Vgl. das Lied „Allein Gott in der Höh' sei Ehr'“ (Nr. 31).

[2]) Vgl. Lied Nr. 53.

[3]) Vgl. Lied Nr. 7, 22 und 91.

[4]) Vgl. Lied Nr. 23 und 100 (das letztere in deutscher Nachbildung nur in wenigen Gesangbüchern).

[5]) So die Lieder „Gelobet seist du Jesu Christ“, „Christ ist erstanden“, „Nun bitten wir den heilgen Geist“. — Daß das deutsche Lied aus dem lateinischen entstanden ist, läßt uns noch erkennen das Lied „In dulci jubilo, nun singet und seid froh“ (Lied Nr. 5), in welchem lateinische und deutsche Zeilen miteinander abwechseln.

b. Mit der Reformation kam auch für das Kirchenlied eine neue Zeit; hierfür ist aber wieder, wie für die Umgestaltung der Kirche überhaupt, Luther der Anfänger und Bahnbrecher geworden[1]). Er kehrte zu den Grundsätzen der alten Kirche zurück, daß der Gottesdienst nicht bloß eine Sache des Priesters, sondern der ganzen Gemeinde sei, und daß die Gemeinde in der ihr allein verständlichen Muttersprache Gott preisen dürfe und solle. Mit dem evangelischen Gesangbuche ist zugleich das evangelische Choralbuch entstanden; beide Bücher haben sich allmählich immer mehr erweitert und vergrößert, und in beiden besitzt der evangelische Christ neben seiner Bibel und dem Katechismus einen Schatz, auf den er mit Stolz zeigen darf, wenn der Katholik ihn auf die Herrlichkeiten seiner Kirche hinweist.

Um nun der Gemeinde ein Gesangbuch in der ihr allein verständlichen Muttersprache zu verschaffen, hat Luther folgenden Weg eingeschlagen. Er überarbeitete zunächst Psalmen (z. B. Psalm 46: „Ein feste Burg ist unser Gott") und andere biblische Abschnitte. Er übertrug sodann ältere lateinische („Herr Gott dich loben wir") und überarbeitete ältere deutsche Lieder („Gelobet seist du Jesu Christ"), und er dichtete endlich auch Originallieder („Nun freut euch lieben Christen g'mein" — das älteste seiner Lieder). An Luther, der 36 Lieder gedichtet und einige wahrscheinlich auch selbst mit einer Melodie versehen hat, schlossen sich nun auch bei diesem Werke bald seine Freunde und Anhänger an und lieferten wertvolle Beiträge zum evangelischen Gesangbuch. Auch in der reformierten Kirche traten allmählich Liederdichter auf und erschienen Gesangbücher, doch wurde zunächst der von Lobwasser im Jahre 1573 aus dem Französischen in deutsche Verse gebrachte Psalter das Gesangbuch der reformierten Kirche.

Hatte nun das 16. Jahrhundert vornehmlich Glaubenslieder geschaffen, in welchen der evangelische Glaube im allgemeinen zum Ausdruck gebracht wurde, so wurden in den späteren Jahrhunderten vornehmlich Andachtslieder gedichtet, in welchen der einzelne Christ seine Gedanken und Gefühle aussprach. Der Hauptdichter des siebzehnten Jahrhunderts ist Paul Gerhardt, gestorben als Pastor zu Lübben im Jahre 1676, dessen 130 Lieder zu den besten des evangelischen Liederschatzes gehören[2]). Auch im achtzehnten Jahrhundert ist (namentlich durch Anhänger des Pietismus, später auch durch Gellert — 54 Lieder) und ebenso im neunzehnten das evangelische Gesangbuch noch durch manches schöne Lied bereichert worden.

c. Das erste evangelische Gesangbuch ist schon im Jahre 1524 erschienen, und seitdem sind immer aufs neue Gesangbücher herausgegeben worden. Aber in der alten Zeit besaß der gemeine Mann noch kein Gesangbuch; im Gottesdienst wurden nur wenige Lieder gesungen, und diese konnten die Leute auswendig. Erst später gewannen die Gesangbücher eine größere Verbreitung, aber die Leute besaßen verschiedene Gesangbücher. Später wurde in jeder Gemeinde oder in jedem Gebiete dasselbe Gesangbuch eingeführt.

Wenn nun in der evangelischen Kirche Deutschlands überall Luthers Bibel gebraucht wird, und in den meisten Schulen derselbe Katechismus,

[1]) „Vorrede Martini Luther" 1525 (zu seinem Gesangbuch), unten abgedruckt im Quellenbuch: Nr. 153 C, 3.

[2]) Vgl. Nr. 109 B c.

nämlich der Katechismus Luthers, so besitzen wir dagegen noch nicht ein allgemeines Gesangbuch für alle deutschen Gemeinden, sondern in jeder Provinz oder in jedem Lande wird noch heute ein besonderes Gesangbuch gebraucht. Hoffentlich wird es einmal dahin kommen, daß in allen Gemeinden unseres Vaterlandes dasselbe Gesangbuch gebraucht wird; bis jetzt ist nur das deutsche Heer im Besitz eines gemeinsamen Gesangbuchs.

B. Das Choralbuch; die Orgel in der Kirche.

a. Das schönste Gesangbuch wäre aber für die Gemeinde nur ein Gebetbuch, nicht ein Gesangbuch, wenn die Lieder nicht ihre Melodieen hätten, und zwar solche, welche von der ganzen Gemeinde, auch ohne daß sie viel von Musik versteht, leicht gelernt und behalten werden können. Diesen Melodieenschatz unserer Kirche vereinigt das Choralbuch.

Unser Choralbuch ist in derselben Weise entstanden, wie das Gesangbuch. Wie Luther der alten Kirche einen Teil seiner Lieder verdankt, so hat er auch die Melodieen der alten lateinischen wie auch der wenigen schon vorhandenen deutschen Lieder in seine Gemeinde herübergenommen; ja, sogar Melodieen weltlicher Lieder haben die evangelischen Tonsetzer vielfach für die geistlichen Lieder zugrunde gelegt.

In der alten Zeit wurden aber die Kirchenlieder noch nicht von der Orgel begleitet, sondern die Orgel begann nur den Gottesdienst mit einem Vorspiel, oder es wurde der Gemeinde die Melodie vorgespielt; dann aber sang die Gemeinde allein, etwa unter Führung eines Schülerchors; etwa seit dem Jahre 1700 ist aber die Orgel zur beständigen Begleiterin des Gemeindegesanges geworden.

b. Auch das Choralbuch ist, wie das Gesangbuch, vornehmlich eine Schöpfung der lutherischen Kirche; die reformierte Kirche hat zunächst nur zu ihren Psalmen Melodieen erhalten; später hat sie sich das lutherische Choralbuch angeeignet und dasselbe mit einem Teil ihrer Melodieen bereichert, wie auch die lutherische Kirche französische und schon früher böhmische Melodieen sich angeeignet hat.

c. Auch das Choralbuch hat, wie das Gesangbuch, allmählich einen so großen Umfang gewonnen, daß wir fast zu viele Melodieen besitzen, und auch die Choräle haben, wie die Kirchenlieder, allmählich viele Änderungen erfahren. Auch hier betrachtet es unsere Zeit als ihre Aufgabe, aus den vielen Chorälen die besten herauszusuchen und dieselben in der angemessensten Form der Gemeinde darzubieten; aber wie es noch kein allgemeines Gesangbuch für die ganze evangelische Kirche gibt, so gibt es auch noch nicht ein allgemeines Choralbuch.

11. (151.) Das christliche Kirchenjahr.

(I³, 74—76. II², 109 und 138; II³, 109 und 134.)

a. Daß der Christ „allezeit bete“, fordert der Apostel mit Recht, und im Leben des einzelnen Christen und im christlichen Hause gilt es noch heute, daß alles durch das Gebet geweiht wird; darum haben auch die alten Christen, solange sie noch wie eine Familie möglichst zusammenhielten, jeden Tag sich vereinigt zu gemeinsamem Gebet und zur gemeinsamen Feier des h. Abendmahls, welches sich an ein gemeinsames Mahl, das Liebesmahl, anschloß.

Aber schon in sehr früher Zeit wurde ein bestimmter Tag in der Woche besonders gefeiert, nicht der Sonnabend, den die Christen als Glieder des Volkes Israel zunächst noch feierten, sondern der Sonntag. Aber wie die Juden auch Jahresfeste feierten, namentlich Ostern, Pfingsten und Laubhüttenfest, so wurden schon in der ältesten Zeit, freilich in neuer Bedeutung, Ostern und Pfingsten auch von den Christen gefeiert; statt des dritten Festes feierten die Christen, aber erst seit dem 4. Jahrhundert, das Weihnachtsfest. Indem nun diese drei Feste, durch eine Vorfeier und eine Nachfeier erweitert, zu Festzeiten wurden, bildete sich allmählich eine festliche Jahreshälfte aus, der eine festlose Hälfte gegenüberstand; so ist neben dem bürgerlichen Jahre nach und nach das Kirchenjahr entstanden.

b. Den Anfang des Kirchenjahres bildet in der Kirche des Abendlandes die Adventszeit (d. h. die Zeit der Ankunft — adventus — des Herrn), an deren vier Sonntagen die Gemeinde ermahnt wird, des Heilands zu gedenken, der einst in die Welt kommen sollte, alsdann auf die Erde gekommen ist, noch jetzt in der Gläubigen Herz kommt, und dereinst wiederkommen wird, zu richten die Lebendigen und die Toten. Am 25. Dezember wird alsdann das Weihnachtsfest gefeiert, als das Fest der Geburt des Herrn, früher drei Tage lang (jetzt freilich meist nur an zwei Tagen), wie auch die anderen großen Feste, zu Ehren des dreieinigen Gottes. Dieses Fest fällt immer auf den 25. Dezember, ist also ein unbewegliches Fest, während Ostern und Pfingsten bewegliche Feste sind, da sie innerhalb bestimmter Grenzen auf eine ganze Reihe von Tagen fallen können.

Acht Tage nach Weihnachten wird das Neujahrsfest gefeiert; an diesem Tage hat Jesus seinen Namen bekommen. Auf den 6. Januar fällt das Epiphanienfest, seinem Namen nach das Fest der Erscheinung des Herrn, d. h. der Offenbarung Jesu als des Sohnes Gottes; als solcher ist er aber nach der ursprünglichen Bedeutung des Festes bei der Taufe erkannt worden; wir denken jetzt an diesem Tage an die Erscheinung der Weisen aus dem Morgenlande, und denken dabei daran, daß in Jesus das Heil nicht bloß für die Juden erschienen ist, sondern auch für die Heiden.

Mit den 1—6 Sonntagen nach Epiphanias (je nachdem Ostern früh oder spät fällt) schließt die erste Festzeit der festlichen Hälfte des Kirchenjahres, die Weihnachtszeit.

Mit den nun folgenden Sonntagen Septuagesimä, Sexagesimä und Quinquagesimä oder Esto mihi (der 64., der 57. und der 50. Tag vor Ostern) fängt die zweite große Festzeit des Kirchenjahres, die Osterzeit, an. Dem eigentlichen Feste geht nämlich auch hier eine Vorbereitungszeit voran, die Fastenzeit oder Passionszeit, in der alten Kirche durch strenges Fasten, bei uns durch die Passionsandachten ausgezeichnet. Diese Zeit beginnt in der griechischen Kirche schon nach dem letzten Epiphaniassonntag (also 70 Tage vor Ostern), in der katholischen Kirche aber erst nach dem Fastnachtsdienstage, der die weltliche Freude und alle Lustbarkeit beendet (caro vale — Fleisch, lebe wohl — daher Carneval), mit der Aschermittwoch (46 Tage vor Ostern)[1]), wo der Priester den Kirchenbesuchern

[1]) Aber da früher an den Sonntagen nicht gefastet wurde, so umfaßte die Fastenzeit doch nur 40 Tage.

Asche aufs Haupt streut mit den Worten: „Gedenke, o Mensch, daß du Asche bist und wieder zu Asche werden wirst!“ Die nun folgenden Sonntage haben, wie schon der Sonntag Esto mihi (Ps. 31, 3), ihren Namen von dem Anfangsworte des Bibelspruches, mit dem der Gottesdienst in der alten Kirche begann: Invocavit (Ps. 91, 15), Reminiscere (Ps. 25, 6), Oculi (Ps. 25, 15), Laetare (Jes. 54, 1) und Judica (Ps. 43, 1). Mit dem letzten Sonntage vor Ostern, dem Palmsonntage, dem Tage des Einzugs Jesu in Jerusalem, beginnt die stille oder große Woche, deren große Ereignisse in auffallender Stille kirchlich gefeiert werden, auch Karwoche genannt, d. h. Woche der Trauer, der Klage (von dem altdeutschen Worte kara, d. h. Trauer, Klage).

In der Karwoche wird zunächst noch der „grüne Donnerstag“ gefeiert; er ist der Tag des letzten Mahles Jesu, auf welches alsbald die Gefangennehmung folgte. Jesu Tod erfolgte am Tage darauf, dem Karfreitag, der in der evangelischen Kirche zu einem der größten Feiertage geworden ist. Am dritten Tage darauf ist Jesus vom Tode zu neuem Leben erstanden; das feiert die Kirche am Osterfeste. Ostern ist ein bewegliches Fest, es fällt nach den Bestimmungen des Konzils von Nicäa (325) auf den ersten Sonntag nach dem ersten Vollmond im Frühling, in die Zeit vom 22. März bis zum 25. April. Die sechs Sonntage nach Ostern haben wieder ihren Namen von dem Anfangsspruche des Gottesdienstes: Quasimodogeniti (1. Petr. 2, 2), Misericordias Domini (Ps. 33, 5), Jubilate (Ps. 66, 2), Cantate (Ps. 98, 1), Rogate (Joh. 16, 24), Exaudi (Ps. 27, 7). Der Donnerstag vor dem letzten derselben, der 40. Tag nach Ostern, ist der Tag der Himmelfahrt des Herrn, mit welchem die Osterzeit ihren Abschluß gewinnt.

Die zehn Tage nach Himmelfahrt mit dem Sonntag Exaudi bilden die Vorzeit des dritten großen Festes der Christenheit, des Pfingstfestes, an welchem über die ersten Jünger Jesu der heilige Geist ausgegossen und die christliche Kirche gegründet worden ist. Die Woche nach Pfingsten endet mit dem Trinitatisfeste, d. h. dem Feste der heiligen Dreieinigkeit, an welchem die Christenheit noch einmal zusammenfassend der großen Taten ihres Gottes gedenkt, wie der Vater den Sohn in die Welt gesandt hat, wie der Sohn für die Sünder gestorben und auferstanden ist, und wie der heilige Geist ein neues Leben unter den Völkern erweckt hat. Mit dem Trinitatisfeste ist die dritte große Festzeit, die Pfingstzeit, und zugleich nun auch die festliche Hälfte des Kirchenjahres geschlossen.

c. Die nun folgenden 22—27 Sonntage nach Trinitatis (je nachdem Ostern früher oder später gefallen ist)[1]) bilden die festlose Hälfte des Kirchenjahres; in sie fallen nur noch einige kleinere Feste: das Erntefest, gefeiert am Sonntage nach dem Michaelistage (dem 29. September), das Reformationsfest, meist erst am Sonntage nach dem 31. Oktober gefeiert, und das Totenfest am letzten Sonntage des Kirchenjahres. Zu verschiedener Zeit (seit 1893 in fast ganz Norddeutschland am Mittwoch vor dem Totenfest) wird in verschiedenen evangelischen Kirchen ein Bußtag (auch wohl mehr als einer) gefeiert. Die Katholiken feiern außer den genannten großen und kleinen Festen am Donnerstag nach Trinitatis das Fronleichnamsfest, d. h. das Fest des Leibes des Herrn, zum Andenken

---

[1]) Der Katholik zählt aber diese Sonntage von Pfingsten an, und er hat daher 23—28 Sonntage nach Pfingsten.

an das in jeder Messe sich vollziehende Wunder der Verwandlung von Brot und Wein in Leib und Blut Christi; außerdem haben sie, ihrem Glauben entsprechend, noch eine Anzahl Feste zu Ehren der Maria, der Heiligen, der Reliquien und der Engel, welche die evangelische Kirche nicht mehr feiert.

d. Das Weihnachtsfest: I[3], 75.

e. Ostern und Pfingsten; weltliche Feste und Schulfeste: I[3], 76.

12. (152.) Das christliche Gotteshaus und der Kirchhof.

(I[3], 77—79.)

a. Zunächst im Hause betet der einzelne Christ und mit ihm seine Angehörigen; aber wenn die christliche Gemeinde zusammenkommt, um gemeinsam zu beten, so bedarf sie eines besonderen Hauses, in welchem sie zusammenkommen und den gemeinsamen Gottesdienst abhalten kann. Dieses Haus kann heute der Christ schon von ferne erblicken, indem der Turm oder die zwei und mehr zum Himmel emporragenden und gen Himmel weisenden Türme ihn dasselbe leicht auffinden lassen. Vom Turme herab rufen die Glocken zum Gottesdienste. Unter dem Turm oder zwischen den Türmen befindet sich die Vorhalle der Kirche; nachdem man sie durchschritten, gelangt man zu der eigentlichen Kirchentür; an derselben ist bei den katholischen Kirchen ein Becken mit Weihwasser angebracht, damit sich der Katholik nach alter Sitte vor dem Gebet erst die Hände wasche — ein schöner Brauch schon der alten Juden und Heiden; die evangelische Kirche hat diese Sitte dennoch abgeschafft, weil das Volk das Weihwasser in abergläubischer Weise gebrauchte. An der Kirchtür ist auch der „Gotteskasten" angebracht, in welchen man, wenn man die Kirche verläßt, eine Gabe für die Armen legt.

Der Katholik macht aber beim Eintritt in die Kirche, nachdem er die Hand in das Weihwasser getaucht, mit derselben das seit uralter Zeit in der Kirche übliche Kreuzeszeichen und spricht dabei: „Im Namen Gottes des Vaters, des Sohnes und des heiligen Geistes! Amen." In der evangelischen Kirche ist auch diese Sitte allmählich verschwunden, gleichfalls infolge des Aberglaubens, der sich an das Kreuzschlagen schon sehr früh angeschlossen hat.

Sobald der Katholik in die Nähe des Hochaltars kommt, auf welchem stets die Hostie ausgestellt ist, durch welche die Kirche nach seiner Meinung erst zum Hause Gottes gemacht wird, so verneigt er sich vor derselben, da in ihr ja Christus verborgen sein soll; der evangelische Christ glaubt das nicht, hat also auch keinen Grund, sich vor dem Altar zu verbeugen; er betet, wenn er in die Kirche kommt, ein Vaterunser, nach alter Sitte stehend und das Haupt etwas neigend. Das tut er aber erst, nachdem er aus der Vorhalle in die eigentliche Kirche, entweder in den unteren Raum oder auf eins der Chöre, gekommen ist. In dem für die Gemeinde bestimmten Raume befinden sich bei den Evangelischen viele, bei den Katholiken wenige, bei den Griechen vielfach gar keine Bänke, da der Zuhörer bei jenen in der Regel sitzt, bei den letztgenannten Parteien kniet oder steht.

Im Schiff, dem Hauptraum der Kirche, ist für den Prediger die Kanzel angebracht; dem Katholiken ist aber freilich die Predigt durchaus nicht so wichtig wie die Messe, und nur diese muß er nach dem Kirchengebot jeden Sonntag anhören.

Über der Vorhalle der Kirche oder auch an einer anderen Stelle, auf einem besonderen Chore, befindet sich die Orgel. Der Orgel gegenüber befindet sich der Hauptaltar der Kirche, etwas höher als das Schiff, daher Hochaltar genannt; außerdem enthalten die katholischen Kirchen — die griechischen und die evangelischen nicht — noch mehr oder weniger Nebenaltäre. Je nach der Festzeit ist der Altar (wie auch die Kanzel) mit einer farbigen Decke bekleidet (weiß, rot, grün, violett, schwarz). Auf derselben stehen das Kreuz und die Kerzen (Christus ist das Licht der Welt), außerdem bei den Katholiken das Tabernakel oder Sakramentshäuschen mit der geweihten Hostie, und vor dem Kreuz liegt das Meßbuch, in der evangelischen Kirche die Altarbibel. Vor dem Hochaltar brennt in der katholischen Kirche die ewige Lampe; beim Gottesdienste erfüllt Weihrauchduft die Kirche — wie der Rauch, so soll das Gebet zu Gott aufsteigen. Zur Seite des Hochaltars befindet sich die Sakristei.

Als Schmuck der katholischen Kirchen dienen vornehmlich die Bilder. Von den evangelischen Kirchen hat die lutherische die Bilder mehr geduldet, als die reformierte, die vielfach auch das Kreuz auf dem Altar beseitigt hat[1]); es ist ihr das auch nicht zu verargen; wem die katholischen Mönche und Soldaten das Kreuz ins Gesicht schlagen, wenn er es nicht anbeten will (wie das bei den Ketzerverfolgungen geschehen ist), der wird es auch auf dem Altar nicht dulden wollen.

So unterscheidet sich also das katholische Gotteshaus in gar mancher Beziehung von dem Gotteshause des evangelischen Christen.

b. Nicht von jeher haben aber die Christen so schöne und so große Gotteshäuser gehabt, wie sie heute in vielen Städten und Dörfern zu finden sind; ja, sie haben in der ältesten Zeit überhaupt noch keine besonderen Gotteshäuser besessen. In der ältesten Zeit hielten sie nämlich ihren Gottesdienst in Privathäusern, und daher gab es in jeder Stadt mehrere Gemeinden, da ein Wohnhaus wohl selten groß genug war, um die ganze Ortsgemeinde aufnehmen zu können. Als die Verfolgungen aufhörten, wurden aber sofort besondere Gotteshäuser gebaut oder etwa schon vorhanden gewesene, aber zerstörte neugebaut, und jede Gemeinde besaß fortan ihr besonderes Kirchengebäude. Daß die einzelnen Kirchen aber in sehr verschiedener Weise gebaut sind, weiß jeder, der schon verschiedene Kirchen gesehen und miteinander verglichen hat.

c. Um die Kirche herum lag in der alten Zeit stets, heute in den Städten meistens nicht mehr (aber wohl noch auf den Dörfern) der (von seiner Lage so genannte) Kirchhof, die Ruhestätte der entschlafenen Christen. Aber nicht auf dem Kirchhof findet der Christ das Ende seines Lebens, sondern im Himmel, denn er hofft ja auf eine Auferstehung der Toten und auf ein ewiges Leben im Himmel.

---

[1]) Heidelberger Katech., Frage 98: „Mögen aber nicht die Bilder als der Laien Bücher in den Kirchen geduldet werden?" „Nein: denn wir sollen nicht weiser sein denn Gott, welcher seine Christenheit nicht durch stumme Götzen, sondern durch die lebendige Predigt seines Wortes will unterwiesen haben."

V. 155. Übersichten und Gebete.

1. Die Bücher der heiligen Schrift.

a. Die (39) Bücher des Alten Testaments. (929 Kapitel.)

1. Die Geschichtsbücher.

Die 5 Bücher Mose.
Das Buch Josua.
Das Buch der Richter.
Das Buch Ruth.
Die 2 Bücher Samuel.
Die 2 Bücher von den Königen.
Die 2 Bücher der Chronik.
Das Buch Esra.
Das Buch Nehemia.
Das Buch Esther.

2. Die Lehrbücher.

Das Buch Hiob.
Der Psalter (150 Psalmen).
Die Sprüche Salomos.
Der Prediger Salomo.
Das Hohelied Salomos.

3. Die prophetischen Bücher.

Jesaia.
Jeremia.
Die Klagelieder Jeremias.
Hesekiel (Ezechiel).
Daniel.
Hosea.
Joel.
Amos.
Obadja.
Jona.
Micha.
Nahum.
Habakuk.
Zephanja.
Haggai.
Sacharja.
Maleachi.

Die Apokryphen des Alten Testaments[1]. (150 Kapitel.)

Das Buch Judith.
Die Weisheit Salomos.
Das Buch Tobias.
Das Buch Jesus Sirach.
Das Buch Baruch.
Die 2 Bücher der Makkabäer.
Zusätze zum Buche Esther.
Zusätze zum Buche Daniel, und zwar:
Geschichte von der Susanna und Daniel.
Vom Bel zu Babel.
Vom Drachen zu Babel.
Das Gebet Asarjas.
Der Gesang der drei Männer im Feuerofen.
Zusatz zur Chronik:
Das Gebet Manasses.

b. Die (27) Bücher des Neuen Testaments. (260 Kapitel.)

1. Die Geschichtsbücher.

Das Evangelium des Matthäus.
Das Evangelium des Markus.
Das Evangelium des Lukas.
Das Evangelium des Johannes.
Die Apostelgeschichte des Lukas.

---

[1]) Luther: „Das sind Bücher, so der heiligen Schrift nicht gleich gehalten, und doch nützlich und gut zu lesen sind."

2. Die Lehrbücher.

Der Brief des Paulus an die Römer.
Die 2 Briefe des Paulus an die Korinther.
Der Brief des Paulus an die Galater.
Der Brief des Paulus an die Epheser.
Der Brief des Paulus an die Philipper.
Der Brief des Paulus an die Kolosser.
Die 2 Briefe des Paulus an die Thessalonicher.
Die 2 Briefe des Paulus an Timotheus.
Der Brief des Paulus an Titus.
Der Brief des Paulus an Philemon.
Die 2 Briefe des Petrus.
Die 3 Briefe des Johannes.
Der Brief an die Hebräer.
Der Brief des Jakobus.
Der Brief des Judas.

3. Das prophetische Buch.

Die Offenbarung des Johannes.

2. Zahlen der heiligen Geschichte[1]).

c.*1320 Moses führt die Israeliten aus Ägypten und erobert das Ostjordanland; sein Nachfolger Josua erobert das Westjordanland.

c. 1000 Saul, der erste König der Israeliten.

*970 David, der Stammvater des Königsgeschlechtes vom Reiche Juda, erobert Jerusalem.

950 Salomo, Davids Sohn, baut in Jerusalem den ersten Tempel.

*925 Das Reich zerfällt in die Reiche Israel (Hauptstadt Samaria) und Juda (Hauptstadt Jerusalem)[2]).

c. 860 Ahab, König von Israel, Gemahl der Isebel, Vater der Athalja. — Der Prophet Elias.

738 und 734 Israel und Juda werden den Assyrern untertan.

*722 Salmanassar, König der Assyrer, vernichtet das Reich Israel[3]).

701 Jerusalem von dem Assyrerkönig Sanherib vergeblich belagert. — Der Prophet Jesaias.

621 Reform des Gottesdienstes nach dem 5. Buche Mosis durch den König Josia.

609 Josia fällt im Kampfe gegen den König Necho von Ägypten.

606 Niniveh, die Hauptstadt des assyrischen Reiches, wird durch die verbündeten Meder und Babylonier zerstört und das assyrische Reich unter die Sieger geteilt.

*586 Nebukadnezar, König von Babylon, vernichtet das Reich Juda. — Der Prophet Jeremias. — Die Juden im Exil. — Der zweite Jesaias.

*538 Kyros, König der Perser, erobert Babylon und entläßt die Juden aus dem babylonischen Exil. — Der zweite Tempel eingeweiht 516.

444 Die Juden verpflichten sich auf Esras Aufforderung, das Gesetz Mosis zu halten.

301 Die Juden kommen unter die Herrschaft der Ptolemäer in Ägypten.

198 Die Juden werden dem Syrerkönig untertan.

---

[1]) Nur die mit einem Stern bezeichneten Zahlen sind zu lernen.

[2]) In jedem der beiden Reiche 19 Herrscher, in Juda alle aus dem Geschlechte Davids, in Israel aus 9 Geschlechtern.

[3]) Genauer: Sargon, König der Assyrer, vernichtet das schon von Salmanassar angegriffene Reich Israel.

*167 Die Juden gewinnen durch die Makkabäer ihre Unabhängigkeit von den Syrern.
143 Der Makkabäer Simon wird Hoherpriester und Feldherr der Juden.
*63 Die Juden werden durch Pompejus den Römern zinspflichtig.
*40—4 v. Chr. König Herodes der Große; gegen Ende seiner Regierung[1]) wird Jesus Christus geboren.
4 v. Chr. Archelaus (bis 6 n. Chr.), Philippus (bis 34 n. Chr.), Antipas (bis 39 n. Chr.), die Söhne des Herodes, als Herrscher im jüdischen Lande.
6 n. Chr. Judäa (mit Samaria und Idumäa) wird ein Teil der römischen Provinz Syrien.
26—36 Pontius Pilatus als Prokurator in Judäa, Samaria und Idumäa; die Kreuzigung Jesu.
37—41 Herodes Agrippa I., König des jüdischen Landes; nach seinem Tode wieder römische Prokuratoren.
64 (oder 67) Paulus (und Petrus) in Rom unter Kaiser Nero getötet.
66 Beginn des Krieges mit den Römern.
*70 Jerusalem wird durch Titus zerstört. — Spätere Kämpfe der Juden mit den Römern unter den Kaisern Trajanus (115—117) und Hadrianus (132—135; Barkochba). — Der Abschluß des Judentums im Talmud (200—500 n. Chr.).

3. Zahlen der Kirchengeschichte[2]).

°64—311 Christenverfolgungen durch die römischen Kaiser; die Zeit der Märtyrer.
325 Constantinus der Große, der erste christliche Kaiser, beruft das erste allgemeine Konzil nach Nicäa (in Bithynien); Arius und Athanasius; das Nicänum.
c. 350 Erste deutsche Bibel durch den Arianer Wulfila, Bischof der Westgoten.
°381 Zweites allgemeines Konzil zu Konstantinopel.
c. 450 Der römische Bischof Leo I., der Große (viertes Konzil zu Chalcedon 451, Attila in Italien 452).
496 Chlodwig, König der Franken, bekennt sich zum katholischen Christentum.
529 Der Untergang des Heidentums im römischen Reiche (Schließung der letzten heidnischen Schule zu Athen durch Kaiser Justinianus I.).
529 Benediktus von Nursia, der Begründer des Mönchtums im Abendlande.
c. 600 Die Angelsachsen in Britannien durch den römischen Bischof Gregor I., den Großen, bekehrt und der römischen Kirche unterworfen.
°726—842 Bilderstreit in der griechischen Kirche.
754 † Winfrid oder Bonifatius, der „Apostel der Deutschen", der Begründer der römisch-katholischen Kirche in Deutschland.

[1]) Also vor dem Beginn unserer Zeitrechnung!
[2]) Die mit einem Stern bezeichneten Zahlen sind schon in Tertia zu lernen, in Sekunda zu wiederholen; die mit einer Null bezeichneten Zahlen brauchen nicht gelernt zu werden.

755 Gründung des Kirchenstaates durch die Schenkung Pippins', des Königs der Franken.
800 den 25. Dez. Karl der Große empfängt in Rom von Papst Leo III. die römische Kaiserkrone; Unterwerfung und Bekehrung der Sachsen.
831 Anskar, der „Apostel des Nordens".
863 Methodius und Cyrillus, die „Apostel der Slawen".
°963 Papst Johann XII. wird von Kaiser Otto I. abgesetzt.
*1046 Absetzung der drei gleichzeitig herrschenden Päpste durch Kaiser Heinrich III. auf der Synode zu Sutri.
1054 Trennung der griechischen von der römischen Kirche.
°1076 Kaiser Heinrich IV. wird von Papst Gregor VII. gebannt und abgesetzt. (Erster Bannspruch über einen deutschen Kaiser.)
1077 Kaiser Heinrich IV. erscheint als Büßer zu Canossa vor Papst Gregor VII. (1073—1085).
1122 Das Konkordat von Worms.
c. °1170 Die Waldenser.
1177 Friedrich I. Barbarossa beugt sich zu Venedig vor Papst Alexander III.
c. 1200 (1198—1216) Innocenz III., der weltherrschende Papst.
°1245 Kaiser Friedrich II. von Papst Innocenz IV. gebannt und abgesetzt. Untergang der Staufer (1268). Die Kaisersage des Mittelalters.
c. 1300 (1294—1303) Papst Bonifatius VIII.
1309—1377 Die Päpste in Avignon, das „babylonische Exil" der Päpste.
°1346 Kaiser Ludwig der Bayer wird von Papst Clemens VI. gebannt. (Letzter Bannspruch über einen deutschen Kaiser.)
°1374 John Wiclif, Professor zu Oxford.
1378—1409 Zwei Päpste, zu Avignon und zu Rom.
1409 Konzil zu Pisa; drei Päpste.
1414—1418 Konzil zu Konstanz, Ende der Kirchenspaltung; Johannes Huß aus Prag wird als Ketzer verbrannt 1415; Hussitenkrieg 1419—1436.
1431—1449 Konzil zu Basel.
1453 Konstantinopel wird von den Türken erobert, Ende des griechischen Reiches.
*1517 den 31. Okt. Dr. Martin Luther, geb. zu Eisleben den 10. Nov. 1483, schlägt 95 Thesen gegen den Ablaßhandel an der Schloßkirche zu Wittenberg an.
*1518 Luther in Augsburg vor dem Kardinal Cajetan.
1518 Philipp Melanchthon, Professor in Wittenberg (1497—1560).
*1519 Luther in Altenburg vor Miltitz.
*1519 Luthers Disputation zu Leipzig mit Dr. Eck.
*1520 Die Bannbulle des Papstes gegen Luther und seine Anhänger.
*1521 Luther vor dem Reichstage zu Worms und auf der Wartburg; das Wormser Edikt.
*1522—1534 Luthers Bibel.
1524 Reformation in Zürich durch Huldreich Zwingli (1484—1531).
*1526 Reichstag zu Speier: jeder Reichsstand soll sich in Religionssachen verhalten, wie er es gegen Gott und Kaiserliche Majestät zu verantworten sich getraut.

*1529 Reichstag zu Speier: die Evangelischen protestieren gegen die Beschlüsse der katholischen Mehrheit: „Protestanten“.
*1529 Religionsgespräch zu Marburg zwischen den Wittenbergern und den Schweizern.
*1529 Luthers Großer und Kleiner Katechismus.
*1530 Reichstag zu Augsburg, die Augsburgische Konfession.
*1531 Schmalkaldischer Bund der Protestanten.
*1532 Nürnberger Religionsfriede.
*1539 Kurfürst Joachim II. führt in Brandenburg die Reformation ein.
°1540 Der Jesuitenorden, gestiftet von dem Spanier Ignatius Loyola, aufgehoben 1773, wiederhergestellt 1814.
°1540 Erneuerung der im Jahre 1215 gestifteten Inquisition.
1541 Johannes Calvin als Reformator in Genf (1509—1564).
1545—1563 Das Tridentiner Konzil.
*1546 den 18. Febr. Luther stirbt zu Eisleben.
*1546—1547 Schmalkaldischer Krieg; das Interim 1548.
*1552 Passauer Vertrag.
*1555 Augsburger Religionsfriede: die Gleichberechtigung der Bekenner der Augsburger Konfession mit den Katholiken wird anerkannt.
1563 Der Heidelberger Katechismus.
1598 Das Edikt von Nantes (aufgehoben 1685).
*1613 Kurfürst Johann Sigismund von Brandenburg tritt von der lutherischen zur reformierten Kirche über.
*1648 Westfälischer Friede; die Bestimmungen des Augsburger Religionsfriedens werden erneuert, ergänzt und ausdrücklich auf die Reformierten ausgedehnt.
1675 Spener, der Begründer des Pietismus.
°1705 Hallisch-dänische Mission in Ostindien.
1710 Cansteinsche Bibelanstalt in Halle, im Anschluß an das im Jahre 1698 von August Hermann Francke gegründete Hallische Waisenhaus.
°1727 Graf Zinzendorf erneuert in Herrnhut die Brüdergemeinde.
°1739 Der Methodismus, gegründet von Wesley und Whitefield.
°1792 Gründung der ersten evangelischen (baptistischen) Missionsgesellschaft in London.
1804 Britische und ausländische Bibelgesellschaft in London.
°1815 Gründung der ersten deutschen Missionsgesellschaft in Basel.
*1817 Union der Lutheraner und der Reformierten in Preußen (und in einigen anderen deutschen Ländern).
°1833 Wichern gründet das Rauhe Haus bei Hamburg; die innere Mission.
°1836 Fliedner gründet das erste Diakonissenhaus in Kaiserswerth.
°1842 Der Gustav-Adolf-Verein.
°1846 Die evangelische Allianz.
1869—1870 Vatikanisches Konzil, Unfehlbarkeit des Papstes (Pius IX., 1846—1878), Ende des Kirchenstaates (1870).
1881 den 17. Nov. Botschaft Kaiser Wilhelms I. an den Deutschen Reichstag hinsichtlich der Fürsorge für die Arbeiter.
*1903 Einigung der deutschen evangelischen Landeskirchen.

4. Fremdwörter in Bibel und Kirche.

A und O (der erste und der letzte Buchstabe des griechischen Alphabets): der erste und der letzte, Anfang und Ende.
Abba (aramäisch): der Vater, o Vater.
Abt (lat. abbas, dem Aramäischen entlehnt): der Vater, der Vorsteher des Klosters.
Almosen (griech. eleēmosynē): (Gabe der) Barmherzigkeit.
Altar (lat. altare).
Amen (hebr. — in alle neueren Sprachen aufgenommen, nur im Französischen übersetzt: ainsi soit-il): gewiß, wahrlich.
Ave Maria (lat.): Gegrüßt seist du Maria (Luk. 1, 28).

Baal (Plural: Baalim, bei den Babyloniern: Bel): der Hauptgott der Kanaaniter.
Beelzebub: Fliegengott, zum Namen des Teufels geworden.
benedeien (lat. benedicere): segnen, preisen.
Bibel (griechisch, früher auch im Deutschen: biblia): die Bücher.
Bischof (lat. episcopus, aus dem Griechischen entlehnt): Aufseher.

Cherub (hebr., Plural: Cherubim): Engel.
Choralbuch (lat.): Melodieenbuch der Kirchenlieder.
Crucifix (lat. crucifixus): der ans Kreuz Geheftete.

Dechant (lat. decanus) = Superintendent (lat.) = Ephorus (griech.): Vorsteher einer Anzahl von Geistlichen.
Der Dekalog (griech.): das Zehngebot.
Dom (lat. domus): das Haus, nämlich: Gottes.
Doxologie (griech.): Lobpreisung (z. B. am Schlusse des Vaterunsers).
dürfen: früher auch = wagen.
Elend: ursprünglich = Ausland.

Engel (griech. angelos): Bote, nämlich Gottes.
Erzengel (griech.): der erste Engel.
Evangelium (griech.): gute Botschaft.

Farre = (junger) Stier.
Feiertag (lat. feria).
Ferien (lat feriae): seit dem 17. Jahrhundert Bezeichnung der Gerichtsferien, seit dem 18. Jahrhundert auch der Schulferien.
Frühregen = Herbstregen.

Glocke (das einzige kirchliche Wort, welches aus dem Keltischen stammt; lat. clocca).

Hallelujah (hebr.): Lobet den Herrn.
Hölle: meist = Totenreich, selten: Ort der Verdammten.
Hosianna (hebr.) in der Höhe: Hilf doch du Gott in der Höhe (Psalm 118, 25).

Immanuel (hebr.): Gott mit uns.

Kanon (griech.): Richtschnur, Regel.
Kanzel (lat. cancelli): die Schranken vor dem Altar mit aufgesetztem Lesepult.
Kapelle (lat. capella): zunächst Aufbewahrungsort für den Mantel (capella) des h. Martin von Tours; dann jedes kleinere Gotteshaus.
Karwoche: Leidenswoche (altdeutsch kara: Trauer, Klage).
Katechismus (griech.): Lehrbuch.
Kirche (griech. kyriakon): Haus des Herrn [1]).
Kloster (lat. claustrum): verschlossener Aufenthaltsort der Mönche und Nonnen.
Körper (lat. corpus): zunächst der Leib Christi im h. Abendmahl.
Kreatur (lat. creatura): Geschöpf.
Kreuz (lat. crux).
Küster (lat. custos): Hüter der Kirche.
Kyrie eleison (griech., auszusprechen: ele-ison): Herr, erbarme dich.

Liturgie (griech.): der Gebets-Gottesdienst.

Mammon: Geld und Gut.
Märtyrer (griech. martyr): Zeuge, besonders: Blutzeuge.
Melodie (griech.): Singweise eines Liedes.
Messe (lat.: missa est concio, d. h.: die Versammlung ist entlassen).
Messias (hebr.) = Christus (griech.): der Gesalbte (der König des verheißenen vollkommenen Gottesreiches).
Mette (lat. matutina): der Morgengottesdienst.
Mönch (lat. monachus, dem Griechischen entlehnt).
Münster (lat. monasterium): eine größere Kirche.

Nonne (lat. nonna).

opfern (lat. operari).
Orden (lat. ordo, die Ordnung).
Orgel (griech. organon, das Werkzeug).
orthodox (griech.): rechtgläubig.
Ostern: das Fest der Ostara, der altdeutschen Frühlingsgöttin.

Papst (griech.-lat.: papas): Vater.
Paradies: der Garten Gottes in Eden.
Paternoster (lat.: Vaterunser).
Patriarch: Erzvater.
Pein (lat. poena): Strafe.
Pfaffe (griech. papas, d. h. Vater): Geistlicher.
Pfarre (lat. parochia).
Pfingsten (griech. pentekoste): der fünfzigiste Tag nach Ostern.
Pfründe (lat. praebenda, das zu Gewährende).

[1]) Das französische Wort église ist entlehnt dem Lateinischen (ecclesia), aber das lateinische Wort selbst dem Griechischen.

Plage (lat. plaga): der Schlag.
predigen (lat. praedicare): verkündigen.
Priester (griech. presbyteros, der Ältere).
Propst (lat. propositus: der Vorsteher).
Proselyten (griech.): Judengenossen (Heiden, welche sich dem Judentum angeschlossen haben).

Rabbi (hebr.): mein Lehrer, der Lehrer.
Regel (lat.: regula).

Sakrament (lat. sacramentum).
Schöß (Röm. 13, 7): Steuer.
segnen (lat. signare): mit dem Zeichen (signum) des Kreuzes versehen.
Sela: musikalisches Wort von unbekanntem Sinne.
Septuaginta (lat.: die Siebzig): die griechische Übersetzung des A. T.
Seraph (hebr., Plur.: Seraphim): Engel.
Speise (lat. expensa, d. h. die den Mönchen zugeteilte Nahrung).
Sündflut, in Luthers Bibel: Sintflut = große Flut.

Tedeum (lat.): Herr Gott dich loben wir (Te Deum laudamus).
Teufel (griech.: diabolos, der Verleumder).
Tradition (lat.): die mündliche Überlieferung.

verdammen (lat. damnare).
Vesper (lat. vespera): der Nachmittags-Gottesdienst.
Vulgata (lat.): die lateinische Übersetzung der Bibel.

weben: hin und her bewegen (Jakob. 1, 6), sich bewegen (Apg. 17, 28).
Weihnachten: die geweihten (heiligen) Nächte (Tage) des beginnenden Winters.

Zebaoth (hebr.): Herr der Heerscharen (d. h. der Engel und der Sterne).

Lieder-Verzeichnis.[1])

A. Weihnachtslieder.

a. 1. Mit Ernst, o Menschenkinder
a. 1b. Macht hoch die Tür, die Tor' macht weit
a. 2. Wie soll ich dich empfangen
a—2. 3. Dein König kommt in niedern Hüllen
4a. Quem pastores laudavere
4b. Nunc angelorum gloria
5. In dulci jubilo nun singet und seid froh
6. Es ist ein Ros' entsprungen
a. 7. Gelobet seist du, Jesu Christ
8. Vom Himmel hoch, da komm' ich her
9. Lobt Gott, ihr Christen, alle gleich
a—2. 10. Gott sei Dank durch alle Welt
a—2. 11. Dies ist die Nacht, da mir erschienen
a. 12. Dies ist der Tag, den Gott gemacht
13. Stille Nacht, heilige Nacht
33a. Vgl. unten Nr. 33
14. Bis hierher hat mich Gott gebracht
a. 15. Nun laßt uns gehn und treten

B. Osterlieder.

16a. Agnus Dei, qui tollis peccata mundi
a—2. 16b. Christe, du Lamm Gottes
a—1. 16c. O Lamm Gottes, unschuldig
17. Christi Blut und Gerechtigkeit
18. Die wir uns allhier beisammen finden
a. 19. Herzliebster Jesu, was hast du verbrochen
a—2. 20. Ein Lämmlein geht und trägt die Schuld
a. 21. O Welt, sieh hier dein Leben
a. 22a. O Haupt voll Blut und Wunden
22b. Salve, caput cruentatum
23. Stabat mater dolorosa
24. Christ ist erstanden
a. 25. Jesus, meine Zuversicht
a. 26. Jesus lebt, mit ihm auch ich
33b. Siehe unten Nr. 33

C. Pfingstlieder.

a—1. 27. Auf Christi Himmelfahrt allein
a—2. 28. Nun bitten wir den heiligen Geist
a—1. 29. Komm' heiliger Geist, Herre Gott
29b. Veni sancte spiritus
a. 30. O heil'ger Geist, kehr' bei uns ein
33c. Siehe unten Nr. 33
a. 31a. Allein Gott in der Höh' sei Ehr'
31b. Δόξα ἐν ὑψίστοις θεῷ
31c. Gloria in excelsis Deo
31d. Wir loben dich, wir benedeien dich
32. Wir glauben all an **einen** Gott
33a, b, c. O du fröhliche, o du selige

D. Die christliche Frömmigkeit.

Nr. 34—39. Vergebung der Sünden.
34. Nun freut euch, lieben Christen, g'mein
35. Es ist das Heil uns kommen her
a. 36. Ist Gott für mich, so trete
a. 37. Ich habe nun den Grund gefunden
a. 38. Jesus nimmt die Sünder an
39. Mir ist Erbarmung widerfahren

Nr. 40—52. Vertrauen auf Gott.
a. 40. O Gott, du frommer Gott
a. 41[2]). Befiehl du deine Wege
a. 42. In allen meinen Taten
a. 43[3]). Wer nur den lieben Gott läßt walten

---

[1]) Ein a vor der Nummer des Liedes bedeutet, daß dasselbe in allen 39 oder doch in allen 36 in Deutschland eingeführten Gesangbüchern enthalten ist; a—1, daß es in **einem** der eingeführten Gesangbücher, a—2, daß es in **zweien** derselben **nicht** enthalten ist, usw. Von den in allen eingeführten Gesangbüchern enthaltenen 50 Liedern fehlen im Hilfsbuch nur 8 Lieder: Nr. 1b, 55b, 71b, 75b, 76b, 76c, 92b und 98b.

[2]) Beigegeben ist das Gedicht von Schmidt von Lübeck: Paul Gerhardt.

[3]) Beigegeben ist das Gedicht von Kind: Georg Neumark.

a. 44. Was Gott tut, das ist wohlgetan
a—1. 45. Alles ist an Gottes Segen
a—1. 46. Mache dich, mein Geist, bereit
a. 47. Auf Gott und nicht auf meinen Rat
a—2. 48. Wenn ich, o Schöpfer, deine Macht
a. 49. Wie groß ist des Allmächt'gen Güte
50. Gott, deine Güte reicht so weit
a—2. 51. Gott ist gegenwärtig
52. Harre meine Seele

53—62. Lob- und Danklieder.

53 a. Te Deum laudamus
53 b. Herr Gott, dich loben wir
53 c. Großer Gott, wir loben dich
a. 54[1]). Nun danket alle Gott
a—1. 55. Nun danket all' und bringet Ehr'
a. 55 b. Sollt' ich meinem Gott nicht singen
56. Nun preiset alle
a—1. 57. Lobe den Herren, den mächtigen König
a. 58. Lobe den Herren, o meine Seele
a. 59. Ich singe dir mit Herz und Mund
a—1. 60. Sei Lob und Ehr' dem höchsten Gut
a—1. 61. Dir, dir, Jehovah, will ich singen
a. 62. O daß ich tausend Zungen hätte

63—69. Morgen- und Abendlieder.

a. 63. Gott des Himmels und der Erden
a. 64. Wach' auf, mein Herz, und singe
65. Morgenglanz der Ewigkeit
a—1. 66. Mein erst Gefühl sei Preis und Dank
a. 67. Nun ruhen alle Wälder
68. Der Mond ist aufgegangen
69. Müde bin ich, geh' zur Ruh'

70 a, b, c. Vaterlandslieder.

70 a. Vater, kröne du mit Segen
70 b. Wir treten zum Beten
70 c. Summe Deus, te rogamus

71—79 b. Jesuslieder.

71. Schönster Herr Jesu
a. 71 b. Wie schön leuchtet der Morgenstern
a. 72. Meinen Jesum lass' ich nicht
a. 73. Eins ist not
74. Ich bete an die Macht der Liebe
a. 75. „Mir nach", spricht Christus, unser Held
a. 75 b. Ich will dich lieben, meine Stärke
a—2. 76. Lasset uns mit Jesu ziehen
a. 76 b. Halt' im Gedächtnis Jesum Christ
a. 76 c. Wer ist wohl wie du, Jesu süße Ruh'
77. Ein reines Herz, Herr, schaff' in mir
a—2. 78. Fahre fort, fahre fort
a. 79. Jesu geh' voran
79 b. So nimm denn meine Hände

E. Das Reich Gottes auf Erden und im Himmel.

80—88. Die Gnadenmittel.

a. 80. Ach bleib' mit deiner Gnade
a—1. 81. Herr Jesu Christ, dich zu uns wend'
a. 82. Liebster Jesu, wir sind hier
a. 83. Erhalt' uns Herr bei deinem Wort
a—1. 84. Laß mich dein sein und bleiben
a—1. 85. Unsern Ausgang segne Gott
a. 86. Ich bin getauft auf deinen Namen
a. 87. Aus tiefer Not schrei' ich zu dir
a. 88. Schmücke dich, o liebe Seele

89—90. Kirche und Mission.

a. 89. Ein' feste Burg ist unser Gott
a. 90. Wach' auf, du Geist der ersten Zeugen

91—100. Tod und ewiges Leben.

a—1. 91. Mitten wir im Leben sind
91 b. Media vita in morte sumus
92. Valet will ich dir geben
a. 92 b. Alle Menschen müssen sterben
a—2. 93. Wer weiß, wie nahe mir mein Ende
94. Es ist bestimmt in Gottes Rat
95. Wie sie so sanft ruhn
96. Himmelan geht unsre Bahn
97. Laßt mich gehn, laßt mich gehn
a. 98. Wachet auf, ruft uns die Stimme
98 b. Auferstehn, ja auferstehn
a—1. 99. Jerusalem, du hochgebaute Stadt
100. Dies irae, dies illa

[1]) Beigegeben ist das Gedicht von Besser: Der Choral von Leuthen.

Gebete für Schule und Haus.

A. Morgengebete und Gebete am Anfang der Religionsstunde.

1. Gott, ich danke dir von Herzen,
daß du mich in dieser Nacht
vor Gefahr, Angst, Not und Schmerzen
hast behütet und bewacht,
daß des bösen Feindes List
mein nicht mächtig worden ist.

„Gott des Himmels und der Erden", V. 2.

2. Führe mich, o Herr, und leite
meinen Gang nach deinem Wort;
sei und bleibe du auch heute
mein Beschützer und mein Hort!
Nirgends, als bei dir allein,
kann ich recht bewahret sein.

„Gott des Himmels und der Erden", V. 5.

3. Meinen Leib und meine Seele
samt den Sinnen und Verstand,
großer Gott, ich dir befehle
unter deine starke Hand:
Herr, mein Schild, mein Ehr' und Ruhm,
nimm mich auf, dein Eigentum!

„Gott des Himmels und der Erden", V. 6.

4. Gelobet seist du, Gott der Macht
gelobt sei deine Treue,
daß ich nach einer sanften Nacht
mich dieses Tags erfreue!
Laß deinen Segen auf mir ruhn,
mich deine Wege wallen,
und lehre du mich selber tun
nach deinem Wohlgefallen!

„Mein erst Gefühl", V. 6 und 7.

5. Das walte Gott, der helfen kann;
mit Gott fang' ich die Arbeit an;
mit Gott nur geht es glücklich fort;
drum sei auch dies mein erstes Wort:
das walte Gott!

Johann Betichius, Pastor in Zerbst, 1650—1722.

6. Ich gebe dir, mein Gott, aufs neue
Leib, Seel' und Herz zum Opfer hin;
erwecke mich zu neuer Treue
und nimm Besitz von meinem Sinn!
Es sei in mir kein Tropfen Blut,
der nicht, Herr, deinen Willen tut!

„Ich bin getauft auf deinen Namen", V. 5.

7. O Gott, du frommer Gott,
du Brunnquell guter Gaben,
ohn' den nichts ist, was ist,
von dem wir alles haben,
gesunden Leib gib mir,
und daß in solchem Leib
ein' unverletzte Seel'
und rein Gewissen bleib'!

„O Gott, du frommer Gott", V. 1.

8. Erforsche mich, Gott, und erfahre mein Herz; prüfe mich und erfahre, wie ich's meine! Und siehe, ob ich auf bösem Wege bin und leite mich auf ewigem Wege!

Ps. 139, 23—24.

9. Weise mir, Herr, deinen Weg, daß ich wandle in deiner Wahrheit; erhalte mein Herz bei dem Einen, daß ich deinen Namen fürchte!

Ps. 86, 11.

10. Der Herr, unser Gott, sei uns freundlich, und fördere das Werk unsrer Hände; ja, das Werk unsrer Hände wolle er fördern!

Ps. 90, 17.

11. Herr, wenn ich nur dich habe, so frage ich nichts nach Himmel und Erde. Wenn mir gleich Leib und

Seele verschmachtet, so bist du doch, Gott, allezeit meines Herzens Trost und mein Teil. Ps. 73, 25—26.

12. Gott, sei mir gnädig nach deiner Güte, und tilge meine Sünden nach deiner großen Barmherzigkeit! Schaffe in mir, Gott, ein reines Herz, und gib mir einen neuen gewissen Geist! Verwirf mich nicht von deinem Angesicht, und nimm deinen heiligen Geist nicht von mir!
Ps. 51, 3 und 12—13.

13. Ein reines Herz, Herr, schaff' in mir,
schleuß zu der Sünden Tor und Tür,
vertreibe sie und laß nicht zu,
daß sie in meinem Herzen ruh'!

Laß deines guten Geistes Licht
und dein hellglänzend Angesicht
erleuchten mein Herz und Gemüt,
o Brunnen unerschöpfter Güt'!

Und mache denn mein Herz zugleich
an Himmelsgut und Segen reich;
gib Weisheit, Stärke, Rat, Verstand
aus deiner milden Gnadenhand!

Heinrich Georg Neuß † 1716.

14. Psalm 23.

Der Herr ist mein Hirte, mir wird nichts mangeln. Er weidet mich auf einer grünen Aue, und führet mich zum frischen Wasser. Er erquicket meine Seele, er führet mich auf rechter Straße um seines Namens willen. Und ob ich schon wanderte im finstern Tal, fürchte ich kein Unglück; denn Du bist bei mir, Dein Stecken und Stab trösten mich. Du bereitest vor mir einen Tisch im Angesicht meiner Feinde. Du salbest mein Haupt mit Öl, und schenkest mir voll ein. Gutes und Barmherzigkeit werden mir folgen mein Leben lang, und ich werde bleiben im Hause des Herrn immerdar.

15. Psalm 121.

Ich hebe meine Augen auf zu den Bergen, von welchen mir Hilfe kommt. Meine Hilfe kommt von dem Herrn, der Himmel und Erde gemacht hat. Er wird deinen Fuß nicht gleiten lassen, und der dich behütet, schläft nicht. Siehe, der Hüter Israels schläft noch schlummert nicht. Der Herr behütet dich, der Herr ist dein Schatten über deiner rechten Hand, daß dich des Tages die Sonne nicht steche, noch der Mond des Nachts. Der Herr behüte dich vor allem Übel, er behüte deine Seele. Der Herr behüte deinen Ausgang und Eingang von nun an bis in Ewigkeit!

Morgenlieder:

Gott des Himmels und der Erden. Lied 63.

Wach' auf mein Herz und singe. Lied 64.

Morgenglanz der Ewigkeit. Lied 65.

Mein erst Gefühl sei Preis und Dank. Lied 66.

Liebster Jesu, wir sind hier. Lied 82.

B. Am Ende des Unterrichts.

1. Unsern Ausgang segne Gott,
unsern Eingang gleichermaßen;
segne unser täglich Brot,
segne unser Tun und Lassen;
segne uns mit selgem Sterben
und mach' uns zu Himmelserben!

Lieder:

2. Ach bleib' mit deiner Gnade. Lied 80.
3. Nun danket alle Gott. Lied 54.
4. Nun danket all' und bringet Ehr'. Lied 55.
5. Lobe den Herren, den mächtigen König der Ehren. Lied 57.

C. Tischgebete.

1. Aller Augen warten auf dich, [Herr], und du gibst ihnen ihre Speise zu seiner Zeit. Du tust deine [milde] Hand auf und sättigest[1]) alles, was lebet, mit Wohlgefallen.

Ps. 145, 15—16.

2. Komm, Herr Jesu, sei unser Gast,
und segne, was du bescheret hast!

3. Danket dem Herrn, denn er ist freundlich,
und seine Güte währet ewiglich!

Ps. 106, 1.

D. Abendgebete.

1. Der ewig reiche Gott
woll' uns bei unserm Leben
ein immer fröhlich Herz
und edlen Frieden geben,
und uns in seiner Gnad'
erhalten fort und fort,
und uns aus aller Not
erlösen hier und dort!

„Nun danket alle Gott", V. 2.

2. Müde bin ich, geh' zur Ruh',
schließe meine Augen zu,
Vater, laß die Augen dein
über meinem Bette sein.
Hab' ich Unrecht heut getan,
sieh es, treuer Gott, nicht an!
Deine Gnad' und Jesu Blut
macht ja allen Schaden gut!
Alle, die mir sind verwandt,
Gott, laß ruhn in deiner Hand!
Alle Menschen, groß und klein,
sollen dir befohlen sein!

Luise Hensel, 1798—1876.

3. Segne und behüte
uns durch deine Güte!
Herr, erheb' dein Angesicht
über uns und gib uns Licht!
Schenk' uns deinen Frieden
alle Tag' hinnieden!
Gib uns deinen guten Geist,
der uns stets zu Christo weist!
Amen, Amen, Amen!
Ehre sei dem Namen
Jesu Christi, unsers Herrn,
denn er segnet uns so gern!

Verf. unbekannt.

Lieder:

Nun ruhen alle Wälder. Lied 67.

Der Mond ist aufgegangen. Lied 68.

Bis hierher hat mich Gott gebracht. Lied 14.

Laß mich dein sein und bleiben. Lied 84.

E. Das Vaterunser.

Vater unser, der du bist im Himmel, geheiliget werde dein Name; dein Reich komme; dein Wille geschehe wie im Himmel also auch auf Erden; unser täglich Brot gib uns heute, und vergib uns unsere Schuld, wie wir vergeben unsern Schuldigern; und führe uns nicht in Versuchung, sondern erlöse uns von dem Übel! Denn dein ist das Reich und die Kraft und die Herrlichkeit in Ewigkeit! Amen.

---

[1]) Grundtext: erfüllest.

Frommannsche Buchdruckerei (Hermann Pohle) in Jena.

FSC
www.fsc.org
MIX
Papier | Fördert
gute Waldnutzung
FSC® C083411

Kolibri 360 GmbH
Ferdinand-Jühlke-Straße 7
99095 Erfurt, Deutschland
produktsicherheit@kolibri360.de